事例解説

当事者の主張にみる 婚姻関係の破綻

編著　赤西　芳文（弁護士・元大阪高等裁判所部総括判事）

新日本法規

は　し　が　き

　近時の婚姻件数及び離婚件数は、平成29年度で婚姻件数が約60万
7,000件に対して、離婚件数は約21万2,000件（うち、協議離婚が約18
万4,000件、調停離婚が約2万件、和解離婚が約3,000件、判決離婚が約
2,000件）となっていますが（厚生労働省・平成29年人口動態統計　上
巻　離婚第10．4表「離婚の種類別にみた年次別離婚件数及び百分率
の概況」）、人口総数が減少し、これに伴って婚姻件数も減少傾向にあ
る中では高い水準にあるといえるでしょう。

　その原因は様々なものがありますが、民法上は、裁判上の具体的離
婚原因として不貞行為、悪意の遺棄、3年以上の生死不明、強度の精神
病が挙げられ（民法770条1項1号ないし4号）、その他の抽象的離婚原因と
して「その他婚姻を継続し難い重大な事由」が挙げられています（同条
1項5号）。

　当然、それぞれの事案毎に事実関係は違うわけですが、裁判例を集
計して、分析してみることで、類型的な破綻事由について裁判所が重
視するポイントが見えてきます。

　本書においては、まず、上記1号及び2号の「不貞行為」及び「悪意
の遺棄」が争点となった事例を取り上げ、その後、順次、当事者が裁
判において主張する種々の破綻事由（5号該当の抽象的破綻事由）につ
いて、裁判上重視されるポイントを見出し、その上で、特に婚姻関係
の破綻を主張する側として、現実の裁判において、どのような事項が
主張のポイントなのか、どのような主張をすれば裁判所の理解が得ら
れやすいのかを分析して、実務における事件処理の助けとなることを
主な目的としました。そして、最後の章である第15章において、有責
配偶者からの離婚請求について取り上げました。離婚訴訟において

は、婚姻関係の破綻と共に、さらに有責配偶者からの離婚請求であることが争点となる事案がありますが、この場合には離婚請求の当否を判断するために、信義則等の諸要因が考慮されます。したがって、破綻事由を主張する上でも、どのような場合に有責配偶者の問題が生じ、その場合、どのような要因が重視されるのかを分析することは、実務上、有益であるからです。

　最後に、本書の執筆に当たっては、ご担当の各弁護士に、本書の編集に当たっては、中村健三弁護士、古結誠弁護士、福本直哉弁護士に、また、本書の刊行については、新日本法規出版株式会社の宇野貴普氏にそれぞれ多大なご尽力をいただきました。ここに改めて謝意を表したいと思います。

　平成31年3月

弁護士　赤西　芳文

編著者・執筆者一覧

《編著者》

赤西　芳文（弁護士・元大阪高等裁判所部総括判事）

《執筆者》（五十音順）

上　野　達　夫（弁護士）

大　塚　千華子（弁護士）

古　結　　誠　（弁護士）

関　　　理　子（弁護士）

中　村　健　三（弁護士）

福　田　美　紀（弁護士）

福　本　直　哉（弁護士）

前　田　貴　史（弁護士）

吉　田　正　樹（弁護士）

略 語 表

＜法令の表記＞

根拠となる法令の略記例及び略語は次のとおりです。

民法第770条第1項第5号＝民770①五

民　　　　民法

＜判例の表記＞

根拠となる判例の略記例及び出典の略語は次のとおりです。

東京高等裁判所平成26年6月12日判決、判例時報2237号47頁
＝東京高判平26・6・12判時2237・47

家月　　　家庭裁判月報
民集　　　最高裁判所（大審院）民事判例集
判時　　　判例時報
判タ　　　判例タイムズ
裁判集民　最高裁判所裁判集（民事）
下民　　　下級裁判所（民事）判例集
労判　　　労働判例

目　　次

ページ

第1章　概　　説……………………………………………………1

第2章　不貞行為

〔1〕　夫と相手の女性との不貞関係を認めた上で、不貞行
為当時、夫の言動により婚姻関係は相当程度傷つけら
れていたが破綻していたとまでは認められないとされ
た事例……………………………………………………13

　　　キーワード　不貞行為

〔2〕　夫が、学生時代に交際していた女性と交際を再開し
たときには、すでに別居生活が5年余りに及んでいた
ことから、すでに婚姻関係は破綻していたとされた事
例…………………………………………………………19

　　　キーワード　不貞行為、別居

〔3〕　かつて不貞関係にあった者と深夜の時間帯に面会し
ていた行為は、再び不貞関係を再開したとの疑いを抱
かせるのに十分であり、婚姻関係を破綻させる蓋然性
のある行為とされた事例………………………………25

　　　キーワード　不貞行為、深夜の面会、不貞関係の再開

〔4〕　風俗嬢として店舗外において肉体関係に応じた場合
には、専ら対価を得る目的であったとしても利用客で
ある男性とその妻の婚姻共同生活の平和を害し、婚姻
関係を破綻させる行為であるとされた事例……………31

　　　キーワード　不貞行為、風俗

〔5〕　妻の意思を無視するような方法で前妻や同人との間
の長女と面会を繰り返す行為は、前妻との肉体関係の
有無にかかわらず、夫婦共同生活を破壊するものとさ
れた事例…………………………………………………37

　　　キーワード　不貞行為、面会交流

〔6〕　妻が無店舗型風俗店に勤務して不特定多数の男性と
　　　性的関係を持った行為が婚姻共同生活の平和を害する
　　　婚姻関係破綻行為であるとされた事例……………………42
　　　キーワード　不貞行為、風俗

第3章　悪意の遺棄

〔7〕　金銭的援助をするなど支えてくれた妻と生後間もな
　　　い子を置いて家を出た夫に対し、夫婦関係の修復を図
　　　ることなく離婚調停を申し立て、養育費の支払いを滞
　　　らせて妻の元に戻らなかったことが婚姻関係破綻事由
　　　（悪意の遺棄）に該当するとされた事例………………47
　　　キーワード　悪意の遺棄、別居

〔8〕　別居後、婚姻関係修復中に夫が自宅に通うのをやめ、
　　　婚姻費用を全く支払わなくなったという悪意の遺棄が
　　　引き金となり婚姻関係が破綻したと認められた事例…………53
　　　キーワード　悪意の遺棄、暴言、モラハラ、別居

第4章　暴力・虐待

〔9〕　夫の妻に対する暴力及び精神的虐待を原因として婚
　　　姻関係は完全に破綻しているとされた事例……………………58
　　　キーワード　暴力、精神的虐待

〔10〕　婚姻関係の破綻には夫の妻に対する暴力が大きく影
　　　響しているとして妻からの慰謝料請求が認容された事
　　　例…………………………………………………………………64
　　　キーワード　暴力、精神的暴力

〔11〕　お互いが喧嘩を繰り返す中、夫が暴力行為により妻
　　　を骨折させたことは明らかに行き過ぎとして、婚姻関
　　　係の破綻が認められた事例………………………………70
　　　キーワード　暴力、暴言、生活費不払い、浪費、価値観相違

〔12〕　夫の日常的な暴力・暴言、妊娠中の妻の腹部を足蹴
　　　にするなどの行為により、婚姻関係が破綻していると
　　　認められた事例………………………………………………77

　　　キーワード　暴力、生活費不払い、学費不払い

第5章　暴言・モラハラ

〔13〕　高齢になり生活力を失った夫を妻が軽んずるように
　　　なり、配慮を欠いた行為をするようになったことから、
　　　婚姻関係が破綻したと認められた事例…………………82

　　　キーワード　モラハラ、暴言、信頼喪失、別居

〔14〕　夫の独善的かつ自己中心的な態度が妻に多大な精神
　　　的苦痛を与えたことにより、婚姻関係が破綻したと認
　　　められた事例……………………………………………87

　　　キーワード　モラハラ、性格の不一致

〔15〕　妻が婚姻期間中に、自宅に電源を入れたICレコーダ
　　　ーを設置した行為は、婚姻関係の基礎となる信頼関係
　　　の喪失を決定付けた違法行為であるとして、離婚後に
　　　夫からの慰謝料請求が一部認容された事例………………92

　　　キーワード　不法行為、盗聴、慰謝料

〔16〕　夫の妻に対する長年に渡る肉体的暴力、精神的圧迫
　　　（モラハラ）により、妻の不貞時には婚姻関係が破綻
　　　に瀕していたと認められた事例………………………………98

　　　キーワード　モラハラ、暴言・暴力、横柄な態度

〔17〕　家計を顧みず浪費し、妻を侮辱し、非違行為により
　　　勤務先の退職を余儀なくされ、過剰飲酒して粗暴な振
　　　る舞いに及んだ等の夫の有責行為によって婚姻関係が
　　　破綻したとされた事例…………………………………… 104

　　　キーワード　不法行為、浪費、侮辱、暴力、慰謝料

第6章　夫婦以外の親族関係

〔18〕　小姑の心無い言動や節度のない男性との交際等から、家庭内の紛糾が激化し、それを契機に夫婦の関係も破綻の危機に瀕したが、婚姻関係が完全に破綻しているとは認められないとされた事例……………………………111

> キーワード　親族の暴言、小姑の異性交遊

〔19〕　夫婦の不和の主原因は、義母の嫁いびり及び夫がそれに加担したことによるものであるとして、婚姻関係の破綻が認められなかった事例……………………………117

> キーワード　親族の暴言、追い出し、悪意の遺棄、別居

〔20〕　養父（夫）の養女に対する性的虐待が婚姻を継続しがたい重大な事由に該当するとされた事例…………………124

> キーワード　虐待、犯罪

〔21〕　夫と養父母の養親子関係が破綻したことにより、夫婦の婚姻関係が破綻していると認められた事例……………130

> キーワード　養親子関係の破綻、訴訟提起、別居

〔22〕　性格の不一致及び義母との人間関係悪化を理由とする婚姻関係の破綻が認められなかった事例…………………135

> キーワード　性格不一致、親族との不和、別居

第7章　勤労意欲の欠如・浪費（経済的要因）

〔23〕　婚姻関係の破綻が認められたが、妻が収入に見合わぬ消費をして多額の借金やカード利用を重ねたことや、夫が4年間生活費を渡さなかったことについて、一方にのみ破綻の責任があるとはいえないとされた事例……140

> キーワード　浪費（借入れ・債務負担）、別居

〔24〕　夫の無就労等を原因として、婚姻関係が破綻していると認められた事例……………………………147

> キーワード　無就労、暴力、夫婦以外の親族との不和、監視、嫌がらせ

目　次　　　5

〔25〕　夫が風俗業の女性と交際し、遊興費に多額の支出を
　　　　したり、貯蓄を投機行為によって全て失うなどしたこ
　　　　とにより婚姻関係の破綻が認められた事例……………… 152
　　　キーワード　浪費（遊興費・投機行為）、不貞行為、信頼喪
　　　　　　　　　失、別居

〔26〕　婚姻関係を回復する見込みがない状況になった原因
　　　　は、夫の家事や子育てへの非協力、生活費不払いなど
　　　　にあるとされた事例……………………………………………… 157
　　　キーワード　暴言、勤労意欲の欠如、信頼喪失、別居

第8章　宗教活動

〔27〕　「a教」の信仰を変えないことにより、婚姻関係が
　　　　破綻したとされた事例………………………………………… 163
　　　キーワード　宗教、信教の自由

〔28〕　夫が嫌悪している宗教への信仰を絶ちがたいと考え
　　　　ている妻との間の婚姻関係が破綻しているとまでは認
　　　　められないとされた事例……………………………………… 168
　　　キーワード　宗教、会合参加、秘匿、信教の自由

〔29〕　宗教を秘匿したまま婚姻した夫が、同宗教の勧誘に
　　　　応じない妻との離婚を勧めた父母に同調したことによ
　　　　り、婚姻関係が破綻したと認められた事例………………… 174
　　　キーワード　宗教、秘匿、勧誘

第9章　夫婦間の性的な問題

〔30〕　夫が同性愛の関係を持ち、妻からの性交渉の求めに
　　　　応じなくなったことが婚姻を継続し難い重大な事由に
　　　　該当するものとされた事例…………………………………… 179
　　　キーワード　同性愛、性交渉拒否

〔31〕　婚姻に際し妻に自己の性的不能を告知せず、またその後も性的不能が続いている場合には、「婚姻を継続し難い重大な事由」があるとされた事例……………………184

　　　　キーワード　性的不能

〔32〕　妻が性交渉を拒否し続けることにより婚姻関係が破綻するに至ったとされた事例……………………………189

　　　　キーワード　性交渉拒否、暴言、暴力

〔33〕　妻との性交渉を拒否しポルノビデオを見ながら自慰行為に耽るなどの夫の行為が婚姻を継続し難い重大な事由に該当するとされた事例………………………194

　　　　キーワード　性交渉拒否、暴言

第10章　疾病・身体障害

〔34〕　妻が植物状態に陥り、夫が将来の治療費等を支払うことを妻の母と合意していることから婚姻関係が破綻していると認められた事例………………………199

　　　　キーワード　心神喪失、植物状態

〔35〕　妻の言動はうつ病の影響を受けたものである可能性があり、婚姻関係は破綻に瀕してはいるが、うつ病が治癒し、又は夫の理解が深まれば改善することも期待でき、現時点では破綻していないとされた事例……………204

　　　　キーワード　うつ病、関係修復に向けた努力

〔36〕　婚姻関係の破綻は、痛風、アルコール依存症になるほどの大量飲酒や女性問題等に起因するところが大きく、夫から妻の不貞相手に対し、不貞行為を理由とする損害賠償請求をすることは信義則に反し、権利濫用であるとされた事例………………………………210

　　　　キーワード　不貞行為、大量飲酒、信義則違反、権利濫用

第11章　犯罪行為

〔37〕　婚姻の前後にわたり、夫が詐欺罪を犯し実刑を受けており、婚姻関係が破綻していると認められた事例……………216

　　キーワード　犯罪行為、実刑判決、無就労

〔38〕　夫が窃盗罪で逮捕され実刑判決が下されたこと等により婚姻関係は破綻しており、婚姻を継続し難い重大な事由があるとして離婚請求が認容された事例……………222

　　キーワード　犯罪行為、実刑判決、別居

第12章　性格の不一致・信頼喪失

〔39〕　夫婦の生活観・人生観の相違によって婚姻関係が破綻したと認められた事例……………226

　　キーワード　性格の不一致、有責行為と婚姻破綻の因果関係

〔40〕　夫婦のいずれにも決定的な離婚原因はなかったが、6年余りにわたる別居と妻の強い離婚意思に基づき婚姻関係が破綻していると認められた事例……………234

　　キーワード　性格の不一致（不適合）、離婚意思

〔41〕　会社人間的な生活をして定年退職した夫に対して妻が離婚を請求したが、夫には婚姻関係を破綻させるような事由がないとされた事例……………239

　　キーワード　性格の不一致、熟年離婚

〔42〕　精神的な結びつきを目指して結婚した夫婦において、人生観、結婚観、生き方への評価が異なることは決定的な婚姻関係破綻原因となるとされた事例……………246

　　キーワード　結婚観・価値観の相違

〔43〕　一方配偶者の言動に変化があり、そのため、他方配偶者が夫婦関係を継続することに否定的となったとしても、破綻に至っていないとされた事例……………251

　　キーワード　意見の不一致、互いの尊重

〔44〕　別居は性格や価値観の相違が大きな要因となっているが婚姻関係が深刻に破綻し修復の見込みがないとまでは認められないとされた事例……………………………… 256

キーワード　性格の不一致、価値観の相違、別居

第13章　訴訟提起・刑事告訴

〔45〕　無断で離婚届を提出した妻を、有印私文書偽造・同行使罪等で告訴した夫に対する妻からの離婚請求について、婚姻を継続し難い重大な事由があるとして請求が認容された事例……………………………… 261

キーワード　告訴、離婚届の無断提出、有責配偶者からの離婚請求

〔46〕　夫の設立した会社における娘及び娘婿の処遇を巡り、互いに譲らず、妻による離婚訴訟の提起や夫の前妻の子を告訴したことによって、互いに悪感情がエスカレートし、婚姻関係が破綻したとされた事例…………………… 267

キーワード　離婚訴訟の提起、前妻の子らに対する告訴

第14章　別　居

〔47〕　別居期間が長期に及んでおり、夫婦関係は形骸化し、婚姻関係は深刻に破綻しているとされ、有責配偶者からの離婚請求が認容された事例……………………………… 272

キーワード　別居期間、一事不再理、有責配偶者

〔48〕　別居期間が25年に及ぶ夫婦について、婚姻関係が全く形骸化しており、一方が離婚を強く望む以上、破綻事由があるとされた事例……………………………… 280

キーワード　別居期間、生活費、養育費

目　　次　　9

〔49〕　夫婦のいずれにも一方的な責任があるとは認められ
ない別居期間が4年10か月程度の夫婦について、婚姻
関係が破綻していると認められた事例…………………………285
　　キーワード　別居、モラハラ、不安障害、婚姻費用分担金（婚
費）

第15章　有責配偶者からの離婚請求

〔50〕　別居期間が約6年（同居期間約21年）であるが、子が
いずれも成人しており、相手方配偶者に相当の収入が
あり離婚後も経済的に苛酷な状況に置かれるとはいえ
ないこと、自宅建物を分与し残ローンも支払うことを
約束していることから、離婚請求が認容された事例………291
　　キーワード　有責配偶者、別居期間、信義則

〔51〕　障害をもって生まれた子に対し、愛情を示してこな
かった有責配偶者からの離婚請求が排斥された事例………298
　　キーワード　有責配偶者、信義則、障害を有する子

〔52〕　障害により24時間介護が必要な子の存在により、有
責配偶者からの離婚請求が棄却された事例…………………305
　　キーワード　有責配偶者、未成熟の子、障害を持つ子、信義
則

〔53〕　同居期間11年、別居期間3年弱の夫婦間で、未成熟子
と同居している破綻に有責な30代妻から50代夫への離
婚請求が信義則に反するとされた事例…………………………311
　　キーワード　別居、不貞行為、未成熟子、性格の不一致、別
居後の生活関係

〔54〕　50歳代の夫婦間で9年余の別居期間は18年余の同居
期間等と比べ相当長期間とはいえず、破綻に有責な夫
からうつ病の妻への離婚請求は信義則に反するとされ
た事例……………………………………………………………………318
　　キーワード　別居、不貞行為、うつ病、性格の不一致、信義
則

〔55〕 別居期間2年、未成熟子のいる夫婦間で、破綻に有責
な妻からの離婚請求が信義則に反しないとされた事例……324
キーワード 別居、未成熟子、不貞行為、性格の不一致

索　引

○判例年次索引……………………………………………………… 329

第1章　概　説

第1　はじめに

　近時の婚姻件数及び離婚件数は後掲図1のグラフのとおりですが、平成29年度で婚姻件数が約60万7,000件に対して離婚件数は約21万2,000件（うち、協議離婚が約18万4,000件、調停離婚が約2万件、和解離婚が約3,000件、判決離婚が約2,000件です。厚生労働省・平成29年人口動態統計　上巻　離婚第10.4表「離婚の種類別にみた年次別離婚件数及び百分率の概況」による）となっていますが、人口総数が減少し、これに伴って婚姻件数も減少傾向にある中では高い水準にあるといえるでしょう。

　その原因は様々なものがありますが（後掲図2参照）、民法上は、裁判上の具体的離婚原因として不貞行為、悪意の遺棄、3年以上の生死不明、強度の精神病が挙げられ（民法770条1項1号ないし4号）、その他の抽象的離婚原因として「その他婚姻を継続し難い重大な事由」が挙げられています（同条1項5号）。しかし、後掲図2の「申立て動機」では、当事者間では、性格不合致が不満のトップであり、精神的虐待などが上位に挙げられています。

　そして、条文の構造上は、上記1号ないし4号に該当すると認定されれば、原則として離婚が認容されることになります（ただし、同条2項によって棄却されることはあります。）。なお、同条1項4号の精神病離婚規定は、平成8年2月に発表された「民法の一部を改正する法律案要綱」（以下「改正案」といいます。）では、精神障害者に対する不当な差別を助長するおそれがあるとの理由で廃止されることにされています。そして、上記1号ないし4号には該当しないが、「その他婚姻を継続

し難い重大な事由があるとき」(改正案では、「婚姻関係が破綻して回復の見込みがないとき」)は5号の抽象的離婚原因に該当することになります。

したがって、この場合には、婚姻関係が破綻したことと、さらに修復可能性の有無が検討されることになるわけです。ただ、実務では、上記1号ないし4号の各事由と5号の事由がそれぞれ別箇の請求であるとして意識されているというより、1号ないし4号の事由を含めた様々な破綻事由が主張され、総合的に5号にも該当し、結局、一個の離婚請求をするとの趣旨で訴訟が遂行されている場合が多いように考えられます(同旨として、秋武憲一・岡健太郎編著『リーガル・プログレッシブ・シリーズ7　離婚調停・離婚訴訟』119頁(青林書院、改訂版、2013)。本書は、同条1項5号の「婚姻を継続し難い重大な事由」すなわち、婚姻の破綻事由についての判例分析を主目的とするものですが、上記の実務の実情を考慮して、第2章と第3章において、上記1、2号に規定されている「不貞行為」及び「悪意の遺棄」を取り上げました(なお、同条1項3号ないし4号に関しては、最近の判例は余り見当たりません。)。

そして、それぞれの事案毎に事実関係は違うわけですが、裁判例を集計して、分析することで、類型的な破綻事由について裁判所が重視するポイントが見えてきます。

本書においては、まず、上記1号及び2号の「不貞行為」及び「悪意の遺棄」が争点となった事例を取り上げ、その後、順次、当事者が裁判において主張する種々の破綻事由(5号該当の抽象的破綻事由)について、裁判上重視されるポイントを見出し、その上で、特に婚姻関係の破綻を主張する側として、現実の裁判において、どのような事項が主張のポイントなのか、どのような主張をすれば裁判所の理解が得ら

れやすいのかを分析して、実務における事件処理の助けとなることを主な目的としました。性格不和、モラハラや性的な問題に関する事例等では時代の流れを反映したものも散見されます。

　そして、最後の章である第15章において、有責配偶者からの離婚請求について、最近の裁判例を取り上げて分析しています。離婚訴訟においては、婚姻関係の破綻と共に、さらに有責配偶者からの離婚請求であることが争点となる事案がありますが、この場合には、離婚請求の当否を判断するために、信義則等の諸要因が考慮されます。したがって、破綻事由を主張する上でも、どのような場合に有責配偶者の問題が生じ、その場合、どのような要因が重視されるのかを分析することは、実務上、有益であると思われます。

＜図1＞近時の婚姻件数及び離婚件数

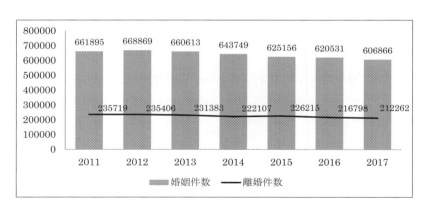

（「厚生労働省　平成29年人口動態統計の概況」掲載の数字に基づいて作成）

<図2>離婚申立ての動機

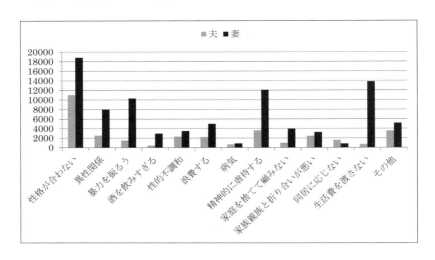

(「司法統計　家事　平成29年度　19　婚姻関係事件数　申立ての動機別申立人別　全家庭裁判所」に基づいて作成（以下「申立て動機」として引用））

第2　不貞行為

　本書第2章で取り上げた不貞行為は、民法770条1項1号の離婚事由です。これは、「夫婦間の性的純潔に対する一方当事者の裏切ということを核心とする観念であって、夫婦関係と一方の当事者の性的裏切行為の存在を前提として始めて考えられるもの」といわれています（東京高判昭27・2・26下民13・2・288）。

　申立て動機としての「異性関係」は夫4位、妻5位となっています（上記図2参照）。典型的には既婚者による夫婦以外の者との性交渉ですが、そのような事例のみではなく、例えば、風俗嬢としての性行為の不法行為性が問題となった事例（事例〔4〕、〔6〕）、明確な不貞行為の立証はないが疑わしい行為についての評価が争点となった事例（事

例〔3〕、〔5〕)、不貞行為当時、既に婚姻関係が破綻していたかどう
かが争われた事例(事例〔1〕、〔2〕)などの類型があります。

いずれの場合も、不貞行為に該当するかどうかの認定のみで結論が
出されているわけではなく、諸事情を考慮して、婚姻関係の破綻の有
無が判断されているといえます。

第3　悪意の遺棄

本書第3章で取り上げた悪意の遺棄は、民法770条1項2号の離婚事由
です。ここでいう「悪意」とは、「社会的・倫理的に避難されるべき心
理状態、すなわち遺棄の結果としての婚姻共同生活の廃絶を企図し、
またはこれを容認する意思をいう」とされています(島津一郎・阿部徹編
『新版注釈民法(22)親族(2)』366頁〔阿部徹〕(有斐閣、2008))。

また、「遺棄」とは「正当な理由のない同居拒否一般、ないしは同居・
協力・扶助義務または婚姻費用分担義務の不履行一般を含む」とされ
ています(同書、同頁)。しかし、判例では、悪意や遺棄の本来の概念に
必ずしも拘束されず、同居拒否等が正当な事由に基づくか否かが問題
とされ、実質上抽象的離婚原因に近くなり、2号と5号の関係は流動的
となっている旨の指摘がされています(同書、367頁)。

本書第3章で取り上げた事例においても、家を出て、養育費の支払を
滞らせた(事例〔7〕)、別居後、婚姻費用を支払わなくなった(事例
〔8〕)という事案において、諸般の事実関係を総合考慮した上、これ
らが破綻事由となるかどうかが判断されているといえます。なお、申
立て動機としての「家庭を捨てて顧みない」はそれ程多い類型ではあ
りません(前掲図2参照)。

第4　暴力・虐待

　本書第4章で取り上げた暴力・虐待は、抽象的離婚原因（民法770条1項5号）において、従来から典型的に主張される事由であり、暴言（重大な侮辱）も同時に問題とされることが多いですが、本書では、破綻原因として主に問題とされた事由に基づき、別個に取り上げました。暴力はその程度が破綻にとって重要な判断基準となりますが、婚姻期間が長期に及んでいた場合は、破綻事由としては、その頻度も重要です。

　他方、暴力の原因も争われますが、その理由を問わず、暴力に及んだこと自体は正当化できるものではありません。なお、申立て動機としては、「暴力を振るう」は妻4位、夫9位となっており、妻側からの申立てが多い類型です（前掲図2参照）。本書第4章で取り上げた各事例においては、暴力の継続性・程度のほか、生活費を負担しなかったことや精神的虐待などの諸事情が考慮されています。

第5　暴言・モラハラ

　本書第5章で取り上げたモラハラ（モラルハラスメント）とは、一般的に、暴力は振るわず、言葉や態度で嫌がらせをし、いじめることであり、精神的暴力、精神的虐待を意味するとされています。

　これは、単に暴言を吐いたということに留まらず、他方配偶者の人格を貶めるような言動を執拗に行ったということでしょう。これも、婚姻期間が長期に及ぶ場合には、その頻度や期間も問題となるでしょう。

　なお、申立て動機としての「精神的に虐待する」は、夫2位、妻3位となっており、紛争が多く生じる類型となっています（前掲図2参照）。本書第5章で取り上げた事例において、長年に渡るもの（事例〔16〕）、他方配偶者を顧みない自己中心的な態度に基づくもの（事例〔14〕、〔17〕）が典型的なものとして挙げられますが、高齢になり生活力を失

った他方配偶者に対する嫌がらせ的行為（事例〔13〕）、録音機設置行為（事例〔15〕）といった現代の世相を反映したものもあります。

第6　夫婦以外の親族関係

本書第6章で取り上げた夫婦以外の親族関係において、夫婦以外の親族との不和自体は、直接、夫婦間の問題とはいえませんが、一方配偶者が親族に加担したり、紛争の調整を怠ったことから夫婦間に軋轢を生じて婚姻関係が破綻したと主張されることがあります（事例〔18〕、〔19〕、〔21〕、〔22〕）。

この場合、破綻が認められることもあれば（事例〔21〕）、不和の主たる原因が夫婦間以外にあるなどとして破綻が否定されることもあります（事例〔18〕、〔19〕、〔22〕）。養父の養女に対する性的虐待から婚姻関係破綻が認められたやや特殊な事案もあります（事例〔20〕）。なお、申立て動機としての「家族親族と折り合いが悪い」は、夫5位に対し、妻10位となっており、夫側に不満が多い類型といえます（前掲図2参照）。

第7　勤労意欲の欠如・浪費（経済的要因）

本書第7章で取り上げた勤労意欲の欠如・浪費において、申立て動機では、「浪費する」は夫、妻ともに7位となっています（前掲図2参照）。なお、「生活費を渡さない」は妻では2位、夫では10位となっており、妻側の不満が多い類型です。

本書第7章で取り上げた事例では、事例〔24〕ないし〔26〕が夫の不就労、頻繁な転職、生活費不払い、遊興費による費消等であり、事例〔23〕が妻の浪費、借財の事案です。結局は家庭を顧みない態度が問題とされますが、婚姻関係が破綻したとされるには、その程度、理由などの諸事情からの総合考慮に基づくことになると考えられます。

第8　宗教活動

　本書第8章で取り上げた宗教活動において、信教の自由は、夫婦間においても当然に尊重されるべきですから、宗教活動自体を否定的な要素として評価することはできませんが、宗教活動によって家庭を顧みない、夫婦間に軋轢を生じて共同生活が不可能となるなどの事態が生じると破綻事由となり得ます。

　本書第8章で取り上げた事例では、事例〔29〕は、一方配偶者が宗教を秘匿して婚姻した後、その親族による他方配偶者に対する宗教の勧誘により紛争を生じたが、一方配偶者が親族の行為に同調したことにより、婚姻関係が破綻したと認められたものです。また、事例〔27〕、〔28〕は一方配偶者の信仰内容が他方配偶者に受け入れ難いものであった事例ですが、婚姻関係修復に対する姿勢等の評価により破綻の有無の判断は分かれました。

第9　夫婦間の性的な問題

　本書第9章で取り上げた夫婦間の性的な問題において、申立て動機としては、「性的不調和」は夫6位、妻9位であり、夫側で比較的高い不満事由となっています（前掲図2参照）。性交渉拒否（事例〔32〕、〔33〕）や性的不能（事例〔31〕）が問題とされることが多いようですが、同性愛が問題とされ、性的に異常な性格であると判断されたものがあります（事例〔30〕）。

　ただし、事例〔30〕の判決は、かなり古い時代のものですし、今日では、同性愛自体を異常なものと判断することはありませんが、これが原因となって婚姻生活を不可能とさせるような事態を惹起したかどうかの事実関係が問題とされると思われます。

第1章　概　説　　9

第10　疾病・身体障害

　本書第10章で取り上げた疾病・身体障害において、申立て動機としては、「病気」は、夫、妻ともに最も低い類型の一つとなっており、それほど頻繁に生じる破綻事由とはいえません（前掲図2参照）。精神病以外の病気や身体障害自体を破綻事由として取り上げることは難しいと思いますが、結局は、病状や障害の程度、これが婚姻生活に及ぼす影響の大きさが問題とされることになるでしょう。

　本書第10章で取り上げた事例では、事例〔34〕は相手方配偶者が植物状態になり、回復の見込みがなくなった事案、事例〔35〕はうつ病の影響による言動、事例〔36〕はアルコール依存症になるほどの大量飲酒等が問題とされました（ただし、事例〔36〕における大量飲酒は典型的な病気、障害類型とはいえません）。

第11　犯罪行為

　本書第11章で取り上げた犯罪行為は、それ自体、他方配偶者の名誉感情を損ない、婚姻生活を困難にさせる要因となりますが、むしろ、犯罪行為によって実刑判決を受けるなどのことにより、社会的・経済的に婚姻生活に及ぼす影響の大きさが問題となり、結局は、婚姻生活に及ぼす影響の程度問題であると考えられます。

　本書第11章で取り上げた事例（事例〔37〕、〔38〕）は実刑判決を受けた事例です。

第12　性格の不一致・信頼喪失

　本書第12章で取り上げた性格の不一致は、良くあることといえるので、それ自体を破綻事由として評価することは難しいと思われますが、それだけに、夫婦間で不満が募り、申立て動機としては、「性格が合わない」は夫、妻ともに1位を占めています（前掲図2参照）。

結局は、性格の相違や考え方の相違によって婚姻生活に具体的な支障が生じ、これが家庭生活を営むに当たって看過し難い程度に至ったかどうかが問題とされますが、それだけに様々な事案があります。別居期間や当事者の離婚意思の強さなども総合考慮されるでしょう（事例〔40〕）。

修復が不可能かどうか、他方配偶者の置かれた状況などの諸事情をどのように判断するかにより、離婚を認めるかどうかについての裁判所の判断も分かれるようです（事例〔39〕、〔40〕、〔42〕は破綻を認め、事例〔41〕、〔43〕、〔44〕は破綻を否定しました）。

第13　訴訟提起・刑事告訴

本書第13章で取り上げた訴訟提起・刑事告訴は、婚姻期間中に他方配偶者等に対して不法行為に基づく損害賠償請求をする、あるいは、刑事告訴をするといった事案では、その原因の当否に関わらず、共同生活を送るといった前提に反する行為として、破綻が認められやすいと言えるでしょう。本書第13章で取り上げた事例では、妻が離婚届を偽造したとして、刑事告訴し、さらに検察審査会に審査申立てを行い、また、保護責任者遺棄罪で告訴したもの（事例〔45〕）、会社経営に関係して、他方配偶者や前妻の子らを相手方として不法行為に基づく損害賠償請求訴訟を提起したり、前妻の子らを文書偽造等で刑事告訴したもの（事例〔46〕）があります。

なお、本書第6章で取り上げた事例〔20〕は、養父の養女に対する性的虐待を理由として、妻が夫を刑事告訴したものです。

第14　別　居

本書第14章で取り上げた別居は、それ自体が破綻事由というより、むしろ、婚姻関係の破綻を裏付ける間接事実ないし事情として捉えら

れるのではないかと考えられます。もっとも、「（別居が）長期に及んでいればいるほど、破綻の事実は明白となる。そうだとすると、一定期間の別居が継続したときは、それだけで婚姻が破綻していると解する余地が生じる。」「少なくとも、…別居が長期化していればいるほど婚姻は破綻していると認めやすいことは、疑いのないところであろう（この点については、判例も同じ立場とみられる）」とされています（前掲注釈民法381頁・382頁）。

　多くの裁判例では、別居の有無ないしその期間は、他の破綻事由と総合して、破綻を認定する重要な要素とされていますから、別居期間自体が特に問題とされるのは、他に明確で一方的な破綻原因が認められない場合においてですが、その場合、離婚を認めるには「さしあたり10年ぐらいが適当と解しておきたい。…将来的には…5年くらいにするのが妥当であろうか」（前掲注釈民法382頁）との見解があります（なお、改正案では、5年間の別居を新規離婚原因として提言しています）。

　本書第14章で取り上げた比較的最近の事例では、4年10か月程度の別居で破綻が認められているものがありますが（事例〔49〕）、一方、25年に及ぶ別居期間の事例もあります（事例〔48〕）。事例〔47〕は、6年程度の別居期間の事例で、有責配偶者からの離婚請求として離婚が否定されましたが（前訴判決）、その判決後1年程度経過後に再度提訴された離婚訴訟において、前訴判決後の事情等を考慮して、離婚が認められたものです。

第15　有責配偶者からの離婚請求

　最高裁は、長年の間、有責配偶者からの離婚請求を否定していましたが、最高裁大法廷昭和62年9月2日判決（民集41・6・1423）により、条件付きでこれを肯定する判断が示されたことにより、状況が大きく変化しました。離婚を肯定するための3要件としては、①別居が両当事

者の年齢及び同居期間との対比において、相当の長期間に及ぶこと、②夫婦間に未成熟子が存在しないこと、③相手方配偶者が離婚により精神的・社会的・経済的に極めて苛酷な状態に置かれる等離婚請求を認容することが著しく社会正義に反するといえるような特段の事情が認められないこと（苛酷条項）があります。この特段の事情の立証責任は被告側にあるとされています（前掲注釈民法408頁）。

以降、上記3要件の適用、明確化を巡って、裁判例が重ねられていくことになります。本書第15章で取り上げた事例では、事例〔55〕は、別居期間が2年、未成熟子が存在するが、相手方配偶者も破綻について一定の責任があり、相手方配偶者が離婚後も精神的・社会的・経済的に著しく不利な状況とならないとされて離婚が認容されました。事例〔54〕は、9年余の別居期間、相手方配偶者がうつ病の事例で離婚が否定されました。事例〔53〕は、別居期間3年弱、未成熟子ありの事案で離婚が否定されました。事例〔52〕は、別居期間67か月余、24時間介護が必要な子がある事案で離婚が否定されました。事例〔51〕は、別居期間約13年、未成年子ではないが、後見的配慮を要する長男があり、妻が抑うつ症罹患の事案で離婚が否定されました。事例〔50〕は、別居期間約6年、未成年子がなく、相手方配偶者に相当の収入がある事案で離婚が認容されました。

結局、各事例において、上記3要件に沿って、その射程を考えながら、総合考慮により判断されているものと思われますが、別居期間が短くとも、相手方配偶者の婚姻破綻に対する一定の責任や離婚後の状況その他の事情から破綻が認定され離婚が認容される場合もあれば、長期間の別居で破綻が認められても、子の状況や離婚後の生活等の事情から、信義則が適用されて離婚が否定される場合もあるといえます。

第2章　不貞行為　　13

第2章　不貞行為

〔1〕　夫と相手の女性との不貞関係を認めた上で、不貞行為当
　　　時、夫の言動により婚姻関係は相当程度傷つけられていた
　　　が破綻していたとまでは認められないとされた事例

(東京地判平23・4・12（平22（ワ）3131））

キーワード：不貞行為

┌─────── 主張のポイント ───────┐

　自身は有責配偶者本人でなく、不貞相手方である男性とその妻
は、不貞行為当時、暴力行為があり、別居状態にあったこと

└─────────────────────────────┘

┌─ 事 案 の 概 要 ─┐

○当事者等
　X：原告（妻）
　Y：被告（Xが夫の不貞相手であると主張する女性）
　A：妻Xの夫

○事実経過
　妻Xは、平成14年に夫Aと婚姻届出をして夫婦となり、夫婦には長
女と二女がおり、いずれも障害を抱えていた。
　夫Aは、平成19年ころから連絡なく朝帰りをするようになり、同年
末ころからは週末に帰宅しなくなった。妻Xは、そのころから適応障
害により精神科に通院するようになった。

夫Aは、平成20年秋ころ、口げんかをきっかけに、妻Xに対して暴力をふるうようになり、妻Xは、平成21年1月7日には夫Aの暴力から逃れるため一時シェルターに入所したこともある。

そして、妻Xと夫Aは、平成21年7月10日に夫Aが家を出て以来別居している。その時は、長女は7歳、二女は5歳であった。

平成21年7月27日及び29日には、夫Aが女性Yの自宅に泊まり、女性Yの自宅から合い鍵を受領して出勤している。その後、妻Xは女性Yの職場に連絡して、女性Yと夫Aとの交際をやめさせようとした。

妻Xは女性Yに夫Aとの不貞行為を理由に損害賠償請求をした。

当 事 者 の 主 張

◆被告の主張（破綻の存在を主張）

夫Aは、別居前の平成19年ころから連絡なく朝帰りをするようになり、同年末ころは週末に帰宅しなくなり、平成21年1月7日からは妻Xがシェルターに避難しなければならないような暴力が始まり、同年7月10日に別居して以降、妻Xと同居していない。したがって、女性Yが夫Aを自宅に泊めた平成21年7月27日及び29日の時点において、妻Xと夫Aとの間の婚姻関係は破綻しており、女性Yは妻Xに対し不法行為責任を負わない。

◆原告の主張（破綻の不存在を主張）

女性Yが夫Aを自宅に泊めた平成21年7月27日及び29日の時点において、妻Xと夫Aとの婚姻関係は破綻していなかった。その根拠として妻Xが離婚を望んでいなかったこと、夫Aが有責配偶者であることが挙げられる。

第2章　不貞行為　　15

裁判所の判断

　本判決は、以下のとおり判示して、婚姻関係の破綻を否定して、不法行為に基づく損害賠償請求として100万円分を認容した。

　夫Aが平成19年ころから、連絡なく朝帰りをするようになったこと、同年末ころは週末に帰宅しなくなり平成21年1月7日からは妻Xがシェルターに避難しなければならないような暴力が始まり同年7月10日に別居して以降、妻Xと同居していないことについては、別居当時において婚姻関係が破綻していたことを基礎付ける事実である。

　しかしながら、妻Xが女性Yの職場に連絡して女性Yと夫Aとの交際をやめさせようとしたこと、妻Xには障害を抱えた学齢期の二人の子供がいることが認められることから、これらの事実からは妻Xが夫Aとの離婚を望んでいないことが認められる。これらの事実及び夫Aが妻Xとの関係で有責配偶者に該当することは、いずれも婚姻関係が破綻していたとの認定を妨げる事実である。

　以上の点を合わせて考慮した場合、夫Aの言動により妻Xと夫Aとの婚姻関係は相当程度傷つけられていたものと認められるものの、女性Yが夫Aを自宅に泊めた平成21年7月27日及び29日の時点で婚姻関係が破綻していたとまでは認めるに足りない。

ポイント解説

(1)　暴力行為や別居の事実と、一方が離婚を望んでいないことを裏付ける事情

　本件では、夫Aが平成19年ころから、連絡なく朝帰りをするようになったこと、同年末ころは週末に帰宅しなくなり平成21年1月7日からは妻Xがシェルターに避難しなければならないような暴力が始まり同

年7月10日に別居して以降、妻Xと同居していないことについては、別居当時において婚姻関係が破綻していたことを基礎付ける事実であるとしています。

しかし、妻Xが女性Yの職場に連絡して女性Yと夫Aとの交際をやめさせようとしたこと、妻Xには障害を抱えた学齢期の二人の子供がいることが認められることから、本判決は、これらの事実からは妻Xが夫Aとの離婚を望んでいないことが認められるとし、婚姻関係破綻の評価障害事実となると述べています。

本件における詳細は不明ですが、妻が夫の交際相手女性の職場に連絡して交際をやめさせるようにする行為は、一般的には女性に対する名誉毀損にも該当し、非難されるおそれの高い行為ですが、夫婦関係修復のための発露と捉えれば、本判決のように妻側に有利に働くため、破綻を主張する側としては、このような行為が「愛情や修復意思の発露」といえるのか「単なるいやがらせ」の要素が強いのかを見極めて、主張を検討する必要があります。

また、「妻Xには障害を抱えた学齢期の二人の子供がいること」については、有責配偶者からの離婚請求の可否について判示した最高裁大法廷昭和62年9月2日判決（民集41・6・1423）（後掲）において示された規範を考慮していると思われます。すなわち、未成熟の子が存在し、かつ、相手方配偶者が離婚によって障害を抱えた学齢期の二人の子供がいることで妻Xが精神的・社会的・経済的に極めて苛酷な状態におかれるおそれがあるという点を踏まえて、婚姻関係破綻の評価障害事実として捉えていると考えられます。

このように、破綻を主張する側としては、相手方の行為が愛情や夫婦関係修復意思の発露といえないか、あるいは配偶者からの離婚請求に関する最高裁大法廷昭和62年9月2日判決の三要件を満たすよう主張を組み立てる必要があります。さらに言えば、「別居後にほとんど連絡を

とっていない（事務連絡のみ）」というような、相手方配偶者において離婚をしてもやむを得ないと考えていたことを裏付ける事情を主張するべきでしょう。

(2) 有責配偶者側であること

本件は、妻が夫の不貞相手である女性に対して損害賠償請求をしている事件において、最高裁平成8年3月26日判決（民集50・4・993）に基づき、抗弁として婚姻関係の破綻の存在が主張されており、夫Aが女性Yの自宅に宿泊した時における婚姻関係破綻の有無が争点となっています。

本件判決において特徴としては、夫Aではなく不貞相手と主張される女性Yの立場からの婚姻関係破綻の主張についても、「夫Aが原告との関係で有責配偶者に該当すること」の評価障害事実として消極に働くと明言していることにあります。

離婚裁判における有責配偶者からの離婚請求は、最高裁大法廷昭和62年9月2日判決（民集41・6・1423）において、①夫婦の別居が両当事者の年齢及び同居期間との対比において相当の長期間に及び、②未成熟の子が存在しない場合には、③相手方配偶者が離婚により精神的・社会的・経済的に極めて苛酷な状態におかれる等離婚を認容することが社会的正義に反すると言えるような特段の事情が認められない場合には、認められ得ると述べています。

この最高裁判決は、有責配偶者自身が婚姻関係破綻を主張するケースですが、本件のように有責配偶者側である不貞女性の立場から婚姻関係破綻の主張をする場合にも同様に消極に働く要素となることが述べられています。しかも、本件は、暴力などもあり、女性Yとの不貞が婚姻関係破綻の直接の原因となったとまでは認めていないケースであり、そのような場合でも有責配偶者（側）であることを考慮しています。

破綻を主張する側としては、自らが有責配偶者自身でなく、あるいは自らが破綻の直接原因ではなくても、自らの側における有責配偶者性が影響を与えることを考慮して、自らが直接知らないような夫婦間の事情についても主張を行う必要があると言えます。

証拠資料

◇自らが直接知らない夫婦間の事情を裏付ける資料

【例示】陳述書、メール・LINE・SNSなどの履歴

＜参考判例＞

○離婚裁判における有責配偶者からの離婚請求について、①夫婦の別居が両当事者の年齢及び同居期間との対比において相当の長期間に及び、②未成熟の子が存在しない場合には、③相手方配偶者が離婚により精神的・社会的・経済的に極めて苛酷な状態におかれる等離婚を認容することが社会的正義に反すると言えるような特段の事情が認められない場合には、有責配偶者からの請求の一事をもって許されないとはいえないと判示した事例（最大判昭62・9・2民集41・6・1423）

第2章 不貞行為 19

〔2〕　夫が、学生時代に交際していた女性と交際を再開したと
　　　きには、すでに別居生活が5年余りに及んでいたことから、
　　　すでに婚姻関係は破綻していたとされた事例

　　　　　　　　　　　　　　（東京地判平23・6・30（平22（ワ）21506））

キーワード：不貞行為、別居

主張のポイント

① 夫が女性と交際を開始した時には、別居期間が5年余り経過
していたこと

② 別居後の交流は子ら家族行事を通じてのものであり、その内
容・頻度は希薄であり、婚姻関係の修復や同居に向けられたも
のではないこと

事 案 の 概 要

○当事者等
　X：原告（妻）
　Y：被告（夫Aの不貞相手と認められる女性）
　A：夫
　B：夫Aが女性Y以前に交際をしていた女性
　C：妻Xの友人女性

○事実経過
　妻Xは、平成3年4月17日、夫Aと婚姻し、3人の子をもうけたが、平
成16年以降、夫Aと女性Bとの不貞関係が発覚したことがきっかけと

なり、夫Aと別居している。その後は、夫Aとは子ら家族行事等を通じた交流を行っていた。

夫Aは、別居から5年余りが経過した平成21年11月ころ、学生時代に交際していた女性Yと再会して交際するとともに（後述のとおり争いあり）、女性Bとの関係を解消し、それ以降、女性Yとラブホテル等において密会するなど男女関係が存在していた。

本件では、夫Aと女性Yの不貞当時、妻Xと夫Aの婚姻関係は既に破綻していたか否かが主に争われた。

当事者の主張

◆被告の主張（不貞時における婚姻関係破綻の存在）

女性Yと夫Aが再会したのは、夫Aと妻Xが別居してから5年余りが経過した平成21年11月のことであり、交際開始時においては既に別居して長期間が経過しており、婚姻関係は破綻していた。

また、夫Aと妻Xの別居後の交流は子ら家族行事等を通じたものにすぎず、このことから夫婦関係が修復に向かっていたとはいえない。

◆原告の主張（不貞時における婚姻関係破綻の不存在）

平成16年に夫Aと女性Bの不貞関係が発覚したが、その当時、既に、夫Aは女性Yとも不貞関係にあったのであり（それに沿う友人Cの陳述書あり）、夫Aと女性Yとの不貞開始時には妻Xとの別居期間は長期に及んでおらず、婚姻関係は破綻していなかった。

また、妻Xは、平成16年に夫Aと別居して以降も、夫Aと継続的に交流を持っていたのであり、婚姻関係は破綻していなかった。

第2章 不貞行為 21

$$\boxed{\text{裁 判 所 の 判 断}}$$

1 夫Aと女性Yの不貞開始時期

　本判決は、妻Xの友人Cの話も伝聞にすぎず、そこでいう夫Aと女性Yとの交際の程度も判然としない上、妻X自身、当時何の証拠もなく、何も対応しなかった。女性Yと夫Aがラブホテル等で会っていた際に撮影された写真も、平成22年1月以降のもので、それ以前のものは見当たらない。夫Aが平成20年4月に子の携帯電話のメールアドレスを設定した際に、女性Yの呼び名とみられる文字をメールアドレスの一部として使用していたとしても、両名が学生時代に交際していたことも踏まえると、そのことが、その当時における不貞関係の存在を直ちに示すものとはいえないとして、平成16年当時（別居時）における女性Yとの不貞については否定し、夫Aと女性Yとの交際は平成21年11月ころから始まったと認定した。

2 別居後の交流

　本判決は、5年余りと長期にわたる別居の事実も考慮すれば、女性Yが夫Aと不貞関係を持った当時、既に妻Xと夫Aの婚姻関係は破綻していたと認め、別居後の妻Xと夫Aの交流の内容は、もっぱら子ら家族行事等を通じたものにすぎないから、これをもって夫婦関係が修復に向かっていたとはいい難いとした。そして、その他、特段の事情も認められないから、女性Yは妻Xに対し、不法行為責任を負わないと判示した。

ポイント解説

1 不貞開始の時期（別居から不貞行為までの長さ）

　本件は、妻が夫の不貞相手である女性に対して不貞行為を理由として損害賠償請求をしている事案であり、離婚事由を定める民法770条1項1号の「不貞行為」の有無と必ずしも判断が一致するものではありませんが、いずれも異性との不貞行為が婚姻共同生活の平和を害するか否かという点が重要な要素として判断されるという点は共通していると考えます。

　最高裁平成8年3月26日判決（民集50・4・993）は、原告の配偶者と第三者が肉体関係を持った場合において、既に配偶者と原告の婚姻関係が破綻していたときは、特殊の事情のない限り、第三者は原告に対して不法行為責任を負わない旨判示しています。これは、第三者が配偶者と肉体関係を持つ行為が不法行為となるのは、婚姻共同生活の平和の維持という権利・利益を侵害するからであり、婚姻関係が既に破綻している場合には原則としてこのような権利、法的保護に値する利益があるといえないからです。

　婚姻関係の破綻の判断においては、不貞開始の時期における別居期間の長さが重要な意味を有します。どの程度の別居期間があれば婚姻関係の破綻が認められるかについては、最高裁平成2年11月8日判決（家月43・3・72）や最高裁平成5年11月2日判決（家月46・9・40）等が参考になり、また本書第14章でも詳述しています。婚姻関係の破綻を主張する側（本件では女性Yや夫A）からすると、男女交際の開始が別居時ではなく、別居の経緯とは別に、その後男女交際が開始した事情を積極的に主張する必要があると言えます。本件では別居の直接的な理由が別の女性Bとの交際であり、別居時における女性Yとの交流の証拠が弱かったため、別居から不貞開始までの期間の長さを主張しやすかっ

たと言えます。

② 別居後の事情（修復可能性）

　婚姻関係破綻の有無の判断の事情として、別居期間中の交流の存在があります。本判決では、「もっぱら子ら家族の行事等を通じたものにすぎない」ので「修復に向かっていたとはいいがた」いと述べて破綻の事実を覆すものではないと述べています。本件で具体的な行事の内容や頻度は確認できませんが、通常の破綻していない同居家庭でもお互い多忙等により子らの行事だけの交流になっているケースは珍しくありません。

　しかし、本件のように別居期間が相当程度に及んでいる場合には、破綻状態を覆すためには、子らの行事だけでなく、夫婦間で修復に向けた行動（修復・同居に向けた協議の存在、夫婦だけでの交流）がプラスアルファとして必要であると考えられます。つまり長期の別居自体が、破綻を強く推認させるものですから、破綻を否定する側（本件では妻X）は、これを覆すために、修復に向けた行動について主張・立証する必要があります。半面、破綻を主張する側（本件では女性Yや夫A）としては、別居後の事情について、例えば以下のような点を個別に反論する必要があります。

・別居期間中の交流の頻度が少ない、内容も希薄である
・別居期間中の交流は子供や第三者を介して行われていた
・別居期間中の電話やメールのやりとりも事務連絡程度であった
・同居や関係修復に向けられた協議は行われていない
・別居期間中に夫婦だけで会うことがなかった、あるいはほとんどなかった

| 証拠資料 |

◇男女交際が別居から相当長期間経過後に開始したことを示す資料

【例示】 初めて出会った時や交際開始時における交際相手とのLINEやメール、SNSの履歴、陳述書

◇別居後の交流の内容や頻度を示す資料

【例示】 配偶者とのLINEやメール、SNSの履歴、陳述書

＜参考判例＞

○甲の配偶者乙と第三者丙が肉体関係を持った場合において、甲と乙との婚姻関係がその当時既に破綻していたときは、特段の事情のない限り、丙は、甲に対して不法行為責任を負わないとされた事例（最判平8・3・26民集50・4・993）

○同居期間23年、別居期間8年の夫婦について、時の経過に伴い、当事者双方の事情や有責行為に対する社会的意味ないし評価が変化したことがうかがわれるとし、有責配偶者からの離婚請求が肯定される相当長期間の別居に当たり得るとされた事例（最判平2・11・8家月43・3・72）

第2章　不貞行為　　25

〔3〕　かつて不貞関係にあった者と深夜の時間帯に面会していた行為は、再び不貞関係を再開したとの疑いを抱かせるのに十分であり、婚姻関係を破綻させる蓋然性のある行為とされた事例

(東京地判平25・4・19（平23（ワ）39342））

キーワード：不貞行為、深夜の面会、不貞関係の再開

主張のポイント

① 過去に不貞関係にあった者同士が深夜の時間帯に面会していたこと

② 夫婦が同居していても、妻は離婚を決意しており、夫婦関係の修復は不可能であったこと

事 案 の 概 要

○当事者等

　X：原告（夫）

　Y：被告（妻Aの不貞相手の男性）

　A：夫Xの妻

　　※夫X・妻Aは離婚済み

○事実経過

　夫Xと妻Aは、平成18年12月に婚姻した夫婦である。

　男性Yは、妻Aと、平成20年5月頃から同年12月頃まで、妻Aが夫Xと婚姻関係にあることを知りながら不貞行為を行った。同年11月頃、

26 第2章 不貞行為

男性Yと妻Aとが不貞関係にあることを知った夫Xは、男性Yと協議の末、男性Yが夫Xに対し慰謝料80万円を分割で支払う旨の公正証書を作成し、男性Yは慰謝料全額を支払った。

妻Aは、平成23年5月頃から再び男性Yと連絡を取り始め、同年7月4日午後10時頃から翌5日にかけて面会し、さらに同年8月19日午後8時20分頃から翌20日にかけて面会した。いずれも面会場所は銭湯であった。

妻Aは、平成20年11月に男性Yとの不貞関係を夫Xに知られた以降も、自ら望んで夫Xとの婚姻を継続していたが、次第に夫Xとの離婚を考えるようになり、平成23年3月末頃からは、夫Xに対して離婚を求めるようになった。妻Aは、夫Xに実家に戻って別居するよう求めていたが、夫Xが応じなかったため、平成23年8月17日頃、自宅を出てホテルに宿泊するようになった。同年9月8日、夫Xと妻Aは、携帯電話の返還や男性Yと妻Aとの関係をめぐって口論になり、その際、妻Aは、夫Xに、離婚届の作成及び自宅からの退去を求めた。同日、夫Xは、荷物をまとめて実家に戻り、離婚届を作成して妻Aに交付した。夫Xと妻Aは、離婚協議書を作成の上、平成24年1月28日に離婚した。

夫Xは、男性Yを被告として、不貞行為による慰謝料を請求して提訴した。夫Xと妻Aの婚姻破綻時期が争点であり、男性Yは、妻Aと会っていた当時は既に婚姻関係が破綻していたと主張した。

当事者の主張

◆被告の主張

男性Yは、夫Xとの離婚について思い悩んでいた妻Aの求めに応じて、やむを得ず平成23年7月4日から翌5日午前0時半頃にかけて銭湯において妻Aと面会し、離婚の相談に乗っていただけである。その後は

第2章　不貞行為　　　　　　　　　27

後輩宅に宿泊しており、妻Aと宿泊して不貞行為を行った事実はなく、妻Aが男性Yとの宿泊を認めた事実もなく、その当時、既に妻Aと夫Xとの婚姻関係は破綻していた。

◆原告の主張

　男性Yは、平成23年7月4日から翌5日にかけて、妻Aとともに銭湯に行った後、妻Aと宿泊して不貞行為を行った。妻Aは、夫Xから、同月4日から翌5日までの行動を問い詰められた際、男性Yと宿泊したことを認めていた。

裁 判 所 の 判 断

　本判決は、男性Yと妻Aとの二度にわたる深夜の時間帯の面会につき、不貞行為を行った事実は認められないとしたものの、このような男性Yの行為は、妻Aと再び不貞関係を再開したのではないかとの疑いを抱かせるのに十分であり、夫Xと妻Aの婚姻関係を破綻に至らせる蓋然性のある行為であると判示した。

　夫Xと妻Aとの婚姻関係の破綻の時期については、妻Aは夫Xに対し、平成23年3月末頃から離婚を求めるようになり、別居を求めるなどして離婚の意向を示したことが認められるものの、妻Aは、自宅を出てホテルに宿泊するようになるまでは夫Xと同居生活を営んでおり、夫Xにおいても、未だ妻Aとの離婚を考えるには至っていなかったのであるから、夫Xと妻Aの婚姻関係が完全に修復の見込みのない状態に立ち至ったのは、夫Xと妻Aが男性Yとの関係をめぐって口論となった末、夫Xが荷物をまとめて実家に戻り、離婚届を作成して妻Aに交付した同年9月以降であるとした。

ポイント解説

1 かつて不貞関係にあった者との面会

本件においては、男性Yと妻Aの深夜の時間帯についての面会行為につき、不貞行為を行ったとは認定されませんでした。面会場所が銭湯であり宿泊ができるような施設ではなかったことがその理由だと思われます。

ただ、一度不貞関係にあった男女が深夜の時間帯に何度か面会すること自体が、他方配偶者からすると十分に疑わしい行為であるとして、その行為については男性Yの不法行為責任を認めました。すなわち、不貞行為までは認められない場合であっても、夫婦関係の平穏を著しく害する行為がなされた場合については、婚姻関係を破綻に至らせる蓋然性の高い行為として不法行為責任を問うことが可能ということになります。

この場合、深夜に面会を繰り返すことを立証することのほか、二人の関係性を示す事実が重要になります。本件では、面会していた二人はかつて不貞関係にあった二人でした。二人の関係が親密であればあるほど、面会行為の持つ意味合いが強いものとなりますので、関係の親密性の濃さを示す事実を具体的に主張できればいいでしょう。

2 同居解消と婚姻関係破綻の時期

本件では、男性Yの主張していた婚姻関係破綻の時期においては、夫Xと妻Aは別居をしていませんでした。同居している夫婦につき、婚姻関係の破綻が認められるのは、余程の事情が存在しない限り困難であり、少なくとも双方が離婚することに合意している状態の立証は必要ではないかと思われます。

第2章　不貞行為　　29

　また、別居を開始したことのみをもって婚姻関係が破綻したとの認定も困難です。特に夫婦の一方が離婚に同意していない状態で別居を開始した場合は、婚姻関係が破綻したと主張するためには、その後相当期間にわたり別居が継続し、その間修復に向けた行動がなかった事実や、双方が離婚に向けて協議することに合意した事実等、別途、婚姻関係が修復不可能な状態に至った事実を具体的に主張する必要があります。

証拠資料

◇別居が相当期間に渡って継続していることを示す資料

【例示】住民票、賃貸借契約書、引っ越しを行ったことを示す資料（引っ越し業者の領収書等）、別居する旨を相手方配偶者に伝えた際の記録（メール、LINE等のメッセージアプリ）等

◇夫婦双方が離婚意思を有していることを示す資料

【例示】夫婦間の、離婚の条件等の協議内容が分かるやり取りを示したもの（手紙、メール、LINE等のメッセージアプリ）

＜参考判例＞

○妻と一度不貞関係にあった者が、二人きりで密室で会うことを止めないなど不貞関係を解消するために積極的な姿勢を示さなかったとして、夫婦間の婚姻関係の破綻に影響を与えたとされた事例（東京地判平27・3・17（平25（ワ）33814））

○かつて不貞関係にあった男女につき、男性が頻繁に女性の自宅で長時間過ごしていたことから、性交を伴う男女の関係にあったと合理的に推認できるとされた事例（東京地判平29・9・26（平28（ワ）12877））

〇同居を継続している夫婦につき、夫婦間において意見の不一致があった り口論がなされたりするだけでは、婚姻関係が破綻していたものとは認 められないとされた事例（東京地判平26・5・28（平24（ワ）31798））

第2章　不貞行為　　31

〔4〕　風俗嬢として店舗外において肉体関係に応じた場合には、専ら対価を得る目的であったとしても利用客である男性とその妻の婚姻共同生活の平和を害し、婚姻関係を破綻させる行為であるとされた事例

（東京地判平27・7・27（平26（ワ）23492））

キーワード：不貞行為、風俗

主張のポイント

① 風俗店の（元）従業員と夫に肉体関係があったこと

② 風俗店の（元）従業員が、利用客であった夫の異性関係上の好意を認識できる可能性があったこと

事 案 の 概 要

○当事者等

　X：原告（妻）

　Y：被告（夫の不貞相手であると原告が主張する女性）

　　（風俗店の従業員として働いていた時に夫Aと知り合う。）

　A：夫

○事実経過

　妻Xと夫Aとは、昭和50年に婚姻した夫婦である。女性Yは、風俗店の元従業員である。女性Yは、風俗店の従業員であった時に、平成22年9月以降に利用客として訪れた夫Aと知り合った。

　夫Aは、平成22年9月頃以降、本件風俗店を週1回程度訪れ、対価を

支払って従業員である女性Yとの間で、本件風俗店舗内で肉体関係を持った。

　平成25年10月以降、女性Yは転居に伴い本件風俗店を辞めることになったと夫Aを含む常連客に伝えたところ、女性Yに好意を抱いていた夫Aが食事に誘ったことから、女性Yと夫Aとは店舗外で会うようになった。その際、夫Aは本件風俗店の利用料金と同額2万5,000円を支払うので肉体関係を持ってほしいと提案し、女性Yも了承した。

　その後、夫Aと女性Yは、平成26年2月頃まで、本件店舗外で会って対価を授受してホテルで肉体関係を持ち、食事して別れるということを月に1、2回程度、合計10回程度繰り返した。妻Xは、女性Yと夫Aとの肉体関係により、婚姻関係が破綻したとして、女性Yに対し、慰謝料請求訴訟を提起した。

　このように、風俗店の利用によって知り合い、店舗内外で対価を支払って肉体関係を持った行為について、不貞行為に該当するかが争点となっている。

当事者の主張

◆原告の主張

　女性Yは、夫Aが妻Xと婚姻していると知りながら、週1回程度、ホテルで肉体関係を持ち、不貞関係を継続した。夫Aは、女性Yに対して合計200万円を超える金銭を渡している。

　女性Yが夫Aから対価を受けて肉体関係を持ったとしても、婚姻の事実を知っており、さらに夫Aが性的欲求の処理にとどまらず女性Yに好意を有していたことを認識し、または認識し得た以上、女性Yの行為は違法性を帯び、不法行為を構成する。

　妻Xは、夫Aと通常の家庭生活を送っていたが、女性Yとの不貞関

第2章　不貞行為　　33

係を知りショックを受けて、それ以降は離婚が成立していないものの、夫Aとの信頼関係は喪失し、平穏な家庭生活は完全に破壊された。

　以上からすれば、妻Xと夫Aの婚姻関係は破綻している。

◆被告の主張

　本件風俗店はいわゆるソープランドであり、本件風俗店内で従業員である女性Yと利用客である夫Aとの間に肉体関係はあったものの、これは不貞行為と評価されるべきものでない。

　また、女性Yは、平成25年10月に本件風俗店を退職した後に、夫Aから誘いを受けて、本件風俗店の利用料金と同等の1回2万5,000円の対価を得て、1か月に1、2回程度の肉体関係を持ったが、その期間は平成26年2月末までの約5か月で回数は10回に満たず、夫Aが交付した金銭は200万円に及ぶような高額なものでない。

　これらは、本件風俗店の営業の延長にあり、生活がひっ迫していた女性Yの生活のための職務として行われたものであり、不貞行為と評価されるべきものでない。

　また、本件発覚後も、夫Aと妻Xはもとより別居や離婚調停の申立てにも至っていないから、婚姻関係は破綻していない。また、妻Xの要求に応じて、女性Yは謝罪文や夫Aと接触しない旨の誓約書を交付し、妻Xの精神的苦痛を慰謝している。

裁 判 所 の 判 断

　本判決は、妻Xと夫Aとの婚姻生活の破綻の有無については直接言及していないが、女性Yの本件風俗店舗外における行為については、不法行為に該当すると述べた。

　まず、平成25年10月までのものは、性的サービス提供を業務とする

本件風俗店において、利用客である夫Aが対価を支払うことにより従業員である女性Yが肉体関係に応じたと認められ、それ自体が直ちに婚姻共同生活の平和を害しないから、これが原因で妻Xと夫Aとの夫婦関係が悪化したとしても、女性Yが故意又は過失によってこれに寄与したとは認めがたいとして、本件風俗店舗内での肉体関係については不法行為の成立を否定した。

　一方、平成25年10月以降に女性Yが夫Aと持った肉体関係については、本件店舗外におけるものであり、夫Aは単に性的欲求の処理にとどまらず、女性Yに好意を持っていたからこそ、本件風俗店の他の従業員ではなく、女性Yとの本件店舗外での肉体関係の継続を求めたのであり、女性Yもこれを認識し又は容易に認識できたのに夫Aの求めに応じていたものと認められるとして、女性Yが自らは専ら対価を得る目的で夫Aとの肉体関係を持ったとしても、妻Xと夫Aの夫婦関係に悪影響を及ぼすだけでなく、妻Xとの婚姻共同生活の平和を害し、妻Xの権利を侵害することを十分認識していたとして、不法行為に該当すると認め、慰謝料のうち60万円の請求を認容した。

ポイント解説

1 　風俗店の従業員との肉体関係

　民法709条の不法行為と、離婚事由を定める民法770条1項1号の「不貞行為」とは、必ずしもイコールとは限りませんが、いずれも婚姻共同生活の平和を害するものか否かという点が重要な要素として判断されるという点は共通しており、主張のポイントも共通すると考えられます。

　風俗店に勤務する女性との肉体関係が不貞行為に該当するかについては、本判決では風俗店舗内での肉体関係は、直ちに婚姻共同生活の

平和を害しないとして、女性Yについての不法行為の成立を否定し、一方で女性Yが風俗店を退職した後に本件店舗外で行った肉体関係については不法行為の成立を認めており、注目に値します。

　双方の行為とも、夫Aから女性Yに対して同額の対価の交付があり、女性Yの営業行為と認められ得るにもかかわらず、裁判所は、女性Yが本件風俗店を退職した後に、本件風俗店舗外で行った行為のみ不法行為を認めました。前者は、本件風俗店のように多数の男性との性的サービスを前提とする肉体関係である一方、後者は特別に夫Aとだけ個人的に肉体関係を結ぶと思わせる行為という違いがあります。そこに、夫Aが単に性的処理の対象のみならず女性として好意を有するという評価が加わり、それが夫婦共同生活の平和を害するものと評価されたと考えられます。

　したがって、不法行為や不貞行為による婚姻関係破綻を理由として離婚を請求する側としては、多数人に対する性的サービスを前提とする風俗店の営業を超えた行為であることを主張・立証する必要があります。本件は、風俗店が店舗を有する、いわゆる「店舗型」の風俗店であり、店舗内外が重要なポイントになっていますが、店舗を有さず外部のホテルや利用客の自宅などでサービスを行う「派遣型」の風俗店の利用の場合も存在するため、場所のみならず、その連絡方法（店を介するか、直接連絡するか）、風俗店に在籍の有無なども主張のポイントになると思います。

② 好意の認識可能性を裏付ける事情
　本件判決は、女性Yが、夫Aの好意を認識することができた可能性を重視しているといえ、風俗店の営業の範囲か否かという点も、男性の好意の認識性を裏付ける一事情と位置付けているように考えられます。

性行為の対価の支払いがあることだけで、直ちに経済的対価を伴った性的処理行為であったとは認定していません。不法行為や離婚を請求する側としては、風俗店での関係が出会いの端緒であったり、その後も継続的に対価支払いがあったりしても、以下のような事情を挙げることで、男性側の好意の認識可能性を主張することが考えられます。

・肉体関係以外のデートや食事の有無、頻度、回数
・普段の連絡のやりとりとその内容（業務連絡のような内容にとどまらずプライベートの会話を行っているか）
・対価支払いの金額（多額の金額であれば生活費の贈与と認められ、好意が認定されやすい）

証拠資料

◇プライベートでの連絡の存在を示す資料

【例示】メールやLINE等のコミュニケーションアプリ

◇店舗外（相手方女性宅等）での肉体関係やデートの存在、回数を裏付ける資料

【例示】探偵の報告書、Suica等の電子マネーの交通履歴、食事やデートで用いた領収書

＜参考判例＞
○クラブのママやホステスがいわゆる「枕営業」として長期間にわたり顧客と性交渉を繰り返した行為は、当該顧客の妻との関係で不法行為を構成しないとした事例（東京地判平26・4・14判タ1411・312）

第2章　不貞行為　　37

〔5〕　妻の意思を無視するような方法で前妻や同人との間の長
　　　女と面会を繰り返す行為は、前妻との肉体関係の有無にか
　　　かわらず、夫婦共同生活を破壊するものとされた事例

（東京地判平27・10・22（平27（ワ）935））

キーワード：不貞行為、面会交流

主張のポイント

① 前妻宅を何度も訪問し、また、前妻と宿泊を伴う旅行を繰り
返していたこと

② 前妻宅への訪問等が子との面会交流という理由であったとし
ても、妻への配慮を欠き、その意思を無視するような非常識な
態様であったこと

事 案 の 概 要

○当事者等

　X：原告（妻）

　Y：被告（夫）

　A：被告の前妻

　B：夫Yと前妻Aの長女

○事実経過

　妻X（原告）と夫Y（被告）とは、平成21年に長男が出生した後、
婚姻し、平成22年7月に一度離婚届を提出したもののその2日後に再び
婚姻届を提出し、平成23年1月に再度離婚届を提出、同年4月に別居し

た夫婦である。なお、夫Yには前妻Aがおり、同人との離婚が成立したのは妻Xと婚姻する2日前であった。

夫Yは、妻Xとの婚姻後すぐに、前妻Aとの間の長女Bとの面会交流として、長女B及び前妻Aとキャンプ旅行に出掛け、外泊した。また、継続的に、週に2日、長女Bの塾の送り迎えのため、前妻A宅に赴き、その際、前妻Aと顔を合わせることもあった。

妻Xは、夫Yに対し、長女Bと会うのは前妻A抜きで月に1回だけにしてほしいと訴えたが、夫Yは、その後も、面会交流の名の下に長女B及び前妻Aと年末年始を共に過ごしたり、何度も宿泊を伴う旅行に出掛けたりした。

当 事 者 の 主 張

◆原告の主張

夫Yは、毎週2回の正午頃から深夜まで前妻A宅を訪問し、また、毎月少なくとも1回は前妻A宅に宿泊した。また、平成21年末から平成23年元旦にかけて、8回にわたり、宿泊を伴う旅行や年末年始を前妻A宅で過ごすなどした。

以上のとおり、夫Yは、前妻Aとの交際ないし不貞行為を続けており、仮に前妻Aとの間に肉体関係がなかったとしても、前妻A宅への訪問や旅行等を繰り返していること自体が、婚姻を継続しがたい重大な事由として離婚原因となったものであって、婚姻共同生活を破壊したものであるから、夫Yの行為は不法行為に該当する。

◆被告の主張

そもそも、夫Yは、妻Xと交際する前から長女Bとの面会交流を行ってきており、このことは妻Xも承知していたところ、夫Yが妻Xと

第2章　不貞行為　　　39

の婚姻期間中に前妻Aと交際ないし不貞行為に及んだという事実はなく、妻Xの主張する旅行等は、長女Bとの面会交流のために行ったものである。

裁判所の判断

　本判決は、夫Yと前妻Aとの肉体関係については認めるに足りる証拠がないとした。

　しかし、夫Yが長女Bとの面会交流という理由で、長女Bだけでなく前妻Aとも会い、宿泊を伴う面会交流を行っていたことにつき、一般論として子の健全な育成のために離れて暮らす父親との面会が重要な役割を果たすことを認めつつも、夫Yが妻Xと婚姻し、子をもうけて夫婦共同生活を営んでいる以上、妻Xへの配慮が必要となることはいうまでもないとし、妻Xが一貫して前妻Aも一緒に泊まるような方法での面会交流はやめてほしいと求め続けており、夫婦でカウンセリングを受けたいと言い出すほど悩んでいることは夫Yにも伝わっていたにもかかわらず、夫Yは妻Xの希望を全く受け入れることなく、前妻Aが同行する長女Bとの宿泊を伴う面会交流を続けたことが妻Xと夫Yの離婚原因の大きな部分を占めているとした。

　このような、妻Xの意思を全く無視するような方法で前妻Aや長女Bとの面会を繰り返すという夫Yの行為は、前妻Aとの肉体関係の有無にかかわらず、妻Xとの間の夫婦共同生活を破壊するものとして、夫Yの不法行為を構成するとした。

ポイント解説

1 面会交流の際の不貞行為の主張方法

　本件では、夫Ｙが宿泊を伴う面会交流を行っていたことを認めていたにもかかわらず、夫Ｙと前妻Ａとの肉体関係については認めるに足りる証拠はないとされました。

　これは、あくまで面会交流という趣旨で会っている以上、子を交えた交流であった可能性が排斥できないためと思われます。

　したがって、面会交流という名目で前妻Ａと会っている場合は、前妻Ａとの肉体関係を婚姻関係破綻理由とするためには、上記の可能性を排斥するような事情を主張する必要があります。

　具体的には、面会交流は、必ずしも監護親の同席のもとで会う必要はないことから、面会交流の際に子が監護親を必要とする年齢を過ぎているような場合は、毎回、監護親が同席していることの不合理性を主張したり、通常、子が寝ているような時間帯に監護親と会っていること（面会交流の終了時が深夜であること）の不自然性を強く主張したりする必要がありますが、客観的な証拠がない場合は、不貞行為が行われたことの認定のハードルは高いと思われます。

2 前配偶者の子との面会交流が現在の婚姻関係に与える影響

　非監護親と子との面会交流は、普段は別に生活をしている非監護親だけでなく、子の成長のためにも重要な事柄です。したがって、前配偶者の子との面会交流についても、一定程度、現配偶者は甘受すべきことになります。

　しかし、①で記載したとおり、面会交流は、非監護親と子との面会が基本であり、そこに監護親を同席させる必要は通常ないことから、相手方配偶者が、子だけでなく監護親とも長時間、あるいは宿泊を伴

って会うという方法での面会交流を継続していることは、現配偶者からすると、相手方配偶者とその前配偶者（子にとっての監護親）との親密な関係を疑う要因となることは言うまでもありません。

現配偶者が、相手方配偶者の上記のような面会交流を破綻理由として主張するためには、相手方配偶者が実際に行っている面会交流が、客観的にみても非常識な方法であることの主張・立証が必要です。また、それが現配偶者にとって、婚姻関係の根幹となる夫婦間の信頼関係を悪化させる要因になっていることを、現配偶者が相手方配偶者に伝えており（その際、面会交流自体を否定するのではなく、常識的な方法・回数での面会交流を行ってほしいことを要望することが必要です。）、相手方配偶者がその認識を持っているにもかかわらず、面会交流の方法を改めないでいることの主張・立証が必要となります。

証拠資料

◇宿泊を伴う面会交流を繰り返していたことを立証する資料
【例示】当事者の日記、メール等、当時の行動を記録したもの
◇妻Ｘの要望を夫Ｙに伝えていたことを立証する資料
【例示】手紙、メール、LINE等のコミュニケーションツール

〔6〕　妻が無店舗型風俗店に勤務して不特定多数の男性と性的
　　　関係を持った行為が婚姻共同生活の平和を害する婚姻関係
　　　破綻行為であるとされた事例

（東京地判平28・3・28（平26（ワ）11367））

キーワード：不貞行為、風俗

主張のポイント

1　妻が風俗店に勤務していたこと

2　風俗店における勤務内容は、性交類似行為を行うことであっ
　たから不貞行為に該当すること

事 案 の 概 要

○当事者等

　X：原告（夫）

　Y：被告（妻）

　※夫X・妻Yは離婚済み

○事実経過

　夫Xと妻Yは、平成18年に婚姻し、長男・長女をもうけた。

　妻Yは、夫Xから暴力や威圧的言動の被害を受けており、平成23年
から平成25年にかけて、4回、区役所にDV相談に行った。

　妻Yは、平成25年から無店舗型風俗店（ホテルヘルス。以下「本件
風俗店」という。）に勤務して、不特定多数の男性と性的行為を行った。

第2章　不貞行為　　43

　夫Xからの依頼を受けた興信所による行動調査によって、妻Yが平成25年9月、10月に不特定の複数の男性とラブホテルに出入りしていたことが確認された。

　妻Yは、平成25年11月6日、警察署に行き、夫XからDVを受けていることを告げるとともに、同月8日に子供らとともに実家に転居した。

　夫Xと妻Yは、双方の親族を交えた話合いを行い、妻Yが不貞を認めた上で財産分与は請求しない等の示談書を締結し、離婚が成立した。

　本訴における争点は、婚姻中、風俗店に勤務して不特定多数の男性と性的行為を行うことが不法行為に当たるか等である。

当事者の主張

◆原告の主張

　無店舗型風俗店においては、名目上性行為・本番行為なしと言いながら、実際は料金を支払うことでこれらの行為を行っているのが実態である。仮に性行為そのものがないとしても、不貞とは性交又は性交類似行為並びに婚姻関係を破綻に至らしめる蓋然性のある異性との交流や接触を含むと解すべきであり、妻Yは性交類似行為を行っていたのであるから、本件風俗店への勤務は不貞行為に当たる。

◆被告の主張

　本件風俗店では性行為は禁止されていたのであるから、妻Yが客に対して行った性的行為は不貞行為に当たらない。

44　　第2章　不貞行為

裁判所の判断

本判決は、夫婦間の婚姻共同生活の平和の維持という利益は、私法上の権利又は法的保護に値する利益であるから、これを正当な理由なく侵害する行為は不法行為を構成するのであり、このことは夫婦の一方が第三者と肉体関係を持った場合（いわゆる不貞行為）に限られるものではないとする。

その上で、妻Yは、夫Xに秘して、不特定多数の男性に性的サービスを提供する本件風俗店に勤務し、かかる行為が婚姻共同生活の平和を害するものであることは明らかであるから、その時点で既に夫Xと妻Yの婚姻関係が破綻していたという事情のない限り、不法行為を構成すると解するのが相当であると判示する。

なお、妻Yは、本件風俗店では顧客との性交が禁止されており、妻Y自身も性交はしていないとして、いわゆる不貞行為には当たらないと主張するが、社会一般の常識に照らせば、夫婦の一方が他方に秘して、不特定多数の第三者に性的サービスを提供する業務に就くこと自体、相互の信頼関係を根底から破壊する行為といえ、上記の権利又は法的保護に値する利益を侵害するのであるから、それがいわゆる不貞行為に該当するかという議論には意味がなく、妻Yの上記主張は失当といわざるを得ないとして、不貞行為の該当性の有無に関係なく、夫婦間の婚姻共同生活の平和を害するとして、不法行為責任を認めた。

ポイント解説

1　風俗店の勤務

本件では、風俗店への勤務それ自体が、婚姻共同生活の平和を害し、不法行為となるか否かが、元夫婦間で争われた事案です。当事者間の

主張では、妻Yにより風俗店において不貞行為、すなわち性交がなされているかという点が争点になりました。しかし、裁判所は、風俗店において性交を行っているかの議論は意味がなく、風俗店において妻Yが不特定の男性との間で性交類似行為を行っていることに争いはなく、その点を踏まえて夫婦婚姻共同生活の平和を害すると認定し、不法行為責任を認めました。

　風俗店といっても、その提供するサービス等については様々なものがありますが、少なくとも性交及び性交類似行為をサービスとして提供する店への勤務について、他方配偶者の了解を得なかった場合には、その店舗への勤務自体が婚姻関係の破綻事由と認められる可能性が高いと思われます。

② 婚姻関係の破綻の判断についての考慮要素

　通常であれば、風俗店への勤務のみをもって婚姻関係破綻は認められるでしょう。しかし、風俗店にも様々なサービス内容や形態があり、一概に性交や性交類似行為を提供しているとはいえない店舗もあるかもしれません。また、店舗に在席しているだけで、実際にはほとんど出勤していないようなケースもあるかもしれません。したがって、裁判において婚姻関係の破綻を主張する場合は、風俗店の勤務それ自体のみならず、その店舗のサービス内容（性交、性交類似行為、あるいはそれらとの近接性）と勤務日数や勤務の経緯・理由、店舗外における客とのやり取り、他方配偶者が知っていたかどうか等を踏まえて、婚姻関係が破綻したとの主張を行うことが望ましいと考えられます。

証拠資料

◇風俗店での勤務を示す資料

【例示】風俗店への出入りを示す写真等の報告書（無店舗型であれば利用しているホテル等）、客や店舗スタッフとのやり取りを示すメールやLINE等の履歴、出勤状況を示す記録（出勤記録・手帳・カレンダーアプリ等）

◇勤務している風俗店でのサービス内容を示す資料

【例示】風俗店のウェブサイト、風俗店の写真

＜参考判例＞

○クラブのママやホステスがいわゆる「枕営業」として長期間にわたり顧客と性交渉を繰り返した行為は、当該顧客の妻との関係で不法行為を構成しないとした事例（東京地判平26・4・14判タ1411・312）

第3章　悪意の遺棄

〔7〕　金銭的援助をするなど支えてくれた妻と生後間もない子を置いて家を出た夫に対し、夫婦関係の修復を図ることなく離婚調停を申し立て、養育費の支払いを滞らせて妻の元に戻らなかったことが婚姻関係破綻事由（悪意の遺棄）に該当するとされた事例

（東京地判平21・4・27（平20（ワ）18656））

キーワード：悪意の遺棄、別居

主張のポイント

1　献身的に支えた妻と生後間もない子を置いて家を出て、夫婦関係の修復を図ることなく、かえって離婚調停を申し立てたこと

2　夫が離婚に至るまで妻子の元に戻らず、養育費の支払いを滞らせたため、長期間に渡り苦しい生活を強いられたこと

事案の概要

〇当事者等

X：原告（妻）

Y：被告（夫）

A：妻Xと夫Yの長男

B：夫Yの知人女性（妻XがBは夫Yの不貞行為相手と主張）

　※妻X・夫Yは離婚済み

○事実経過

妻Ｘと夫Ｙは昭和44年に婚姻した。妻Ｘは夫Ｙのため多くの経済的援助をしていたが、夫Ｙは、昭和48年ころ、妻Ｘと生後間もない長男Ａを置いて突然自宅を出て行き、その後妻Ｘらのもとに戻ることはなかった。

夫Ｙが昭和49年ころ、離婚調停を申し立て、夫Ｙが妻Ｘに対し長男Ａの養育費を支払う内容の調停が成立（昭和55年には妻Ｘの申立てにより養育費を増額する内容の調停が成立）したが、夫Ｙは約束どおりの支払いをしなかった。昭和61年には妻Ｘの申立てにより家庭裁判所調査官が履行勧告したが、依然として養育費の支払いが滞った。

妻Ｘは、夫Ｙからの支払いが滞る中、恒常的な生活費不足、体調不良（先天的に腎臓が一つしかない身体障害）、実母の介護、長男Ａの養育に苦慮してきた。

平成19年、妻Ｘが調停を申し立て、離婚調停が成立した。

本件では、妻Ｘが夫Ｙに対し、夫Ｙの女性Ｂとの不貞行為や悪意の遺棄等により婚姻関係が破綻し離婚するに至ったとして、不法行為に基づく損害賠償（慰謝料）を請求した。

当事者の主張

◆原告の主張

夫Ｙは、妻Ｘ及び生後間もない長男Ａのもとを出奔し、女性Ｂと同居するに至り、妻Ｘらのもとに帰ってくることはなかった。妻Ｘは女手一つで苦労しながら長男Ａを育て上げた。

妻Ｘは、夫Ｙと同居中、夫Ｙのために自動車運転免許取得費用、ク

リーニング技術教習費、自動車購入費、生活費等を出捐し、多額の経済的援助を行った。

夫Yが離婚調停を申し立て、夫Yが養育費を支払う旨の内容の調停が成立したが、夫Yは養育費の支払いを怠り、1年間も支払いが途絶えたこともあった。夫Yの支払済み額は支払うべき養育費の総額には達していない。

以上、夫Yは妻Xと同居していたときは妻Xから多額の経済的支援を受けておきながら、生後間もない子を置いて勝手に女性Bのもとに出奔した上、養育費の支払いを怠り、妻Xと長男Aを苦しめ続けた。夫Yは不貞行為を行うとともに、夫婦の同居・協力・扶助義務に違背し、長年妻Xと長男Aを悪意により遺棄した。

◆被告の主張

夫Yは、女性Bとの同居及び不貞行為は行っていない。女性Bとは昭和41年ころ男女関係にあったが、別れており、夫Yが妻Xと出会ったのはその後である。

自動車運転免許取得費用、クリーニング技術教習費、自動車購入費、生活費等すべてを妻Xが出捐したものではない。

養育費は、夫Yの度重なる手術のため休職が多く、また実母の病気もあり、支払いが遅れることもあったが、最終的に長男Aが成人に達するまでの分は支払い済みである。

夫Yが妻Xと長男Aを置いて家を出たのは、転職したものの、金銭問題や慣れない仕事で心身ともに疲れ、子育てで心労があったと思われる妻Xと意見が合わず、若気の至りから出てしまったものである。

第3章　悪意の遺棄

| 裁判所の判断 |

　本判決は、夫Ｙが、慣れない仕事で心身ともに疲れていたとはいえ、自動車運転免許取得費用、クリーニング技術教習費、自動車購入費などの多くを援助するなど献身的に支えてくれた妻Ｘと生後間もない長男Ａを置いて家を出て、その後、格別妻Ｘとの夫婦関係の修復を図ることなく、かえって離婚を求めて調停を申し立てたり、病気による休職などの事情があったとしても調停で決まった養育費の支払いを滞らせるなどし、平成19年に離婚するまで妻Ｘらの元に戻ることがなかった行為が、民法770条1項2号の「悪意の遺棄」に該当すると判断し、妻Ｘの請求を認容した。

　また、身体的障害をもった妻Ｘが女手一つで長男Ａの養育をしてきたなどの労苦は極めて大きいものであったことを認めた。

　なお、夫Ｙと女性Ｂの不貞行為は証拠がないとして認めなかった。

| ポイント解説 |

1　悪意の遺棄と正当理由

　民法は、悪意の遺棄を具体的離婚原因としています（民770①二）。遺棄とは、同居・協力・扶助義務（民752）又は婚姻費用分担義務（民760）に違反する行為と解されています。悪意は、社会的・倫理的に非難されるべき心理状態のことであり、遺棄の結果としての婚姻共同生活の廃絶を企図し、またはこれを認容する意思をいいます（島津一郎・阿部徹編『新版注釈民法(22)』366頁（有斐閣、2008））。

　同居拒絶に正当な理由があれば遺棄には該当しないので、正当理由の存否がポイントとなり、悪意の遺棄は、諸般の事情を考慮して判断

第3章 悪意の遺棄 51

されることになります。

　本件では、裁判所は、悪意の遺棄の認定をするに当たり、夫Yが夫婦関係の修復を図ることなく、かえって離婚調停を申し立てたという事情を指摘しています。夫婦関係の修復を図る努力をした事情は、婚姻生活を維持する意思があったものとして、悪意の遺棄の認定に消極に働くと考えられますが、反対に、離婚調停を申し立てた場合のように、積極的に婚姻関係を終わらせようとした事情があれば、その事情を主張することで、悪意で遺棄したことを示すことができます。

② 遺棄の継続性と非難性

　本件では、夫Yは家を出て行ってから離婚に至るまで35年余り、妻Xの元に戻ることがありませんでした。裁判所は、夫Yが家を出てしまったことは若気の至りであったこと、また、生活費の支払いを滞らせた理由として夫Yの病気による休職があったことに言及しつつも、それら一時的な事情は悪意の遺棄の結論に影響しませんでした。そして、夫Yが出て行った後の妻Xの苦労が大きかったであろうことが認められています。

　遺棄の状態は一定期間継続している必要がありますが（島津一郎・阿部徹編『新版注釈民法(22)』366頁（有斐閣、2008））、一方配偶者の同居・協力・扶助がない状態が継続的であれば、他方配偶者の婚姻生活上の支障も継続することになります。

　遺棄の結果生じた支障のほか、特に協力や扶助を要する事情、たとえば、生後間もない子がいること、病気に罹患していること、身体に障害があること、収入がないこと等を主張することで、一方配偶者の行為が悪意の遺棄として非難に値する行為であることを根拠づけることができると考えられます。

証拠資料

◇別居したことを示す資料

【例示】住民票、メール、手紙

◇婚姻費用を分担しないことを示す資料

【例示】通帳

◇生活に困窮していたことを示す資料

【例示】通帳、給与明細、陳述書、診断書

<参考判例>

○別居のきっかけは口論で、別居後は中断期間があるにせよ夫が毎月婚姻費用を送金していたことなどから、悪意の遺棄に該当しないが、夫が妻の心情等に配慮した行動をとらず、妻を心身とも疲労させ、自ら離婚を宣言して別居状態になったことが離婚原因であるとされた事例（東京地判平16・9・29（平15（タ）390））

○夫が別居3か月前から生活費を一切渡さなかったほか、ガスや水道の元栓を鍵で閉鎖して使用不能にし、電気コードを切断するなどして、妻に別居を余儀なくさせた行為が、短期間であることを考慮しても、悪意の遺棄に該当するとされた事例（東京地判平17・11・29（平16（タ）292））

○些細な理由で夫と子を置いて家を出ていった妻の行為が悪意の遺棄に該当する等の主張が排斥された事例（東京地判平20・10・15（平19（ワ）22428））

第3章　悪意の遺棄　　　53

〔8〕　別居後、婚姻関係修復中に夫が自宅に通うのをやめ、婚
　　　姻費用を全く支払わなくなったという悪意の遺棄が引き金
　　　となり婚姻関係が破綻したと認められた事例

　　　　　　（東京地判平28・2・23（平26（ワ）24111・平27（ワ）1784））

キーワード：悪意の遺棄、暴言、モラハラ、別居

主張のポイント

1　別居後に婚姻関係の修復を図ろうとしていたにも関わらず、
　関係を一方的に断ち切り、婚姻費用の支払いを打ち切ったこと

2　別居の原因は夫の度重なる暴力的言動にあったこと

事 案 の 概 要

○当事者等

　X：原告・反訴被告（夫）

　Y：被告・反訴原告（妻）

　A：妻Yの子

　　※夫X・妻Yは離婚済み

○事実経過

　夫Xと妻Yは平成2年に婚姻し、夫Xは妻Yの子Aと養子縁組をし
た。妻Yは婚姻を機に専業主婦となった。

　夫Xは、自己中心的かつ支配的な態度で接し、自分の思い通りにな
らないと、不機嫌になる、怒鳴る、無視するといった横暴な言動を重
ねた。妻Yは平成7年以降、病気のため手術を繰り返し、その心労と相

まって、精神的に追い詰められた。

妻Yは夫Xと同居すると病気が悪化して命に危険が及ぶと考え、別居を決意し、平成13年、自宅玄関のドアチェーンをかけて夫Xが入れないようにした。これを機に妻Yと夫Xは別居した。

夫Xと妻Yは平成14年から自宅外で会うようになり、平成15年以降は夫Xが毎週末に自宅に通い、度々旅行を共にするようになった。夫Xと妻Yは互いに婚姻関係の修復を図ろうとしたが、夫Xの修復に向けた意思が次第に薄れていき、夫Xは平成21年から自宅に通うのをやめ、収入のない妻Yに対し、平成14年から続けていた婚姻費用の支払いを徐々に減額し、平成23年以降は全く支払わなくなった。

平成25年、妻Yが調停を申し立てて離婚し、夫Xは妻Yの子Aと離縁した。

本件では、夫Xが本訴、妻Yが反訴を提起し、互いに離婚原因は相手方にある旨主張して、離婚に伴う慰謝料等の支払いを求めた。

当 事 者 の 主 張

◆被告（反訴原告）の主張

別居の原因は、夫Xの度重なる暴力的言動（モラルハラスメント）にあった。

その後妻Yは婚姻関係の修復に努めたが、夫Xは妻Yとの関係を一方的に断ち切り、収入のない妻Yに対し婚姻費用の支払いを打ち切るなど、妻Yを悪意で遺棄し、婚姻関係を破綻させ、離婚に至らせた。

したがって、離婚原因は夫Xにある。

◆原告（反訴被告）の主張

夫Xは妻Yの闘病を献身的に支えていたが、妻Yは正当な理由なく

第3章　悪意の遺棄　　　55

夫Xを自宅から閉め出し、婚姻関係を破綻させた。

　その後夫Xは婚姻関係の修復に努めたが、妻Yが要望を100％受け入れなければDVに当たると夫Xを非難し続けた結果、夫Xは自宅に通うのが耐え難くなり、離婚に至った。

　したがって、離婚原因は妻Yにある。

裁判所の判断

　本判決は、まず、妻Yが別居の意思を固め、夫Xを自宅に入れないようにした点につき、妻Yを責めることはできず、一方で、夫Xが妻Yの治療に尽力したことは、夫婦の扶助義務（民752）に照らし、特段重視すべきものでなく、夫Xが妻Yに対して重ねた横暴な言動を正当化するものでもないと述べた。

　そして、夫Xの婚姻関係の修復に向けた意思が薄れていった原因は、夫Xが自宅に赴く度に妻Yから素っ気ない態度を取られたことで、息苦しさを覚えるようになり、それが強い疲労感へ変わっていったことにあるとも考えられるが、仮にそうだとしても、その責任は、別居前に妻Yに横暴な言動を重ねてきた夫X自身にあるというべきで、このような事情を踏まえると、夫Xが自宅に通うのをやめ、婚姻費用を全く支払わなくなったことは、妻Yに対する悪意の遺棄に当たると判断した。

　結論として、夫Xが横暴な言動を重ねたことによって別居するに至り、その後互いに修復を図ろうとしたものの、別居前の禍根が尾を引き叶わず、悪意の遺棄が最後の引き金となって婚姻関係が破綻し、離婚に至ったものであり、離婚原因は夫Xにあると認定した。

ポイント解説

1 婚姻関係修復中の悪意の遺棄

　遺棄とは正当な理由なく同居を拒絶したりすることをいいますが、すでに別居した後になされた行為が悪意の遺棄に該当すると主張される場合があります。

　この点、本件では、婚姻関係の修復を図ろうとしていた夫Xが自宅に通うのをやめ、婚姻費用を全く支払わなくなったことが、妻Yに対する悪意の遺棄に当たると判断されています。

　別居しながらも互いに婚姻関係の修復を図ろうとしていた場合、その後の修復を放棄し、会うことをやめ、それまで続けていた婚姻費用の支払いを中止したという事情があれば、そうした行為が悪意の遺棄に該当すると判断されたものです。

　このような事案では、別居に至った経緯のほかに、互いに修復を図ろうとしていた事実関係や事情、その後の相手方の対応について具体的に主張することが必要になります。

2 別居理由と別居後の悪意の遺棄

　別居後に悪意の遺棄があったと主張する側が、進んで別居を選択していた場合、相手方が、本件の夫Xのように、別居により既に婚姻関係が破綻したという主張や、別居が悪意の遺棄に該当するという主張・反論をしてくることが考えられます。

　しかし、別居に正当な理由があれば、別居が婚姻関係の破綻をもたらしたとはいえず、悪意の遺棄にも該当しません。別居を選択した側としては、別居せざるを得なかった事情をもって、別居の原因が相手方にあることを具体的・説得的に主張する必要があります。

　また、本件では、別居前に夫Xが横暴な言動を重ねてきたという事

第3章　悪意の遺棄　　57

情を踏まえて、別居後の夫Xの行為が悪意の遺棄に該当するという判断がなされています。別居の原因が相手方にある場合には、その事情を主張することで、別居後の相手方による悪意の遺棄の認定に影響を与えることが分かり、参考になります。

証拠資料

◇別居に至る経緯を示す資料

【例示】日記、メール、手紙、陳述書

◇婚姻関係の修復を図っていたことを示す資料

【例示】日記、手帳、メール、手紙、陳述書

＜参考判例＞

○不貞行為をしていた夫と修復を望む態度を妻が示していたにも関わらず、夫が一方的に別居に踏み切った行為が、妻が直ちに経済的に困窮した事情が窺われないことを考慮しても、悪意の遺棄に該当すると認められた事例（東京地判平28・3・31（平25（ワ）30262））

○別居のきっかけは口論で、別居後は中断期間があるにせよ夫が毎月婚姻費用を送金していたことなどから、悪意の遺棄に該当しないが、夫が妻の心情等に配慮した行動をとらず、妻を心身とも疲労させ、自ら離婚を宣言して別居状態になったことが離婚原因であるとされた事例（東京地判平16・9・29（平15（タ）390））

第4章　暴力・虐待

〔9〕　夫の妻に対する暴力及び精神的虐待を原因として婚姻関係は完全に破綻しているとされた事例

（名古屋高金沢支判平14・2・27（平12（ネ）193））

キーワード：暴力、精神的虐待

主張のポイント

　夫から殴る蹴る等の身体的暴力及びことごとく妻の自由を抑圧する等の精神的虐待があったこと

事 案 の 概 要

○当事者等

　X：控訴人・反訴原告（一審被告）・妻

　Y：被控訴人・反訴被告（一審原告）・夫

　A：長女

○事実経過

　夫Yが妻Xに対して、離婚請求の裁判を提起したところ、原審は公示送達により訴状を送達し、夫Yの請求を認容する判決がされた。これに対し、妻Xが控訴を提起し、さらに離婚反訴を提起したものである。

　夫Yと妻Xは、平成6年12月15日に婚姻し、平成7年に長女Aが出生

第4章　暴力・虐待　　59

した。夫Ｙは妻Ｘや長女Ａに対して暴力を振るい、平成10年には、妻
Ｘは長女Ａを連れて別居したが、夫Ｙが長女Ａを自宅に連れ帰った。
夫Ｙとその両親は妻Ｘが長女Ａと面会することを禁じ、夫Ｙは妻Ｘが
長女Ａと会いたがるのを利用して、妻Ｘの意思を無視して性的行為を
強要したり、暴言を吐いたりした。妻Ｘは、平成11年7月、長女Ａを連
れて夫Ｙのもとを去り別居するに至った。別居期間は2年6か月であ
る。妻Ｘの反訴では、夫Ｙの妻Ｘ及び長女Ａに対する度重なる暴力、
妻Ｘに対する精神的虐待を原因として、婚姻関係が破綻したとして、
夫Ｙに対し、民法770条1項5号に基づいて、離婚を求めた。

当事者の主張

◆控訴人・反訴原告（一審被告）の主張

　夫Ｙは、妻Ｘや長女Ａに対し、思うようにならないと、殴ったり蹴
ったりする等の暴力を振るった。妻Ｘは、長女Ａを連れてシェルター
（福祉施設）に逃れたが、夫Ｙ及び夫Ｙの母親に居場所を突き止めら
れ、夫Ｙの母親が長女Ａを連れ出し、金沢に帰ってしまった。妻Ｘは
やむなく長女Ａを追って金沢に戻り、妻Ｘは長女Ａを連れて再び上京
した。ところが、夫Ｙは、突然上京して、長女Ａを金沢に連れ帰った。
妻Ｘは長女Ａの身を案じて、金沢に戻ったが、夫Ｙと夫Ｙの母親は、
長女Ａを夫Ｙの実家に住まわせて、妻Ｘが長女Ａと面会することを禁
じた。

　夫Ｙは、妻Ｘが長女Ａに会いたがるのを利用し、妻Ｘの意思を無視
して性的行為を強要する、妻Ｘが病院通いすることを禁じる、必要な
生活費を渡さない、妻Ｘが長女Ａの保育園を訪ねることを禁じるなど、
ことごとく妻Ｘの自由を抑圧し、妻Ｘと長女Ａ双方に多大な精神的肉
体的苦痛を強いた。「長女Ａに会いたければ、いうことを聞け。」とい

うのが夫Yの決まり文句となり、妻Xに様々なことを強要し、妻Xに対する暴言、侮辱的言辞を繰り返し、殴る、物を投げつけるなど暴力行為も続いた。妻Xは、このような生活を半年以上続けたが、夫Y及びその両親が長女Aを一向に返してくれないため、隙をみて、長女Aを連れて、夫Yのもとを去った。以降、妻X及び長女Aは、夫Yと別居を続けている。

夫Yの妻X及び長女Aに対する度重なる暴力及び妻Xに対する精神的虐待を原因として、婚姻関係が破綻した。

◆被控訴人・反訴被告（一審原告）の主張

夫Yは、妻Xが金沢の夫Y宅に一旦戻ったこと、及び、妻Xと形式的に別居していることは認めたが、妻Xのその他の主張を否認した。

夫Yは、以下のような婚姻を継続し難い重大な事由があるとして、離婚を求めた。

妻Xは、すこぶる自己中心的な性格であり、夫Yに対して嘘を言うことが常であった。妻Xは、長女Aを連れて、突然行方不明になった。その後、夫Yは、妻Xの知人から妻Xが東京にいることを聞き及んで、ようやく妻X及び長女Aを金沢に連れ帰ったが、その際、長女Aを連れていった理由を妻Xに尋ねたところ、妻Xは、「長女がいてはじめて生活保護が受給できる。」と平然と言った。その後しばらく、妻Xと夫Yは同居を続けていたが、妻Xは再び、長女Aを連れて行方不明になった。

裁 判 所 の 判 断

本判決は、以下のとおり述べて、夫Yの離婚請求は有責配偶者から

の請求であるとして棄却し、妻Xの離婚請求を認容した。

妻Xは、長女Aを連れて上京し、身を隠したが、平成10年9月、居場所を突きとめた夫Yが長女Aを連れて金沢の夫Y宅に連れ帰った。

そこで、妻Xは、長女Aの身を案じて、同年11月初旬、金沢の夫Y宅に戻った。しかし、夫Y及びその両親は、長女Aを夫Yの実家に住まわせて、長女Aを妻Xのもとには戻さず、また、長女Aとの面会も禁じた。そして、夫Yは、妻Xが長女Aに会いたがるのを利用し、「長女に会いたければ、いうことを聞け。」などと言って、妻Xの意思を無視し、性的行為を強要したり、妻Xが病院通いすることを禁じたりしたほか、必要な生活費を渡さず、妻Xが長女Aの保育園を訪ねることを禁止するなどした。これにより、妻Xは、忍びがたい精神的苦痛を受けた。そして、夫Yは、妻Xに対する暴言、侮辱的言辞を繰り返し、殴る、物を投げつけるなど暴力行為も続けた。

妻Xは、このような生活を半年以上続けたが、夫Y及びその両親が長女Aを妻Xのもとに一向に返してくれないため、平成11年7月、隙をみて、長女Aを連れて、夫Yのもとを去り、再び上京した。以降、妻Xは、夫Yと別居を続けているが、その別居期間は、本件控訴審口頭弁論終結時点で、約2年6か月となる。

以上の事実が認められ、このことに、妻X、夫Yともに離婚訴訟を提起していることを併せ考えると、妻Xと夫Yとの婚姻関係は、完全に破綻していると認められ、その主要な原因は、夫Yの妻Xに対する暴力及び精神的虐待にあると認められるから、妻Xの離婚請求は理由がある。

しかし、夫Yからの離婚請求は、有責配偶者からの離婚請求であるから許されない。

ポイント解説

(1) 身体的暴力及び精神的虐待

　破綻を主張する当事者としては、配偶者の暴力や精神的虐待の内容はもちろんのこと、そうした暴力や精神的虐待に至った経緯についても詳しく主張する必要があります。

　また、配偶者の暴力等を受けて、どのような行動を取ったかについても詳しく主張することも必要です。暴力や精神的虐待を直接証明する証拠がないことも多く、そうしたケースでは、当事者の供述の信用性が問題となり、いずれが自然で合理的な主張を行っているかも重要になります。本判決は、「妻が幼子を連れて夫のもとを去り、夫に居場所を隠して生活を送るというのは余程特別の事情があることが推認されるというべきであり、生活保護を受けることだけを目的として幼子を連れて夫のもとを去るというのは、通常考えられないことである。」等とした上で、夫Yの供述が信用できず、妻Xに対する暴力及び精神的虐待はあったものと認めるのが相当としています。

(2) 別居期間

　暴力や精神的虐待が存在するケースであっても、別居の事実及び別居期間についても、あわせて主張すべきです。

　本件でも、「別居期間は、本件控訴審口頭弁論終結時点で、約2年6か月となる」との事実認定がなされており（同居期間は4年半足らずであり、その間も別居期間がある）、別居の事実及び別居期間も婚姻関係が破綻しているとの判断の基礎とされています。

第4章　暴力・虐待　　　63

証拠資料

◇身体的暴力を立証する資料

【例示】診断書、怪我の状態や壊された物等を写した写真、暴言の録音、日記、被害届、警察の相談記録、家族の証言、陳述書等

◇精神的暴力・虐待を立証する資料

【例示】夫Yからの脅迫メールやLINE、日記、家族の証言、陳述書等

＜参考判例＞

〇婚姻関係の破綻には夫の妻に対する暴力が大きく影響しているとして妻からの慰謝料請求が認容された事例（東京地判平22・3・11（平20（ワ）24681））（事例〔10〕）

第4章　暴力・虐待

〔10〕　婚姻関係の破綻には夫の妻に対する暴力が大きく影響して
いるとして妻からの慰謝料請求が認容された事例

（東京地判平22・3・11（平20（ワ）24681））

キーワード：暴力、精神的暴力

主張のポイント

　夫による継続的な身体的又は精神的暴力により多大な精神的苦
痛を受けたこと

事 案 の 概 要

○当事者等

　X：原告（妻）

　Y：被告（夫）

　※妻X・夫Yは離婚済み

○事実経過

　妻Xと夫Yは、昭和62年に婚姻し、平成20年4月9日和解離婚したが、
その間に長男（平成10年生）がいる。

　本件は、妻Xが、結婚当初から夫Yから身体的・精神的暴力を受け、
離婚に至ったものであり、多大な精神的苦痛を受けたと主張して、夫
Yに対し、不法行為に基づき、慰謝料1,000万円等の支払いを求めた事
案である。

第4章　暴力・虐待　　65

$$\boxed{\text{当 事 者 の 主 張}}$$

◆原告の主張

(1)　身体的暴力

　妻Xは、結婚当初から、夫Yより服をつかまれて床にひきずり回される、平手で顔を叩かれる等の暴力を受け、鼓膜が破れたことも何度かあった。妻Xは、妊娠中も、夫Yより平手で顔を叩かれる等の暴力を受けた。

　平成14年3月ころには、飲酒していた夫Yが妻Xの顔面を拳骨で数発殴った。これ以降、夫Yの身体的暴力は以前にも増して激化し、平手から拳骨で殴打するという態様へ変化した。

　夫Yは、平成16年ころには、離婚を口にするようになり、妻Xを玄関に突き落とし、脚を力一杯蹴飛ばし、頭部・顔面を拳骨で殴る等の激しい暴力を毎週のように行うようになった。

　その後、夫Yの妻Xに対する暴力は更に過激化し、妻Xは、全治約10日間の顔面打撲や、別の日には、全治約10日間の腰部挫傷及び顔面挫傷等の傷害等を負った。

(2)　精神的暴力

　平成10年以降、夫Yは、妻Xに対し「口答えするな。」「男が主で、女は従だ。」などと怒鳴っていたため、妻Xは、精神的に抑圧されて、不眠の状態が続くようになり、うつ病と診断されて通院した。

　平成16年ころ、離婚を口にするようになった夫Yは、妻Xに対し「お前はきちがいだ。腐ったりんごだ。」などと怒りにまかせて怒鳴りつけることが日常的になった。妻Xは、夫Yから「俺の言うことに反抗してみろ。そこでお前は終わりだ。」などと威迫された。

また、大腸ガンのために入院していた妻Xが退院した際には、夫Yから、「お前なんかガンで死んでしまえば良かったのに。」などと酷い言葉で責められた。夫Yは、妻Xに対し、家にいる資格がないとして「1日（1泊）￥10,000と致します。」「1泊＝￥10,000を請求とします。」などと記載した紙を見せつけて怒鳴り、嫌がらせをするようになった。

平成18年2月、既に帰宅して飲酒していた夫Yは、買い物等を終えて帰宅した妻Xに対し、「テメエ、何時だと思っているんだ。お前に母親の資格はない。」「お前は死ね。このキチガイ女。」などと怒鳴りつけるや否や、向こう脛を合計3回力一杯蹴り上げ、更に頭部を拳骨で殴りつけ、妻Xに加療約3週間の左下腿打撲の傷害を負わせた。

妻Xは、夫Yから、同居してきた約19年の間、継続的に身体的又は精神的暴力を受け、精神的に多大な苦痛を負った。さらに夫Yの暴力のため、婚姻生活は破綻して、離婚するに至った。

◆被告の主張

夫Yは、妻Xに暴力を振るったことは反省しているが、それには理由があり、些細なことが原因ではないし、決して妻Xが誇張するほどの暴力を振るっていない。

妻Xが長男に当たって泣かせてばかりいるし、何事につけても自己中心的なので、夫Yは妻Xに繰り返しその改善を求めたが、妻Xの態度は一向に変わらずにいつも裏切られた。

夫Yは、いつも仕事に忙しく、妻Xとの家庭生活や育児に疲れ、腰痛、耳の疾患等で、次第に精神的に追い込まれ、改善のない妻Xに手を挙げるようになったが、事態の好転はなく、結婚生活も破綻していった。

第4章　暴力・虐待　　67

$$\boxed{\text{裁 判 所 の 判 断}}$$

　本判決は、以下のとおり判示して、夫Yの身体的・精神的暴力により婚姻関係が破綻したと認めた。

1　当事者間に争いのない被告の身体的又は精神的暴力

　身体的暴力のうち、妻Xが結婚当初から夫Yより平手で叩かれるなどといった暴力を受けていたこと、長男誕生後、夫Yの身体的暴力はなくなっていたものの、平成14年ころから、夫Yが平手で妻Xの顔を叩く等の暴力を振るっていたことは当事者間に争いがない。

　精神的暴力のうち、平成16年ころ、離婚を口にするようになった夫Yが、妻Xに対し「お前はきちがいだ。腐ったりんごだ。」などと言ったこと、夫Yが、平成17年9月以降、妻Xに対し、家にいる資格がないとして「1日（1泊）¥10,000と致します。」「1泊＝¥10,000を請求とします。」などと記載した紙を見せたことは当事者間に争いがない。

2　客観的に認められる身体的暴力

　(1)　診断書から認められる身体的暴力

　妻Xから診断書が数通提出されているところ、各診断書で診断されている怪我、全治約10日間の顔面打撲症、左耳外傷（鼓膜穿孔）、全治約10日間の見込みの腰部挫傷、顔面挫傷、左足関節部挫傷、両下肢挫傷等は、夫Yの暴力により生じたものであると認められる。

　(2)　写真から認められる身体的暴力

　妻Xから写真が数枚提出されているところ、各写真に写っている怪我は、夫Yの暴力により生じたものであると認められる。

3 慰謝料請求の成否

夫Yの身体的又は精神的暴力の内容・程度のほか、妻Xが別居に際して「もうあなたの私に対する暴力にこれ以上耐えられません。とてもこわくて寝ることもできません。・・・私はもう帰る気はありません。」とのファックス文書を送っていることに照らすと、婚姻関係破綻には夫Yの暴力が大きく影響しているものと認められる。慰謝料の金額を500万円とするのが相当である。

> ### ポイント解説

診断書や怪我の写真等の客観的証拠があるケースでは、これら客観的証拠と整合する他方配偶者の暴力や怪我の内容等を具体的に主張する必要があります。診断書、怪我の写真、当時作成したメモ等を確認しながら、当時の記憶を喚起して、配偶者の暴力の内容や程度を具体的に主張しましょう。

継続的に暴力を受けていた場合は、各暴力が、いつ、どこでなされた暴力かを明らかにし、各暴力の回数や程度もあわせて主張するようにします。

精神的暴力が行われていた場合には、精神的暴力が行われた状況、精神的暴力を行った配偶者が述べた言葉の内容や語気を含めて主張する必要があります。

なお、相手方からは、暴力には理由があるとの主張がなされる場合が多いですが、如何なる場合も暴力に及ぶことは許されないことを前提として、相手方のいう理由にも合理性がないことも具体的に反論できれば良いでしょう。

第4章　暴力・虐待　　69

証拠資料

◇身体的暴力を立証する資料

【例示】診断書、怪我の状態や壊された物等を写した写真、暴言の録音等、日記、被害届、警察の相談記録、家族の証言、陳述書等

◇精神的暴力を立証する資料

【例示】夫Yからの脅迫メールやLINE等、日記、被害届、警察の相談記録、家族の証言、陳述書等

＜参考判例＞

○夫の妻に対する暴力及び精神的虐待を原因として婚姻関係は完全に破綻しているとして妻からの離婚請求が認容された事例（名古屋高金沢支判平14・2・27（平12（ネ）193））（事例〔9〕）

第4章　暴力・虐待

〔11〕　お互いが喧嘩を繰り返す中、夫が暴力行為により妻を骨折させたことは明らかに行き過ぎとして、婚姻関係の破綻が認められた事例

（東京高判平24・8・29（平24（ネ）3197））

キーワード：暴力、暴言、生活費不払い、浪費、価値観相違

主張のポイント

1　骨折を負わせるほどの暴力行為は、夫婦喧嘩を繰り返す夫婦においても明らかに行き過ぎた行為であること

2　十分な生活費を渡さない一方、自らはパチスロやゲームソフトの購入、飲酒等に収入を充てていたこと

事案の概要

○当事者等

　X：被控訴人（一審原告）・妻

　Y：控訴人（一審被告）・夫

　A：長女

　B：長男

　C：夫Yの連れ子

○事実経過

　妻Xと夫Yは、平成17年6月21日に婚姻し、長女A及び長男Bをもうけた。妻Xと夫Yは、夫Yと前妻との間の子3人及び夫Yの母も合わせた計8人で生活していた。

第4章　暴力・虐待　　71

　夫Yは婚姻当初からまとまった額の生活費を渡さず、1日2,000円の生活費を渡す程度であった。一方で、夫Yは、飲酒やゲーム、パチスロなどのためにはお金を使っていた。

　妻Xは、夫Yが身勝手な行動をしており、家事や育児をしないことにストレスをためていった。一方夫Yも、妻Xが家事や育児を十分にしておらず、その態度が改まらないと感じストレスをためており、両者は頻繁に喧嘩をしていた。夫Yは、少なくとも妻Xを平手打ちし、同人にゴミ箱を投げつける等した。一方、妻Xは、連れ子Cを叩いたり蹴ったりしたことから、連れ子Cは児童養護施設に入所した。

　平成21年3月21日、妻Xと夫Yは口論となり、夫Yがテーブルを持ち上げて妻Xの頭めがけて振り下ろした。その際、頭をかばった妻Xの手にテーブルが当たり、これにより妻Xは、右中指・環指中節骨骨折の傷害を負った。

　そして、平成21年4月中旬頃、妻Xは長女A及び長男Bとともに自宅を出て夫Yと別居を開始し、現在に至るまで別居を継続している。

　妻Xが離婚及び慰謝料請求訴訟を提起したところ、原審は、破綻を認め、慰謝料の請求を認容した。これに対して、夫Yが控訴を提起した。

当事者の主張

◆被控訴人（一審原告）の主張（破綻主張）

　夫Yは、婚姻前から気に入らないところがあると、暴言を浴びせ、暴力を振るった。

　夫Yは、身勝手であり、夫婦の価値観は大きく食い違っている。夫婦仲は悪く、愛情を持った言葉のやりとりは長男Bが生まれた後はほとんどなかった。

夫Yは、妻Xに十分な生活費を渡さないのが常態となっていた一方、自身のパチスロ、ゲームソフトの購入、飲酒等には収入を充てて浪費行為をしている。

平成21年3月21日、夫Yからテーブルを頭めがけて振り下ろすという常軌を逸した暴力を受けて、右中指・環指中節骨骨折の傷害を負って、身の危険を感じたから、別居を開始した。

以上より、婚姻関係はすでに破綻しており、婚姻を継続し難い重大な事由が存在する。

◆控訴人（一審被告）の主張（妻Xの責任による破綻主張）

婚姻関係が破綻していることは争わない。

妻Xと夫Yは、夫婦喧嘩が多く、その態様はお互いが手を出すというものであり、夫Yが一方的に暴行を加えるというものではなかった。

妻Xは、朝起きてこない、掃除等の家事もしない、携帯電話をいじり、漫画を読むといった態度を改めず、夫Yが注意をすると、理不尽な言い訳をするという経緯であり、それにより喧嘩が起こるようになった。

価値観が相違していること、夫婦仲が悪いことは認める。

夫Yは、妻Xにまとまった金を渡していたが、妻Xが浪費することから、1日2,000円の食費を渡し、それ以外の必要な生活費はその都度渡すようになった。

妻Xは、パチスロ、ゲームが趣味であり、夫Yがパチスロやゲーム、飲酒をする際は妻Xも一緒に行っていた。

平成21年3月21日より前に、妻Xの子どもたちへの虐待や婚姻生活への非協力的態度によって婚姻関係は破綻していた。

以上より、婚姻関係が破綻した原因は妻Xにある。

第4章　暴力・虐待　　　73

裁判所の判断

　一審は、「最終的には、被告がテーブルを振り下ろして原告の指を骨折させたことが契機となって、別居が開始され、そのまま婚姻関係が破綻するに至ったものであり、原告を骨折までさせた上記の被告の行為は、明らかに行き過ぎであるから、本件婚姻関係の破綻に関しては、被告の責任がより重い」と判示して、離婚を認め、妻Ｘの慰謝料請求を認容した。

　本判決は、原審の判断を是認し、控訴を棄却した。そして、婚姻関係の破綻について、夫Ｙは、従前から、妻Ｘに対してまとまった生活費を渡さない一方、飲酒やゲーム、パチスロをする、家事育児を手伝わないなどの事実が認められ、頻繁な喧嘩の中のことにしても、妻Ｘを平手打ちしたり、ゴミ箱を投げつけたりしており、一方的に妻Ｘに婚姻関係破綻の有責性があったとはいえないとした。そして、平成21年3月21日の暴力行為により妻Ｘを骨折までさせ、これを契機として別居が開始していることから、夫Ｙに慰謝料を支払う義務を認めた。

ポイント解説

1　夫婦喧嘩における暴力の程度

　暴力を受けたという場合でも、夫婦喧嘩で双方が殴ったり蹴ったりしていた場合のように、夫婦のいずれにも原因があるということもあります。このような場合には、暴力があったからといって直ちに離婚請求が認められるわけではなく、喧嘩に至る経緯、暴力の内容・程度、被害の程度などが重要な指標となるでしょう。

　本件では、平成21年3月21日の夫Ｙによる暴力行為が、テーブルを妻

Xの頭めがけて振り下ろすという非常に危険な行為であり、妻Xが両手で頭をかばったために右中指・環指中節骨骨折という傷害結果が生じています。この傷害結果自体重大なものですが、頭をかばわなければ頭部に骨折等の傷害結果が生じていた可能性が高く、生命の危険すらあった行為といえます。

裁判所（原審）も、この行為を「明らかに行き過ぎ」と評価しており、夫婦喧嘩の絶えない夫婦であっても、社会常識からして明らかに行き過ぎた暴力行為を行った場合には、その暴力行為を行った側の当事者に、より重い婚姻関係破綻の責任を負わせています。

したがって、相手方の暴力を主な原因として婚姻関係が破綻したと主張する側としては、夫婦喧嘩中の暴力であり、その経緯については、双方に言い分がある場合でも、相手の暴力行為の態様・程度が極めて危険かつ重いこと、それにより自身が重大な傷害結果を負ったことなど、相手の暴力行為が社会常識的に見て明らかに行き過ぎた暴力行為であったことを示す必要があるでしょう。

② 生活費の不払いと浪費行為

生活費を渡さないこと等は、第3章でも詳述しているとおり、「悪意の遺棄」につながることもあります。浪費については、第7章で詳述しています。

本件では、8人で生活していたにもかかわらず、夫Yはまとまった生活費を妻Xに渡していませんでした。一方で、夫Yには、飲酒、ゲーム、パチスロなどの浪費行為がありました。このことが、婚姻関係破綻の判断にどのように影響を及ぼしたかは原審の判断からも、控訴審の判断からも看取できませんが、「生活費を渡さない一方、飲酒やゲーム、パチスロをする、家事育児を手伝わないなどの事実が認められ、頻繁なけんかの中のことにしても、被控訴人を平手打ちにしたり、ゴ

第4章　暴力・虐待　　75

ミ箱を投げつけたりしていて、一方的に被控訴人に婚姻破綻の有責性
があったとはいえな」いと判示していることから、生活費の不払いや
浪費行為があったことから、行き過ぎた暴力行為以前の段階において
も、（妻Xにも破綻について相応の原因があったとしても）夫Yにも婚
姻関係破綻について責任があると考えていることは明らかです。

　そうすると、今回のような重大な暴力行為がない場合、生活費の不
払いや浪費行為から婚姻関係の破綻が生じているというためには、こ
れらの行為により婚姻生活が立ちゆかなくなったことや、借金をしな
ければならなくなった事情、他方、相手方は遊興費などに浪費してい
ることなどを主張することができればよいと思います。詳細は、第7
章をご参照ください。

証拠資料

◇夫Yの暴行態様、継続性を示す資料
【例示】陳述書（妻X本人、長女、長男）、診断書（診察日、傷病名の記載の あるもの）、写真（けがの状態を写したもの）
◇夫Yの生活費不払いを示す資料
【例示】妻Xの通帳、家計収支表、陳述書（妻X本人）
◇夫Yの浪費行為を示す資料
【例示】夫Yの給与明細、夫Yの通帳、妻Xの通帳、領収書、ゲームソフト の写真

＜参考判例＞

○夫から出産前に性交渉を強要されるなど、PTSDに罹患するほどの性的・身体的暴力を受けていた妻からの離婚請求が認められた事例（神戸地判平13・11・5（平12（タ）114））

○不貞をした夫が妻をたびたび殴打し、「女も子どももあるから出ていけ」などの暴言を繰り返した事案について、もはや原告と被告との婚姻継続を強いることは相当でないとして、妻からの離婚請求を認めた事例（大阪地判昭48・1・30判時722・84）

○夫が心神耗弱下で妻を殴打し、傷害を与えたことが一回あったという事案で、相手に将来の暴行を予想させ恐怖心を抱かせる場合には、抽象的離婚原因に当たるとして、妻からの離婚請求を認めた事例（福井地判昭31・8・27（昭30（タ）2））

第4章　暴力・虐待　　　77

〔12〕　夫の日常的な暴力・暴言、妊娠中の妻の腹部を足蹴にす
　　　るなどの行為により、婚姻関係が破綻していると認められ
　　　た事例

（東京地判平27・10・6（平27（ワ）7425））

キーワード：暴力、生活費不払い、学費不払い

主張のポイント

① 暴力が16年間にわたり継続的に行われたことや妊娠中の妻の
　腹部を蹴るなどの態様から、暴力の程度が著しく重いこと

② 生活費や出産費用を負担せず、娘の学費の支払いも拒むなど
　父親としての義務を果たしていないこと

事 案 の 概 要

○当事者等
　X：原告（妻）
　Y：被告（夫）

○事実経過
　妻Xと夫Yは、平成6年10月3日に婚姻し、翌年に長女、平成9年に二
女をもうけた。妻Xは、婚姻前は理容店に勤務していたが、婚姻直前
に退職して専業主婦となった。
　妻Xには年の離れた弟と妹がおり、妻Xの母親が一人で育てていた
が、母親は妻Xのことを金銭的にも精神的にも頼っていた。妻Xの母
親が電話をかけてきた際に、夫Yは機嫌が悪くなり、「またお母さんか

らか」などと皮肉を言い、妻Xに対し暴行しようとしたため、妻Xは逃げようとしたが、夫Yは妊娠している妻Xの腹部を足蹴にした。

夫Yは、他にも過去の事象を引き合いに出し、妻Xの後頭部を壁に打ち付けたり、腹部や顎を足蹴にしたりした。その結果、妻Xは3か月の経過観察を要する傷害を負ったこともあった。また、妻Xが幼稚園の役員を引き受けたことに対して明け方まで叱責し続けたこともあった。

平成24年11月、長女が、大学受験のため、夫Yに学費の支払いについて協力を求めたが、夫Yがこれを拒否したことから、長女が妻Xに対し別居を提案し、妻Xが長女及び二女を連れて夫Yと別居を開始し、平成26年6月2日、離婚した。妻Xは、夫Yに対して慰謝料600万円を請求して提訴した。

当 事 者 の 主 張

◆原告の主張

妻Xの母親が妻Xを頼って電話してくるたびに、夫Yは機嫌を悪くしていた。妻Xの弟がダイヤルQ2を利用したために高額な利用料を請求されたことがあったが、これらのことを夫Yはことあるごとに持ち出して妻Xを執拗に責め続け、暴力を振るった。

夫Yは、婚姻後、数か月間は全く生活費を負担せず、出産費用も負担しなかった。

夫Yは前妻に対する解決金を支払うために消費者金融から借入れをしており、返済額が120万円に上ったが、それを妻Xが負担して弁済した。

夫Yは、病気により仕事ができなくなったため退職したが、2年ほど職に就かず、趣味のテニスに興じるなどして過ごしていた。

第4章　暴力・虐待　　　79

◆被告の主張

不出頭。答弁書の提出もしない。

```
裁 判 所 の 判 断
```

本判決は、証拠により事実経過記載の事実を認めた上、これらの事実を基にすると、妻Xと夫Yの婚姻関係が破綻した主たる責任は夫Yにあるということができ、両者の婚姻期間、夫Yの上記行為等を勘案して妻Xの精神的苦痛を金銭的に評価すると、慰謝料を180万円と認めるのが相当であると判示した。

```
ポ イ ン ト 解 説
```

① 暴力の態様、継続性

暴力といっても多種多様であり、暴力があったからといって直ちに婚姻関係の破綻が認められるわけではなく、暴力の内容、被害の程度、暴力に至った経緯等から、これが婚姻関係に及ぼす影響を考慮して、破綻の有無、責任が判断されるものと思われます。配偶者からの暴力については、長年の婚姻期間の中で回数が多くなかったり、程度が軽いものであったりして夫婦喧嘩の一環ととらえられると、「婚姻を継続し難い重大な事由があるとき」とは認められない可能性もあります。

暴力を婚姻関係の破綻原因として主張する際には、その暴力が一方的なものであること、暴力行為の程度が重いこと、継続的に行われていることなどを示す必要があります。

本件では、夫Yの反論がなかったのですが、裁判所は、証拠から妻Xが主張するところに沿った事実関係を認定し、これによれば、断続的ではあれ暴力が16年にも及んでいること、態様も一方的であること、

妊娠中に腹部を蹴られるなど重大な暴行であることなどを重視し、さらには、長女の学費支払いを拒否したことが引き金となり、妻Xと子供たちが別居したことなどを総合考慮して、婚姻関係破綻の主な責任は夫Yにあったと判断したといえるでしょう。

　配偶者の暴力によって婚姻関係が破綻したと主張する者は、暴力が一方的なものであったこと、その程度が重大であること、暴力が継続的に行われていたことなどを根拠づける事実を詳細かつ具体的に主張し、そのことを裏付ける証拠を提示すべきでしょう。録音をしたり、暴力によってできた傷を写真で残しておくことができれば有用な証拠となると考えられます。また、警察に相談することも、暴力を受けている者がとり得る重要な手段であると思います。

　配偶者からの暴力の防止及び被害者の保護等に関する法律（平成13年法律第31号）が制定されたことにより、配偶者からの暴力により、生命又は身体に重大な危害を受けるおそれがある場合には、被害者の申立てによって裁判所から保護命令が発令されます（同法10）。保護命令事件の記録も、訴訟で有力な証拠となることは間違いありません。

② 金銭的な非協力

　生活費を渡さないこと等は、第3章でも詳述しているとおり、「悪意の遺棄」につながることもありますが、本件では、これに加え、夫Yが前妻への解決金を妻Xに負担させていること、夫Yが長女の学費支払いを拒否していることも認定されています。これらの事情も、暴力と総合考慮されて、破綻の原因と判断されていると考えられます。したがって、このような事情も、暴力と併せて、妻Xの信頼関係を喪失させ、婚姻関係の破綻に至ったことを主張すべきでしょう。

第4章　暴力・虐待　　81

証拠資料

◇暴行態様、継続性を示す資料

【例示】陳述書（妻X本人、長女、二女）、診断書（診察日、傷病名の記載の
あるもの）

◇妻Xが夫Yの借入額を負担したことを示す資料

【例示】借用証書、残高証明書、妻Xの通帳の出金履歴

◇夫Yが前妻との間で解決金支払義務を負っていたことを示す資
料

【例示】調停調書（和解調書）、夫Yの前妻に対する出金履歴

＜参考判例＞

○夫から出産前に性交渉を強要されるなど、PTSDに罹患するほどの性的・
身体的暴力を受けていた妻からの離婚請求が認められた事例（神戸地判平
13・11・5（平12（タ）114））

第5章　暴言・モラハラ

〔13〕　高齢になり生活力を失った夫を妻が軽んずるようになり、
　　　配慮を欠いた行為をするようになったことから、婚姻関係
　　　が破綻したと認められた事例

（大阪高判平21・5・26家月62・4・85）

キーワード：モラハラ、暴言、信頼喪失、別居

主張のポイント

1　高齢（約80歳）になり、生活力を失った夫を妻が軽んずるようになり、先妻の位牌を無断で親戚に送り付けたり、夫の思い出の品々を焼却したりしたことから、夫婦の信頼関係が失われたこと

2　別居期間は1年余であるが、妻が婚姻関係修復に向けた努力を示さなかったこと

事 案 の 概 要

○当事者等
　X：控訴人（一審原告）・夫
　Y：被控訴人（一審被告）・妻

○事実経過
　夫Xと妻Yは平成2年に婚姻し、その間に長女がいる。婚姻期間は約18年に及び概ね平穏であったが、夫Xが高齢、病気がちになり、生

活費を減じるようになったころから、妻Yが夫Xを軽んずる言動をするようになり、先妻の位牌を無断で親戚に送り付けたり、夫Xの思い出の品々を処分したなどのことから、夫Xが家を出て別居するようになった。夫Xは妻Yの一連の行為により、婚姻関係が破綻したと主張して離婚の訴えを提起したところ、一審（家庭裁判所）は夫Xの請求を棄却したので、夫Xが控訴を提起した。

当事者の主張

◆控訴人（一審原告）の主張（破綻主張）

夫Xが80歳になったころから、妻Yは、虐待ともいえる非人間的行動をとるようになった。すなわち、先妻の位牌を無断で長男の妻の実家に送り付け、夫Xの人生の歩みを写したアルバムを処分するなどし、また、暴言を吐くなどしたため、夫Xは家を出て別居するに至った。このような妻Yの行為によって夫婦の信頼関係は失われ、婚姻関係が破綻した（別居後も、妻Yは婚姻関係の修復に向けた努力をしていない（判決文から推測した主張））。

◆被控訴人（一審被告）の主張

夫Xの主張はいずれも偽りである。先妻の位牌の送付は長男が祀るのが供養になると考えたからであり、アルバムは、長男の意向を聞いた上で処分したのである。

裁判所の判断

本判決は以下のように述べて、原判決を取り消し、夫Xの離婚請求を認容した。

夫Ｘが高齢（約80歳）になり、収入が減少し、持病の手術による退院後は、妻Ｙが夫Ｘに一人で食事させるようになり、仏壇に祀られていた先妻の位牌を無断で長男の妻の実家に送り付けた。また、夫Ｘの生活歴が記録されたアルバム10数冊を焼却し、夫Ｘの作成した先祖の過去帳の処分を菩提寺に依頼した。そして、夫Ｘが遅く帰宅した妻Ｙと娘に食事を作るように頼んだところ、口論となり、夫Ｘは家を出て別居するに至った。別居に至ったのは、妻Ｙの一連の言動が主な理由であり、夫Ｘが高齢で病気がちになり、生活費を減じたのと時期を合わせるようにして始まった妻Ｙの夫Ｘに対する軽視、先妻の位牌の送り付けや思い出の品の焼却など、自制の薄れ、夫Ｘの人生に対する配慮を欠いた一連の行為により夫Ｘの心情は深く傷つけられたのに、妻Ｙは自己の正当性を主張するばかりで、夫Ｘの精神的打撃を理解しようとする姿勢に欠け、婚姻関係の修復を真摯に語ろうともしないから、夫婦の信頼関係が失われ、修復困難な状態に至った。したがって、別居期間が1年余であることなどを考慮しても、婚姻を継続し難い重大な事由がある。

ポイント解説

1 本件におけるモラハラ（精神的嫌がらせ）の態様

　婚姻関係の破綻事由としてのモラハラについては、事例〔16〕においても記載がありますが、本件ではそのような概念がよく当てはまる事案といって良いでしょう。

　約18年に及んだ婚姻生活が概ね平穏であった夫婦が、夫Ｘが高齢、病気がちとなり、生活力を失ったのと時期を同じくして、妻Ｙが夫Ｘを軽んじるような言動をするようになり、朝食や昼食の準備をしなくなり、先妻の位牌を無断で親戚に送り付けたり、夫Ｘの人生の思い出

第5章　暴言・モラハラ　　85

の詰まったアルバムの多くを焼却したり、夫Xが作成した過去帳の処分を寺院に依頼するなどの行為をしたことから、夫Xが心情を深く傷つけられて、別居し、婚姻関係が破綻したと認められた事案です。夫Xの生活力が弱まった時期と妻Yの自制を欠いた行為が始まった時期が概ね重なったことから、夫Xの弱くなった立場に付け込んだ人格無視の行為（モラハラ）と判断されたものと思われます。そして、妻Yのそのような行為により、夫婦の信頼関係が損なわれたとされたものです。

② 別居期間と修復可能性

　上記のように、妻Yの自制を欠いた行為によって夫Xの心情が深く傷つき、信頼関係が損なわれたのに、妻Yが専ら自己の行為の正当性を主張するばかりで、夫Xの精神的打撃を理解しようとせず、婚姻関係を修復する努力が窺えないことから、別居期間が1年余にすぎないとしても、婚姻関係の破綻が認められたものです。

　なお、本件の特質としては、かなり長期の婚姻生活の最終期に至って、上記のような妻Yの行為により夫Xの心情が深く傷つけられ、別居期間は1年余であっても、修復が不可能となったとされたもので、高齢者離婚事件としての問題点をも含むものといえるでしょう。

　ここで、少し注意すべきなのは、原審（家庭裁判所）は、妻Yには反省すべき点はあるが、妻Yの心情からすれば、やむを得ない点もあり、別居期間は1年にも満たないなどとして、夫Xの離婚請求を棄却していることです。妻Yの行為の評価と修復可能性の判断が結論を異にするに至った理由です。そこで、婚姻の破綻を主張する側としては、妻Yの人格軽視的な行為が正当化できるものでないこと、これらが客観的にみて、夫Xにとって屈辱的なものであって大きな精神的打撃となるものであること、それにもかかわらず、妻Yの修復に向けた真摯

な姿勢がないこと、そのような状況では、別居期間の短さは、修復が可能であることを根拠づけるものではないことを強調するのが良いでしょう。

証拠資料

◇モラハラ行為の起こった時期、内容を示す資料

【例示】 本人の供述・陳述書、親戚・家族の証言・陳述書
思い出の品々の焼却処分を立証する写真、ビデオ、過去帳の処分を依頼された寺院の職員の証言

◇別居に至った事情を示す資料

【例示】 本人の供述・陳述書、家族の証言・陳述書

◇別居の間の出来事（妻Yの修復努力がなかったこと）を示す資料

【例示】 本人の供述・陳述書、家族の証言・陳述書

＜参考判例＞

○婚姻期間が35年に渡る夫婦間で、20年経過後くらいから、長期間にわたり、妻が夫に対して、「いじめられた」「結婚して損をした」など具体性のない非難を浴びせ、「威張るな」「馬鹿」などの暴言を吐き、夫と食事、寝室を別にして疎外し、夫の母親に対して、「ばばあ、早く死んでしまえ」と怒鳴りつけるなどしたことから、婚姻関係が破綻したと認められた事例（横浜地判昭59・2・24判夕528・290）

○夫が会社退職後、家族に対する信頼を喪失させる言動をし、また、妻に僅かな生活費しか渡さなかったことにより、婚姻関係が破綻したと認められた事例（東京地判平9・6・24判夕962・224）

第5章　暴言・モラハラ　　　87

〔14〕　　夫の独善的かつ自己中心的な態度が妻に多大な精神的苦
　　　痛を与えたことにより、婚姻関係が破綻したと認められた
　　　事例

（東京地判平24・1・19（平23（ワ）13984））

キーワード：モラハラ、性格の不一致

主張のポイント

1　夫が妻の態度に非があると一方的に決めつけ、対話もせず、
　妻を実家に帰し、離婚届を送付するなどの自己中心的態度を取
　ったこと

2　婚姻が破綻したのは、性格の不一致によるものではないこと

事 案 の 概 要

○当事者等

　X：原告（妻）

　Y：被告（夫）

　　※妻X・夫Yは離婚済み

○事実経過

　妻Xは平成22年11月実家に帰り、夫Yと平成23年1月協議離婚をし
た。妻Xは、夫Yが自己の意見に固執し、妻Xの言い分を聞かず、一
方的に妻Xを信用できない人と決めつけて会話を拒み、実家に帰した
上、離婚届を送付し、その後も話合いをすることを拒んだなどの自己
中心的な態度により婚姻関係が破綻したと主張し、夫Yに対し、慰謝

料請求をした。これに対し、夫Ｙは、妻Ｘが自己の非を認めず謝罪できない人であり、双方の性格の不一致から婚姻関係が破綻したとして、棄却を求めた。

当 事 者 の 主 張

◆原告の主張

　夫Ｙは、妻Ｘが保湿クリームを妻Ｘや子供に塗ることに強い拘りを持って反対し、妻Ｘが子供にゲルを塗ったことを夫Ｙに隠したことから、妻Ｘを一方的に非難し、妻Ｘとまともに会話せず、食事も一緒にとらず、妻Ｘを実家に帰した。その後も妻Ｘの謝罪メールに返答せず、一方的に離婚届を送付し、夫Ｙの両親の説得にも応じなかったため、婚姻関係は破綻し、協議離婚に至った（したがって、婚姻関係が破綻したのは、夫Ｙの主張するような性格の不一致によるものではない（判決文から推測した主張））。

◆被告の主張

　妻Ｘの述べることは、夫Ｙが離婚を決意するきっかけになったにすぎない。両者の性格の不一致からくる溝が深くなり、埋められなかったことが離婚原因である。平成22年4月、子供のお宮参りをした際、妻Ｘは、双方の両親との集合、解散を巡って不満を持ち、非を指摘されると攻撃的な態度に出た。また、薬の使用についても、夫Ｙは妻Ｘに何回も意見したのに、完治しても薬の使用を止めず、子供に薬を塗ったことに夫Ｙは気分を害したが、妻Ｘは謝罪しなかった。夫Ｙは両親の説得に応じなかったのではなく、妻Ｘ及びその両親の高圧的な態度により話合いができず、離婚を決意したのであり、離婚により精神的苦痛を受けたのは夫Ｙである。

第5章　暴言・モラハラ　　89

裁判所の判断

　本判決は、夫Yの自己中心的な態度により婚姻関係が破綻したと認定した。そして、仮に夫Yが述べる経緯や事柄が事実であったとしても、妻Xに別居を言い渡したり、離婚を求めることができる事情には当たらない、夫Yは妻Xを嘘つきと非難するが、最も大きな嘘をついていたのは、結婚式直後に失業したことを妻Xに言えなかった夫Yであるとした。また、妻Xはゲルを子供に塗布したことを隠したことを謝罪するメールを夫Yに送ったのに、夫Yはこれを読んでいないとして、一方的に離婚届を送り付け、妻Xが自己の非を認め謝罪することができない人であると主張したことは、夫婦、親子関係に対する自己の責任を顧みない自己中心的な態度であり、妻Xが協議離婚に応じたのも、夫Yの両親による説得や妻Xのメールや留守番電話にも応じない夫Yの頑なな対応によるものであると認めた。そして、性格の不一致を理由として婚姻関係を修復する努力を怠り、婚姻関係を一方的に破棄した夫Yの態度は不法行為に該当するが、夫Yがそのような行動に及んだことには性格の不一致にも一因があったとして100万円の限度で慰謝料を認めた。

ポイント解説

1　夫Yの自己中心的態度と婚姻関係の破綻

　本件では、夫婦が協議離婚しているので、婚姻関係が破綻していること自体は争いがなく、妻Xの夫Yに対する慰謝料請求との関係で、婚姻関係の破綻が妻X、夫Yどちらの責任かが争われたものです。具体的には、夫Yの頑なで、妻Xを一方的に、非を認めて謝罪できない

人であると決めつける自己中心的な態度（モラハラ）によるのか、それとも双方の性格の不一致によるものかが争われたものです。本件は、婚姻期間が2年足らずの間に夫婦間で起こった出来事の事実関係とその評価が問題とされましたが、妻Xは、子供への塗り薬の塗布に関して、夫婦間に葛藤が生じた具体的な経緯を述べ、塗布を隠したことについて謝罪のメールを夫Yに送付したのに夫Yが無視したなどのことを具体的に主張したのに対し、夫Yは、塗り薬のことやお宮参りのことについて自己の考えを述べ、妻Xが自己の非を認めて謝罪ができない人であると主張しましたが、その主張を合理的に裏付けるに足りる事実関係を説得的に主張・立証できなかったといえます。

そこで、裁判所は、妻Xが婚姻関係を修復しようとしているにも関わらず、夫Yが頑なで自己中心的な対応をして婚姻関係の修復を怠ったことが婚姻関係破綻の決定的な原因であると認めたものです。

② 婚姻関係の破綻と性格の不一致

①で述べましたが、裁判所は、性格の不一致が婚姻関係の破綻事由であるとの夫Yの主張を否定しました。ただ、慰謝料額を定めるに当たっては、夫Yが頑なで自己中心的態度に及んだことには双方の性格の不一致もあるとして、夫Yの主張にも一定の理解を示しました。すなわち、裁判所は、婚姻関係の主な破綻事由は、夫Yの自己中心的な態度であるが、性格の不一致も一部寄与していたと認めたものです。妻Xとしては、具体的な事実関係を挙げて、性格の不一致の問題を生ずる余地のない程、夫Yの態度が異常であることをさらに強く主張・立証したいところです。

第 5 章　暴言・モラハラ　　　　91

証拠資料

◇妻Ｘが謝罪するなど婚姻関係修復の努力をしたことを示す資料

【例示】妻Ｘの夫Ｙに宛てたメール送信記録、書面等
　　　　妻Ｘの供述・陳述書、家族の証言・陳述書

◇夫Ｙの態度が頑なで一方的であったことを示す資料

【例示】夫Ｙの妻Ｘに宛てた手紙
　　　　妻Ｘの供述・陳述書、家族の証言・陳述書
　　　　（※本件では、夫Ｙも、妻Ｘとまともに口を利かず、食事を共にし
　　　　なかったこと、離婚届を送り付けたことなどの事実関係は一部認め
　　　　ていた。）

＜参考判例＞

○原審は、双方の性格の不一致と愛情の喪失により婚姻関係が破綻したと
　判断したが、事実関係によれば、婚姻関係の破綻は、夫の独善的かつ独断
　的行為に起因するものが多大であることが窺えるとされた事例（最判昭
　38・6・7家月15・8・55)

92 第5章 暴言・モラハラ

〔15〕 妻が婚姻期間中に、自宅に電源を入れたICレコーダーを
設置した行為は、婚姻関係の基礎となる信頼関係の喪失を
決定付けた違法行為であるとして、離婚後に夫からの慰謝
料請求が一部認容された事例

（東京地判平25・9・10（平24（ワ）15536））

キーワード：不法行為、盗聴、慰謝料

主張のポイント

1 妻がICレコーダーを自宅に設置した行為は、夫婦間の信義に
反するものであったこと

2 離婚届に署名押印したものの、その後も同居を継続しており、
この時点では双方ともに婚姻解消の確定的意思はなかったこと

事 案 の 概 要

○当事者等

X：原告（夫）

Y：被告（妻）

○事実経過

夫Xと妻Yは、昭和56年に婚姻し、昭和57年に長女、昭和58年に長
男が出生した後、平成21年12月に協議離婚した夫婦である。

婚姻期間中の平成21年3月、夫Xは妻Yの求めに応じて離婚届に署
名押印したが、離婚届はその後もしばらく自宅神棚に放置され、同居
も継続された。

第5章　暴言・モラハラ　　93

　妻Yは、同年11月の旅行中及び同年12月13日の外出中に夫Xがいる自宅内に電源スイッチが入った状態のICレコーダーを設置した（録音は不成功）。妻Yの設置行為に気づいた夫Xは同日、妻Yに対し、離婚届に署名押印して提出するよう求め、翌14日に自宅（妻Y名義）を出た。妻Yは翌15日に離婚届を役所に提出した。

　夫Xは妻Yに対し、平成22年に離婚に伴う財産分与を求める調停を申し立てる一方、平成24年、ICレコーダー設置行為について不法行為に基づき慰謝料400万円を請求する本件訴訟を提起した。

$$当 事 者 の 主 張$$

◆原告の主張

　夫Xは、妻Yから離婚届への署名押印を求められ、一旦は拒んだもののやむを得ず応じた。しかし、離婚条件の提示もされずその後も同居を継続しており、この時点では双方ともに婚姻解消の確定的意思はなかった。

　しかし、その後、夫Xの落ち度の証拠を集めようと意図した妻Yにより電源を入れて録音ボタンを押した状態のICレコーダーが自宅内に2回設置されていたことを知り、妻Yとの関係は修復不可能となり、離婚に至った。

　かかる設置行為は、夫婦間の信義に照らし違法であり、夫Xの人格的利益を侵害するものとして不法行為を構成し、また、夫Xに最終的に離婚を決意せしめ、婚姻生活継続の利益を侵害した。

◆被告の主張

　妻YがICレコーダーを設置した時点で既に婚姻関係は破綻しており、また、設置目的は夫Xによる酒乱の状況と言葉の暴力を録音する

ためであるから、違法性阻却事由がある。

　仮に違法行為であるとしても、録音はいずれも不成功であったからプライバシー侵害の実害がない。また、婚姻関係は、起業して中国・マレーシアに滞在していた夫Ｘが帰国してからの3年間、無職で一日中株取引をする生活を送る中で、平成19年秋頃より怒りっぽくなり、妻Ｙに対し暴言を吐いたり、飲酒しては酒乱状態となって妻Ｙに暴力をふるったことが原因で破綻したものであり、ICレコーダー設置行為が破綻原因ではない。

裁判所の判断

　本判決は、妻Ｙによる2回のICレコーダー設置行為（以下「本件行為」という。）は、既に低下していた夫婦間の愛情や信頼関係の喪失を決定付けたとして違法性を認めた。すなわち、一般に、他人間において他者が自宅で過ごしているときの状況を本人の了解なく盗聴する行為は、特段の事情がない限り違法であるところ、夫婦間においても、一方当事者が自宅内に1人でいるときに電源を入れたICレコーダーを置くことは、婚姻関係の基礎となる信頼関係を傷つける違法行為であるとした。また、本件では、妻Ｙが主張するような夫Ｘによる酒乱や言葉の暴力の事実があったか、それが離婚もやむを得ないとするほどのものだったかは、裏付け証拠がないことや、夫婦が平成21年3月に離婚届作成以降も12月まで提出せず、妻Ｙの姉も伴い何度も別荘に泊りがけで出かけたりもした事情などから疑念があるとして、違法性が阻却されるとする妻Ｙの主張を斥けた。

　他方、本判決は、夫婦が離婚届を作成した背景として、夫Ｘが勝手に勤務先会社を退職したり、株取引で大損したり、金銭的・時間的に

第5章　暴言・モラハラ　　95

ルーズだったり、平成19年秋頃から怒りっぽくなったことで妻Yが本
件行為以前から夫Xに対する愛情や信頼を離婚したいと思う程度に低
下させ、これを夫Xもある程度認識していたとして、本件行為の破綻
への寄与度は必ずしも大きくないと認定した。

　その上で本判決は、慰謝料の額は、双方の年齢や婚姻期間、子らが
いずれも成人していること、本件行為の破綻への寄与の程度、プライ
バシー侵害について実質的な損害が認められないことから、50万円が
相当であると判断した。

ポイント解説

1　相手方配偶者によるICレコーダー設置行為の違法性

　本件では、妻Yによる録音自体は不成功であり、夫Xにプライバシ
ー侵害の実害が出たとは認められませんでしたが、設置行為自体が婚
姻関係の基礎となる信頼関係を傷つけるものとして違法性が認められ
ました。違法行為による婚姻関係破綻を主張する側としては、設置行
為自体が夫婦間の信頼関係喪失に絶大な影響を及ぼした点を強調する
とよいでしょう。また、実際に録音がされていた場合には、自己のプ
ライバシーが侵害された具体的事実も積極的に主張すべきでしょう。

　これに対し、妻Yは違法性阻却事由があるとの抗弁を主張しました
が、夫Xによる酒乱や言葉の暴力の立証に至らず、斥けられました。
違法行為による婚姻破綻を主張する側としては、相手方配偶者が録音
に正当性があったとして主張するような当方の非違行為を裏付ける客
観的証拠がないことを主張しておく必要があります。

　もっとも、本件とは異なり、録音によって当方の相手方配偶者に対
する暴言・暴力等の非違行為が裏付けられてしまったような場合には、

翻って録音行為自体の違法性阻却が認められる可能性が高まることには注意が必要です。

② 離婚届への署名押印と婚姻解消の意思

　本件では、夫Xは妻YのICレコーダー設置行為前に離婚届に署名押印しており、妻Yは、夫Xによる酒乱や暴力があり、ICレコーダー設置時点では既に婚姻関係は破綻していたと主張しましたが、離婚届作成以降もこれが提出されず、一緒に外出していたなどの事実関係から同主張は排斥され、信頼関係喪失を決定付けたのは本件行為であるとされました。相手方配偶者の違法行為による破綻を主張する側としては、違法行為までは夫婦間の婚姻関係は少なくとも破綻はしていなかったことを根拠付ける具体的事情、例えば、夫婦で休日に一緒に外出していたとか、食事を共にしていたといった事実を述べると同時に、違法行為が発覚後に離婚話が急速に具体化したなど、婚姻生活に大きな変化が生じた点を強調して主張するとよいでしょう。

証拠資料

◇妻YのICレコーダー設置行為・盗聴行為を立証する資料
【例示】ICレコーダーが設定された状況が撮影された写真、当事者の陳述書等
◇婚姻関係破綻の専らの原因・主たる原因を立証する資料
【例示】当事者の陳述書や日記、夫婦間のメールや通信アプリ上のやり取り、当事者から事情を聞いた知人の陳述書、会話の録音・動画等

第5章　暴言・モラハラ

＜参考判例＞

○盗聴の意図をもって貸室の天井裏に盗聴装置となり得るインターホン子器を設置し配線した行為が、実際に親器設置の事実や盗聴行為がなされた事実が認められずとも、借室人に対する不法行為と判定された事例（東京高判昭56・2・23判タ440・101）

○使用者が組合活動の情報収集目的で従業員控室に盗聴器を設置し会話を傍受した行為は、従業員のプライバシーを侵害するもので不法行為を構成するとして、慰謝料の請求が認容された事例（岡山地判平3・12・17労判606・50）

第5章　暴言・モラハラ

〔16〕　夫の妻に対する長年に渡る肉体的暴力、精神的圧迫（モ
　　　　ラハラ）により、妻の不貞時には婚姻関係が破綻に瀕して
　　　　いたと認められた事例

（東京地判平26・9・11（平25（ワ）17651））

キーワード：モラハラ、暴言・暴力、横柄な態度

主張のポイント

① 長年に渡る夫の妻に対する暴力、日常的罵倒、性行為強要、
精神科受診の不許可等（モラハラ）があったこと

② 妻の不貞は、婚姻関係が破綻した後のことであるから、夫の
権利を侵害するものではないこと

事案の概要

○当事者等

X：原告（夫）

Y：被告（妻Aの不貞相手の男性）

A：夫Xの妻

○事実経過

　夫Xと妻Aは、平成6年に婚姻し、その間に二男二女がいる夫婦である。夫Xは妻Aが不貞行為をしたとして、その相手方男性Yに対して損害賠償訴訟を提起した。これに対し、男性Yは、不貞行為前に、夫Xと妻A間の婚姻関係は、夫Xの行為に起因して既に破綻していたと主張した。

第5章　暴言・モラハラ　　99

　夫Xは妻Aに対して、婚姻期間中、横柄な態度で接し、罵倒することも多く、妻Aや子供らに対する肉体的な暴力もあり、平成25年には妻Aに相当重い傷害を負わせたこともある。また、夫Xの行為により心身の不調に陥った妻Aが精神科を受診することも許可しなかった。妻Aは男性Yに夫Xとの婚姻関係について相談したことから男性Yと親密になり、平成23年末ころには肉体関係を持つようになった。

当事者の主張

◆被告の主張
　夫Xは婚姻直後である平成7年から、日常的に妻Aに横柄な態度を取り、日常的に罵倒し、妻Aの子育ての労苦に対して協力せず、理解も示さず、妻Aの能力を否定し、「家を出ていけ」という言葉を繰り返した。
　また、平成9年から殴打、蹴飛ばす、髪を掴んで引き回す等、多くの身体的暴力を加えた。平成21年には妻Aに対する暴力を止めに入った長男の首を絞めるなどし、平成23年には次男のバットを振り回して本棚を壊した。平成25年には夜から未明にかけて、些細なことで激高し、長男とともに妻Aを室内に閉じ込め、殴る蹴るの暴力を加えた。夫Xは、また、罵倒した直後に妻Aに性行為を強要することが常態化していた。妻Aは、平成15年には心身の不調を来すようになったが、夫Xは、精神科受診を許可せず、平成24年にも精神科クリニックで通院が必要と言われたのに、受診を許可しなかった。
　妻Aはそのような切羽詰まった精神状態から男性Yに占いの相談を持ち掛け、知り合った。
　したがって、妻Aと男性Yが肉体関係を持つに至った時期は、夫Xと妻Aの婚姻関係が夫Xの行為により既に破綻した後であり、夫Xの権利侵害はない。

◆原告の主張

　夫Xの発言は、夫婦喧嘩の域を出るものではない。妻Aも夫Xに対して暴力を振るった。夫Xは妻Aに対して性行為の強要や嫌がらせもしていない。夫Xと妻Aとの婚姻関係は概ね良好で平穏であったが、妻Aと男性Yの不貞行為のために破綻寸前になったのである。

裁判所の判断

　本判決は、以下のように述べて、夫Xと妻Aとの婚姻生活は、妻Aと男性Yが肉体関係を持った時には既に破綻に瀕しており、男性Yの不貞行為により夫Xの法的保護に値する利益が侵害されたとはいえないとして、夫Xの請求を棄却したが、一方、婚姻関係が破綻したとまで認定することは困難であるとした。

　夫Xは、平成7年から現在に至るまで、妻Aに対して日常的に横柄な態度で接し、罵倒することも少なからずあった。その中で、平成21年には妻Aの髪を掴んで引きずり回し、止めに入った長男の首を絞めつけ、平成23年には次男のバットで本棚を叩き壊し、同年、妻Aの腕をつかんで壁に叩きつけ、皮下出血の傷害を負わせ、平成25年、長男と共に妻Aを室内に閉じ込め、殴る蹴るの暴力を加え、1か月程度の加療を要する傷害を負わせた。妻Aに対し、長時間罵倒した後に性行為を強要することもあった。また、夫Xの以上のような行為により心身に不調を来した妻Aに精神科受診を許可しなかった。したがって、妻Aと男性Yの不貞行為が始まった平成23年より前に、夫Xと妻Aとの婚姻関係は破綻に瀕していたから、上記不貞行為により夫Xの法的利益が侵害されたとはいえない。しかし、妻Aは夫X及び子らと同居して婚姻関係を継続しているから、現時点で婚姻関係が破綻したとまではいえない。

第5章　暴言・モラハラ　　101

$$\boxed{\text{ポイント解説}}$$

① モラハラと婚姻関係の破綻

　婚姻関係の破綻事由としてのモラハラについては、確定した定義があるわけではありませんが、一般的に、倫理性に反する嫌がらせ行為によりその相手方に精神的なダメージを与え、信頼関係が破壊されて、婚姻共同生活が破綻するといった意味で用いられているようです。特に顕著な暴力などがあるわけではないが、継続的に相手方の人格を無視ないし軽視する自己中心的な行為が問題とされるような事案にこの概念がよく当てはまるといえます。もっとも、その程度が「心身に有害な影響を及ぼす言動」と認められるような場合は、身体的暴力に準ずるものとみることも可能でしょう（配偶者からの暴力の防止及び被害者の保護等に関する法律1①参照）。

　本件は、夫婦の一方の不貞行為に対する慰謝料請求訴訟（本件では不貞の相手方に対する請求）において、不貞行為当時は、既に婚姻関係が破綻していたと主張された事案ですが、破綻の理由として、暴力、横柄な態度、性行為強要、精神科受診不許可など様々なことが主張され、裁判所は、これらを認めています。そして、暴力をとっても、傷害にまで及ぶものがあり、かなり程度が重いといえます。

　したがって、本件をモラハラのみによる婚姻関係破綻の典型的な事案と捉えることは難しいかもしれません。ただ、婚姻生活は20年とかなり長期に及んでおり、暴力自体は日常的とまではいえず、暴力自体が決定的な破綻認定の理由となったものではないと思われます。裁判所が、婚姻が破綻に瀕したと認めた主な理由は、婚姻生活を通じて、夫Xの一貫した妻Aに対する人格を無視する一方的な態度であり（暴力等はその中で起こったものです。）、これによって妻Aの心身に不調を来し、共同生活を送ることが難しい状況になったことであろうと思

われます。婚姻関係が相当の長期に及び、その間に子供も出生し、同居を続けている場合は、数回の暴力行為により、直ちに婚姻関係が破綻したと認められるのは難しく、むしろ、継続的な夫又は妻の相手方の人格を無視するような行為・態度（いわゆるモラハラ）により相手方の精神に深刻な打撃を与えて婚姻関係が破綻に至り、修復不可能となったと認められることが多いと思われます。破綻を主張する側としては、継続的な相手方の一方的態度とその中で起こった肉体的・精神的暴力などの事実関係を具体的に主張・立証することが必要です。

夫Xは、暴力行為などを否定していますが、妻Aの立証に対して、的確な反論、反証ができなかったようです。

2　妻の不貞により、夫の法的保護に値する権利が侵害されたか

この点は、婚姻関係が既に破綻していたと認定されれば、婚姻関係の存在を前提とした夫Xの損害賠償請求は否定されますが（最判平8・3・26民集50・4・993）、本件のように、完全に破綻したとまでは認定できない事案では、微妙な判断となります。本件では、夫Xの行為が一方的であり、もっぱら、婚姻を破綻に瀕するまで導いた責任があると裁判所から認定されたことから、完全には婚姻関係が破綻したとまではいえなくとも、慰謝料を請求できるような法的保護に値する権利がないと判断されたものと思われます。

この点、夫X側で、妻A側も婚姻関係の破綻に責任を負うべき具体的な事由、また、夫X側での婚姻関係修復に向けた積極的な働きかけがあったといった点を具体的に主張・立証できれば、結論は少し変わったかもしれません。

第5章　暴言・モラハラ　　103

証拠資料

◇妻Ａの負傷を立証する資料

【例示】皮下出血の写真、診断書

◇継続的な横柄で乱暴な態度を立証する資料

【例示】妻Ａや家族の証言・陳述書、他に第三者的証人の証言・陳述書

＜参考判例＞

○婚姻関係は、原告（妻）の経済的、心理的な貢献によって継続されてきたが、被告（夫）が就労意欲を有さず、原告を援助したり、真摯に話し合うことがなく、また、被告の暴言・暴行もあり、原告の精神的負担が重くなっていったところ、別居期間が4年を超えるようになったとして、婚姻関係の破綻が認められた事例（東京家判平23・4・26（平22（家ホ）761））

○夫が妻に強権的支配を及ぼし日常的に暴力を振るい、性行為を強要することから、妻がうつ病にり患し、遂には別居するに至った夫婦について、夫の行為により婚姻関係が破綻したと認められた事例（神戸地判平13・11・5（平12（タ）114））

〔17〕　家計を顧みず浪費し、妻を侮辱し、非違行為により勤務先の退職を余儀なくされ、過剰飲酒して粗暴な振る舞いに及んだ等の夫の有責行為によって婚姻関係が破綻したとされた事例

（東京地判平26・12・3（平26（ワ）9476））

キーワード：不法行為、浪費、侮辱、暴力、慰謝料

主張のポイント

1　婚姻期間中の夫の妻に対する暴言、虚偽の風説の流布、脅迫行為、妻の職場や近隣の人に対する嫌がらせ行為があったこと

2　夫の行為により、妻が精神的・肉体的に強い苦痛を被ったこと

事 案 の 概 要

○当事者等

　X：原告（妻）

　Y：被告（夫）

　A：長男

○事実経過

　妻Xと夫Yは、平成6年に婚姻し、平成10年に長男Aが出生した後、平成24年3月に妻Xが長男Aを連れて自宅を出て別居し、平成25年6月に妻Xを長男Aの親権者と定めて調停離婚した夫婦である。

　平成25年には、妻Xは夫Yに対し、離婚に伴う財産分与と慰謝料支

第5章　暴言・モラハラ　　　105

払いを求める調停を申し立てたが不成立となり（財産分与は審判移行）、平成26年、婚姻関係を破綻に至らしめた夫Yの有責行為につき不法行為に基づき慰謝料300万円の支払いを求めて本件訴訟を提起した。

当事者の主張

◆原告の主張

　夫Yは、婚姻当時、妻Xが知らなかった借入債務が580万円あり、夫婦が通常使用する自動車以外にジープ、スノーモビル、バギー等多数の車両を有し、妻Xがローンや維持費がかさむので処分してほしいと訴えても拒み、飲酒して妻Xに暴力を振るった。夫Yは月額22万円ほどの給与を妻Xに渡すのみで家計費のやりくりには配慮せず、妻Xに無断で植毛し90万円のローンを組んだので、妻Xは婚姻前の貯蓄を返済に充てたほか、歯科医院に勤務し始め生活費の不足を補った。

　夫Yは、知人に妻Xを紹介する際に「風俗嬢だったときに店で知り合った」と虚偽を言いふらして妻Xを侮辱し精神的苦痛を与えた。

　夫Yは、妻Xの知らない人を頻繁に自宅に招いては酒食を振る舞い、また、友人と外食に出る都度ご馳走し、妻Xが改めるように頼んでも取り合わなかった。

　夫Yは、勤務先のa社の金を詐取したとして解雇され、妻Xは家計から会社への損害賠償金を返済することを余儀なくされた。その後も夫Yは職場のトラブルなどで勤務が長く続かず転職を繰り返した。

　長男Aの出産の際には、妻Xは、陣痛が始まったので病院へ連れて行ってほしいと頼んだにも関わらず夫Yが飲酒を開始したため、タクシーで病院に向かわざるを得なかった。

　夫Yは、妻Xが生活を改めるように申し入れると大声を出したり、テーブルをひっくり返したり、襖を蹴ったり壁を殴るなどの粗暴な行

動で妻Xを威嚇した。また、夫Yは平成23年より妻Xの姉の夫が営むb社に勤務し始めたが、同年10月頃より妻Xに対し姉夫婦との交際を止めるよう要求しては粗暴な行動に出る回数が増えたため、妻Xは夫Yとの同居生活に耐え兼ね、長男Aを連れて家を出て、別居に至った。

別居後も、夫Yは、業務中に人身事故を起こしてb社に損害を与え解雇されたことを恨んで同社（当時、妻Xの勤務先になっていた）に脅迫電話をかけたり、深夜に近所の家のシャッターを叩き呼び鈴を鳴らしたり、長男Aの同級生の自宅に上がり込んで「Aが来ているだろう」と怒鳴ったり、長男Aの通っている中学校に「Aに会わせろ」と怒鳴り込んだ。

以上のような夫Yの行為は、受忍限度を超えるものであり、婚姻関係は破綻したが、妻Xは、以上のような夫Yによる暴言、虚偽の風説の流布、脅迫行為、威嚇行為、妻Xの職場や近隣の人に対する嫌がらせ行為により精神的、肉体的に強い苦痛を被ったので、夫Yに対し不法行為に基づき慰謝料を請求した。

◆被告の主張

夫Yの結婚当初の債務は300万円ほどである。車両は夫婦が通勤に使用していたものを除き売却し、家計等に充てた。妻Xに暴力を振るったことは一切ない。a社の金を詐取した事実はなく、同社からは解雇されたのではなく、合意退職した。妻Xとは結婚当初から共働きで家計を賄う予定だった。長男Aの出産時には、夫Yが晩酌をしている最中に陣痛が開始してしまったものである。b社勤務中に人身事故は起こしたが、会社に損害は与えていない。

妻Xの主張は、いずれも夫婦の日常生活や通常の夫婦喧嘩の中で精神的苦痛を被ったというものであり、不法行為による損害賠償請求権が発生するようなものではない。

夫Yは妻Xとの別居を開始した平成24年3月頃からストレス等により精神的に不安定になり、平成24年7月には精神保健及び精神障害者福祉に関する法律29条1項に基づく措置入院となり、急性一過性精神病性障害と診断され、同年12月まで入院治療を受けた。したがって、平成24年3月以降の夫Yの言動により妻Xが精神的苦痛を被ったとしても夫Yは責任弁識能力を欠くので賠償責任を負わない（民713）。

裁判所の判断

本判決は、夫Yの婚姻期間中の言動について、概ね妻Xの主張に沿う事実認定をした（ただし、婚姻当初の夫Yの借入債務の額や夫Yがa社から解雇されたとの認定は避けたが、妻Xを突き飛ばしたり、物を投げて手を負傷させた事実を認定した。）。また、夫Yが主張した急性一過性精神病性障害発症や入院治療事実についても認定した。

その上で本判決は、妻Xと夫Yの婚姻生活は、主として度重なる夫Yによる有責行為、すなわち、家計への配慮をせずに浪費をし、妻Xを侮辱し、非違行為により勤務先を退職することを余儀なくし、また、過剰に飲酒をし、粗暴な振る舞いに及ぶなどによって妻Xが家を出て別居し、破綻に至ったと認定し、少なくとも平成24年3月の別居開始時までの夫Yの有責行為は不法行為を構成するとした。また、妻Xは日常生活や通常の夫婦喧嘩で精神的苦痛を被ったにすぎず、不法行為による損害賠償請求権が発生するものではないとの夫Yの主張については、夫Yの行為は夫婦の日常生活や通常の夫婦喧嘩において受忍すべき限度を超えているとして斥けた。

本判決の慰謝料の額は、婚姻関係破綻の原因、破綻までの婚姻期間（約18年）、妻Xが離婚後長男Aの親権者として夫Yから月額3万円の養育費支払いを受けながら単独で監護養育する責務を負った等の事情から、100万円が相当であると判断した。

ポイント解説

1 相手方配偶者の言動が夫婦の日常生活や通常の夫婦喧嘩において受忍すべき限度を超えていること

本件では、夫Yによる不貞行為や妻Xに対する苛烈な身体的暴力というものはありませんでしたが、夫Yの長年に渡る家計を顧みない浪費や勤務先で何度もトラブルを起こしては退職するという不安定な就労状況、過剰飲酒とそれに伴う家庭内での粗暴な言動といった、妻Xにとっては非常に心身のストレスとなる行為が日常的に繰り返されてきたという事情がありました。本判決は、同居期間中の夫Yの一連の行為は、婚姻関係の破綻原因となった有責行為と認定したにとどまらず、夫婦の日常生活や通常の夫婦喧嘩において妻Xの受忍すべき限度を超え、不法行為を構成すると認定しました。

相手方配偶者の行為による婚姻関係破綻を主張し、さらに、その行為について不法行為に基づく慰謝料請求をする側としては、相手方配偶者の有責行為についてできる限り多数の具体的事実を立証すると共に、例えば相手方配偶者による浪費行動により被った心労の大きさを基礎づけるため、逼迫した家計の収支状況や、家計のやり繰りのためにどのような負担を余儀なくされたかを具体的に示し、相手方配偶者の有責行為が夫婦の日常生活や通常の夫婦喧嘩において妻Xの受忍すべき限度を超えるとの評価を根拠づけるような主張をすることが必要でしょう。

2 慰謝料認定において考慮される要素

本件では、慰謝料算定においては、夫Yの有責行為自体から妻Xが被った精神的苦痛のみならず、それが婚姻関係破綻の原因となったことから、妻Xが婚姻関係継続の利益を侵害された点も重視されたもの

第5章　暴言・モラハラ　　109

と考えられます。具体的には、破綻までの婚姻期間が約18年と相当長期であったこと、妻Xが離婚によって長男Aを1人で監護養育するという重い責務を負ったことなどが、慰謝料額を引き上げる要素として加味されたものと考えられます。

　慰謝料請求をする側としては、相手方配偶者の有責行為自体から被った精神的苦痛はもちろんのこと、有責行為が婚姻関係破綻に寄与した程度の大きさ、婚姻期間の長さ、離婚によって被る負担など慰謝料の相当額を引き上げ得る要素について具体的に主張するとよいでしょう。

証拠資料

◇夫Yの家庭内の粗暴な行為、暴力行為を立証する資料

【例示】暴れた際の居室内の状況や負傷の状況を撮影した写真、診断書、当事者の陳述書、会話の録音・動画等

◇婚姻関係破綻の専らの原因・主たる原因を立証する資料

【例示】当事者の陳述書や日記、夫婦間のメールや通信アプリ上のやり取り、当事者から事情を聞いた知人の陳述書、会話の録音・動画等

◇夫Yの浪費とそれによる家計逼迫を立証する資料

【例示】領収書、請求書、購入履歴、購入物を撮影した写真、家計簿、預金通帳、給与明細、源泉徴収票、確定申告控え等の収入状況を示す資料等

＜参考判例＞

○離婚後に妻が夫に対し婚姻期間中の夫の虚言癖、不貞行為及び暴力的言動により離婚に至ったとして不法行為に基づく慰謝料等を訴求した事案で、被告の言辞は虚言とはいえず、不貞行為も認定できず、夫が妻に隠れて異性と2度会ったことや夫婦喧嘩の際の暴言も不法行為が成立するまでの違法性はないとして請求が棄却された事例（東京地判平25・6・5（平24（ワ）14477））

○同居期間中に妻が夫に対し申し立てた配偶者暴力に関する保護命令申立事件について退去命令が発令され、離婚後に妻が夫に対し、婚姻期間中の夫による身体的暴力及び暴言により離婚に至ったとして不法行為に基づき慰謝料を請求した事案で、別居直前の夫の妻に対する激しい暴力とそれ以前の度重なる暴力が離婚原因と認め、慰謝料200万円が認定された事例（東京地判平24・8・29（平23（ワ）23439））

○離婚後に妻が夫に対し、婚姻期間中の夫の妻に対する身体的・精神的暴力により婚姻生活破綻に至ったと主張して不法行為に基づき慰謝料等を請求した事案で、妻の性格や子育て等に問題があったとしても夫婦間の暴力は許されず、夫の暴力が破綻に大きく影響したことや妻が現在も心身のバランスを崩していることから慰謝料は500万円が相当とされた事例（東京地判平22・3・11（平20（ワ）24681））（事例〔10〕）

第6章　夫婦以外の親族関係

〔18〕　小姑の心無い言動や節度のない男性との交際等から、家庭内の紛糾が激化し、それを契機に夫婦の関係も破綻の危機に瀕したが、婚姻関係が完全に破綻しているとは認められないとされた事例

（東京高判昭60・12・24判時1182・82）

キーワード：親族の暴言、小姑の異性交遊

主張のポイント

　妻が小姑及び姑と反目し、それが夫婦の不和を招いた結果、妻が別居を開始したこと

事　案　の　概　要

○当事者等

　X：被控訴人（一審原告）・夫

　Y：控訴人（一審被告）・妻

　A：夫Xの姉

　B：夫Xの母

○事実経過

　夫Xと妻Yは、昭和40年6月に婚姻し、長女及び二女をもうけた。婚姻当初から妻Yも承知の上で、義姉A及び義母Bと同居していたが、婚姻当初から義姉Aは妻Yに嫌がらせを行ってきた。

昭和49年頃から、義姉Aが交際中の男性を頻繁に家に連れ込み、その男性が長時間滞在するようになった。妻Yは子どもたちへの影響を考えて、義姉Aに別居を依頼したところ、一度は別居を開始したものの、土日だけしか別居先で過ごさず、義母Bが義姉Aを追い込んだのは妻Yであるとして中傷や嫌がらせを繰り返した。その後、夫Xの友人に調整してもらい、別居の合意を取り付けたが、義姉Aはこの合意を守らず、それどころか妻Yに対する中傷や嫌がらせを強めた。義姉A及びこれに同調する義母Bと、妻Yとの間柄は日に日に悪化し、口論の末つかみ合いになることもあった。

一度、夫Xから離婚の申し入れがあったが、すぐに撤回された。

その後、義姉A及び義母Bと妻Yの関係が悪化の一途をたどったので、夫Xは離婚調停を申し立て、家庭内別居状態が続いた。

離婚調停は不調により終了したが、妻Yと義姉A及び義母Bとの関係はさらに悪化し、義母Bが妻Yに唾を吐きかけることもあった。これに伴い、夫Xと妻Yの亀裂も深まり、夫Xがアパートを賃借して寝泊まりしていた。その後、夫Xが離婚請求訴訟を提起し、妻Yは別居調停に基づき長女及び二女とともに別居を開始した。原審は、夫Xの離婚請求を認容したので、妻Yが控訴を提起した。

当事者の主張

◆被控訴人（一審原告）の主張（破綻主張）

妻Yは、義姉A及び義母Bと反目しあっており、その対立関係はおさまるどころか日に日に悪化するばかりで、改善の見込みがない。夫Xと妻Yの夫婦関係もこれに伴い悪化し、別居に至っている。したがって、夫Xと妻Yの婚姻関係はすでに破綻している。

第6章　夫婦以外の親族関係　　　113

◆控訴人（一審被告）の主張

　義姉A及び義母Bが、妻Yに対する嫌がらせの度を強め、親類を懐柔して妻Yと夫Xの離婚を画策した上、夫Xにもこれを強いたため、その圧力に屈した夫Xが妻Yを疎んじたため、夫婦間に対立が生じたのである。この対立は、もともとは義姉A及び義母Bと妻Yとの軋轢に由来するものであり、これにより婚姻関係が破綻したとはいえない。

　仮に婚姻関係が破綻しているとしても、義姉A及び義母Bの意向に迎合した夫Xの態度によってもたらされたものであるから、夫Xからの離婚請求は、有責配偶者による離婚請求であり認められない。

裁 判 所 の 判 断

　本判決は、原審判決を取り消し、夫Xの離婚請求を棄却した。そして、以下のとおり判示した。

　妻Yと義姉A及び義母Bとの間で対立が生じ、次第に家庭内の紛糾が激化し、夫Xも義姉A及び義母Bの意に従い、妻Yを非難するに至ったため、夫婦関係に亀裂が生じ、婚姻関係が破綻の危機に瀕したことは否定しがたい。

　しかしながら、夫婦間に固有の紛争があったわけではなく、両者間の不和、軋轢は、家族に対する配慮・心遣いを欠くとして非難を免れがたい義姉Aの言葉を端緒として発生した家庭内の紛糾に由来するのであるから、両親の離婚を嫌い、関係回復を願っている子どもたちの心情に思いを致し、義姉Aを別居させるなど家庭内融和の方策を講ずることにより、良好な婚姻関係を取り戻し得る可能性がないものとは断じ得ないから、婚姻関係が既に破綻しているとは認められない。

第6章　夫婦以外の親族関係

$$\boxed{\text{ポ イ ン ト 解 説}}$$

(1)　妻の義姉（小姑）及び義母（姑）との反目

　一方配偶者と他方配偶者の親族（両親、兄弟等）との間の不和が、夫婦の婚姻関係にも影響し、夫婦関係が円満を欠くようになり、「婚姻を継続し難い重大な事由」があると認められることがあります。ただ、このような不和は、夫婦間のものではないため、離婚請求する側の当事者は、親族との不和が夫婦間の亀裂を生み出し、それが回復不可能なまでに至ってしまったことを主張、立証する必要があるでしょう。

　本件は、義姉Aの暴言や節度のない男性との交際を妻Yが嫌い（夫Xも当初は妻Yと同様であった）、義姉Aを別居させようとするも、これに反対する義母Bとも対立することとなってしまい、最終的には夫Xも妻Yを非難したため、夫婦仲に亀裂が生じたという事案です。夫Xは、最初は妻Yに同調しておきながら、最終的に妻Yを非難しており、夫Xがそのように転じたのも、義姉Aや義母Bの言動がきっかけとなっています。このような場合には、そこから生じた夫婦の不和は、夫婦間の固有の問題として生じたわけではなく、あくまでも親族との不和の延長で生じているものですので、これをもって直ちに婚姻関係が破綻しているとまでは評価できないでしょう。

　このような場合に、夫X側の立場で婚姻関係の破綻を主張するのであれば、妻Yの行為によって夫婦間に軋轢が生じていたところ、これが親族との不和につながり、さらに夫婦間に亀裂が拡がったなどというように、あくまでも不和の出発点・誘因が夫婦の問題を契機とした妻Y側にあるというような主張をする必要があるでしょう。若しくは、本件のようなケースでも、妻Yの行動や言動があまりにも行き過ぎた過激なものであった場合には、親族との不和が婚姻関係の破綻に結びついたと主張しやすいと思います。

第6章　夫婦以外の親族関係　　　115

(2)　有責配偶者からの請求

　事例〔19〕でも触れますが、婚姻関係の破綻が認められると判断された場合に、親族との不和の解消のために必要な努力を怠ったり、親族に加担して他方配偶者を追い詰めたりした場合には、そのような一方配偶者からの離婚請求は有責配偶者からの離婚請求とされる場合があるでしょう。

　本判決では、婚姻関係の破綻が認められていないため、この点についての判断はされていませんが、夫Xが、義姉A及び義母Bに同調して妻Yを非難し、夫Xの方から離婚調停を申し立てているなど、親族に加担した事情が見受けられるため、夫Xは有責配偶者であると認められる余地もあったのではないかと思われます。

証拠資料

◇妻Yと義姉A及び義母Bのやりとりを示す資料
【例示】義姉Aや義母Bの陳述書、夫Xの陳述書、夫Xと妻Yとの間の長女及び二女の陳述書
◇妻Yが婚姻継続意思を有していることを示す資料
【例示】妻Yの陳述書
◇離婚に反対する未成熟子の意向を示す資料
【例示】長女及び二女の陳述書

＜参考判例＞

○夫と義母の関係の悪化が別居の主たる原因であるが、婚姻関係の修復が不可能とはいえないとして夫から妻に対する離婚請求が棄却された事例（東京地判平17・1・26（平15（タ）862））（事例〔22〕）

○夫の母と妻との対立が主たる原因となって生じた夫婦間の不和を理由とする夫からの離婚請求につき、夫婦関係はいまだ破綻状態になく夫の有責性が高いとして請求が棄却された事例（東京高判昭56・12・17判時1036・78）

○義母の嫁いびり及び夫がそれに加担したことが婚姻関係破綻の原因であるとされ、夫からの離婚請求が有責配偶者からの離婚請求として認められなかった事例（東京高判平元・5・11家42・6・25）（事例〔19〕）

○夫の両親が些細な行動に対しても必要以上に叱るなど嫁いびりをしていたが、夫は妻から悩みを打ち明けられていたのに、積極的に調整をしなかったことから婚姻関係が破綻したとして妻からの離婚請求が認められた事例（盛岡地遠野支判昭52・1・26家月29・7・67）

第6章　夫婦以外の親族関係　　117

〔19〕　夫婦の不和の主原因は、義母の嫁いびり及び夫がそれに
　　　加担したことによるものであるとして、婚姻関係の破綻が
　　　認められなかった事例

(東京高判平元・5・11家月42・6・25)

キーワード：親族の暴言、追い出し、悪意の遺棄、別居

主張のポイント

　妻の義母に対する暴言・暴力や態度が激しく、夫に対しても収入が少ない、泥棒などと一方的に非難や侮辱を続ける行為があったこと

事 案 の 概 要

○当事者等

　X：被控訴人（一審原告）・夫

　Y：控訴人（一審被告）・妻

　A：夫Xの母（以下、「義母」といいます。）

○事実経過

　夫Xと妻Yは、昭和43年12月24日に婚姻し、長男及び二男をもうけた。婚姻当初夫Xと妻Yは、義母Aと同居していた。

　義母Aとの同居後、婚姻届を提出するのが遅れたが、それは義母Aが入籍に反対していたためであり、義母Aは妻Yに聞こえるように「嫁なんてものは、二、三年籍なんか入れないものだ。子供なんか二、三年生まないで家のため働くものだ。」と言ったりしていた。義母Aの

姉が自殺した後、義母Ａの妻Ｙに対する態度が露骨になった。

長男出産直後、義母Ａは、長男は夫Ｘの子ではないなどと言ったりした。

昭和45年6月頃に、夫Ｘが土地を購入したが、その土地の登記の所有名義は義母Ａとした。さらに、同土地上に建物を建てた際にも、同建物の登記上の所有名義も義母Ａとした。妻Ｙは、これに納得がいかず、夫Ｘに苦情を述べ、些細なことで夫Ｘと義母Ａを泥棒呼ばわりするなど家庭内で波風が絶えなくなった。

義母Ａが退職して、妻Ｙとともに家にいることが多くなり、ますます対立が激化した。義母Ａが夫Ｘに、妻Ｙを叩き出せと言ったり、妻Ｙの親族に苦情を述べたりし、妻Ｙも義母Ａに対して暴言を吐いたりした。

夫Ｘと妻Ｙは、二人の子供とともに転居し、義母Ａと別居した。その後も、妻Ｙは、義母Ａの悪口を言っていたが、夫Ｘも義母Ａとの接触をやめようとはしなかった。さらに転居した先に、義母Ａが訪れるようになると、妻Ｙは義母Ａと夫Ｘの悪口を言って夫Ｘに当たるようになり、夫Ｘは嫌気がさして、義母Ａの元に戻り、妻Ｙと別居した。夫Ｘが離婚訴訟を提起し、原審は、離婚を認容した。これに対して、妻Ｙが控訴を提起した。

$$\boxed{\text{当 事 者 の 主 張}}$$

◆被控訴人（一審原告）の主張（破綻主張）

妻Ｙが、義母Ａを忌み嫌い、義母Ａに対して嫌がらせをしたりしていたから妻Ｙと義母Ａの関係はうまくいかず、妻Ｙには義母Ａと融和する気配すらなかった。妻Ｙが、義母Ａに対し悪口雑言を繰り返し、夫Ｘに対しても収入が少ない、泥棒と言うなど非難や侮辱を重ね続け、

第6章　夫婦以外の親族関係　119

義母Aと別居した後も改善が見られなかった。

　このような妻Yの態度が、夫Xと妻Yの婚姻関係を破綻させたのである。

◆控訴人（一審被告）の主張

　婚姻当初、妻Yと夫Xは仲睦まじかったが、それが義母Aの嫉妬を招いた。長男が生まれてからは、義母Aから妻Yへのいじめがひどくなり、妻Yを追い出そうと異常なまでの態度に出た。夫Xもそれに同調して妻Yを追い出そうとするようになった。

　義母Aが土地建物を自身の名義にしたころから、義母Aの力は強くなり、夫Xも義母Aの嫁いびりに加担し、妻Yはそれに耐えていた。

　しかし、妻Yは耐えきれなくなり、夫Xとともに義母Aと別居したが、昭和53年3月17日に、夫Xは突如として妻Yと子供二人を遺棄して蒸発した。

　妻Yと夫Xの別居の原因は、夫Xと義母Aによる妻Yに対する追い出しと悪意の遺棄にある。また、夫Xには不貞行為もある。

　よって、このような夫Xによる離婚請求は、有責配偶者からの離婚請求であり、著しく社会正義に反し許しがたいものである。

裁 判 所 の 判 断

　本判決は、原判決を取り消し、夫Xの離婚請求を棄却した。そして、以下のとおり判示した。

　現在妻Yと夫Xとの婚姻は、当事者の性格や10年間の別居状態が続いたことを考慮すると、一見その回復に見込みはない状態にあるかに見えるが、その原因は、妻Yの極めて執着心が強くまた勝気でやや攻撃的な性格が一因であることは否定しがたいが、義母Aの気丈で勝気

な性格や同人の余りにも常軌を逸した妻Yに対する仕打ちが、夫Xの優柔不断な、あとになるにしたがって義母Aにべったりとなっていた対応と相まって、妻Yを必要以上に刺激し、前記のような言動を誘引した主因とみるべきである。

　その上で、夫Xと妻Yの間だけを見ると、夫Xが控訴審において「控訴人（妻Y）ともう一度やり直そうという気をなくしたのは当審においてである」と述べていること、義母Aを抜きにすれば夫婦関係は仲睦まじかったこと、未成熟子もいることから、回復不可能なまでに婚姻関係は破綻しているとは認められない。

　仮に、婚姻関係が破綻しているとしても、夫Xは、婚姻破綻につき専ら責任を有する者として、本訴は有責配偶者の離婚請求といわざるを得ない。双方の年齢、未成年子2人の存在（そのうち1人は明らかな未成熟子の高校生）、夫Xが婚姻費用を支払っていない状況からすると、今後の妻Yに対する財産的給付の可能性は極めて低いといわざるを得ない。したがって、夫Xの離婚請求は、民法1条の信義誠実原則からも許されない。

ポイント解説

(1)　妻の姑に対する暴言、暴力等

　配偶者の親族との不和（特に嫁姑問題）が原因となって、夫婦間の対立に発展した場合は、そのような事態に至った直接的原因が夫婦間にあるというよりは、親族の不和にあることから、それが原因となって夫婦間の対立に発展したとしても、ただちに婚姻関係が破綻したとはいえないでしょう。個々の事案における事実関係によって、結論を異にすることになるので、親族との不和が、夫婦間の婚姻関係の破綻にいかに結び付いたかを主張する必要があるでしょう。

本件で、裁判所は、「控訴人の極めて執着心が強くまた勝気でやや攻撃的な性格が右のような状況に至らせた一因であることは否定し難い」としており、妻Yの暴言等が、義母Aによる仕打ちや夫Xの加担行為によって誘発された度合いが少なく、その程度が極めて激しいといったような場合には、妻Yの行為によって婚姻関係が破綻したと認定された可能性はあるでしょう。

(2) 姑から妻に対する暴言及び夫の加担

参考判例等からいえることは、配偶者の親族との不和が原因となって離婚請求に至った場合に、「婚姻を継続し難い重大な事由」が存するか否かは、不和や対立の原因や契機、その内容・程度、当事者の言動、同居の有無、夫婦関係回復の意思の有無、修復に向けた努力、夫婦の別居の事情などの諸事情を総合考慮して判断されることになります。

本件では、義母Aの仕打ちが「余りにも常軌を逸し」ていたこと、夫Xが、義母Aに加担していたことから、妻Yの言動もそのことに誘引されたとして、義母A及び夫X側に破綻の主たる原因があると認定されました。義母A抜きでは、夫婦関係は仲睦まじく、夫Xも控訴審になってはじめて妻Yとの婚姻回復の意思を失ったとしており、高校在学中の未成熟子がいること等から婚姻関係の破綻は認定されませんでした。ここでは、不和の直接の原因が夫婦以外の義母との関係にあること、夫婦関係回復の意思の有無、未成熟子の存在から破綻を否定する判断がされています。

本件のような事案において、いずれの配偶者から離婚を請求するとしても、上記考慮要素に則って事情を挙げる必要があり、それぞれの事情がどのように婚姻関係の破綻に結び付いたのかを丁寧に主張する必要があるでしょう。

(3) 有責配偶者からの請求

上記(2)で挙げた考慮要素を考慮した結果、婚姻関係の破綻が認められると判断された場合には、次に親族との不和の解消のために必要

な努力を怠ったり、親族に加担して他方配偶者を追い詰めたりした場合には、そのような一方配偶者からの離婚請求は有責配偶者からの離婚請求とされる場合があるでしょう。

　本件では、仮に婚姻関係が破綻していたとしても、夫Ｘが、義母Ａの妻Ｙに対する嫁いびり、追い出しの策動に加担しこれを遂行したとの非難を免れないとされており、義母Ａへの加担の度合いが大きかったことから、有責配偶者からの離婚請求と判断されたと考えられます。ただし、この点は、本件が破綻の有無について微妙な点があることからの念のための認定・判断です。

　親族の不和を原因とする離婚請求を提起された側としては、同請求が有責配偶者による離婚請求として棄却されることを望むならば、配偶者が親族に加担していたこと及び加担行為が婚姻関係の破綻に影響した度合いが大きいことを主張するとよいでしょう。

証拠資料

◇妻Ｙと義母Ａのやりとりを示す資料

【例示】双方の陳述書、夫Ｘの陳述書、妻Ｙの叔母・従兄弟の陳述書、近所の住人の陳述書、離婚調停申立書

◇夫Ｘの義母Ａへの加担を示す資料

【例示】不動産登記簿、不動産売買契約書

◇妻Ｙと義母Ａの対立が別居原因となったことを示す資料

【例示】不動産売買契約書、不動産登記簿、引越業者の領収証、カレンダー、日記、双方の陳述書

第6章　夫婦以外の親族関係　　123

＜参考判例＞

○夫と義母の関係の悪化が別居の主たる原因であるが、婚姻関係の修復が
不可能とはいえないとして夫から妻に対する離婚請求が棄却された事例
（東京地判平17・1・26（平15（タ）862）（事例〔22〕）

○小姑の心無い言動、節度のない男性との交際等から、家庭内の紛糾が激
化し、それを契機に夫婦の関係も破綻の危機に瀕したが、婚姻関係が完
全に破綻しているとは認められないとされた事例（東京高判昭60・12・24判時
1182・82）（事例〔18〕）

○夫の母と妻との対立が主たる原因となって生じた夫婦間の不和を理由と
する夫からの離婚請求につき、夫婦関係はいまだ破綻状態になく夫の有
責性が高いとして請求が棄却された事例（東京高判昭56・12・17判時1036・78）

〔20〕　養父（夫）の養女に対する性的虐待が婚姻を継続しがた
　　　い重大な事由に該当するとされた事例

（東京地判平14・5・21（平10（タ）241））

キーワード：虐待、犯罪

主張のポイント

1　虐待の事実の重要な証拠となる被害者家族の供述に信用性が認められること

2　虐待の内容、態様、回数、頻度により、虐待行為の悪質性が高いと認められること

事 案 の 概 要

○当事者等

　X1：原告（妻）

　X2：原告（X1の実子、Yの養女）

　Y：被告（夫）

　A：X1（妻）とY（夫）の長男

　F：証人

○事実経過

　X1はフィリピン出身で、Y以外との間にフィリピンで4人の子供を出産しており、X2はそのうちの一人である。X1とYは平成7年1月に婚姻して、同年4月にX2を連れて来日して、Yの母とともに生活し始めた。

第6章　夫婦以外の親族関係　　125

　Yは、同居して1か月ほど経った頃、睡眠中のX2の下腹部に後ろから抱きつき、腰を動かしながらX2のパンツに手を入れて陰部を触った。これを目撃したX1は、Yを問い詰め、Yが謝罪して二度としないと誓ったため、それ以上問題としなかった。

　平成7年9月にX1とYの間に長男Aが生まれて、家族5人の生活となった。

　平成8年、YとX1はX2との間で養子縁組する旨の申立てをし、東京家裁はこれを許可する決定をしたため、YはX1とともに平成9年5月27日にX2との間に養子縁組の届出をした。

　平成9年6月、Yは早朝にX2を呼び「眠くないかい」などと言って膝の上に乗せ、揺すりながら眠らせ、隣室に運び、横臥させた上でX2のパンツを脱がせて陰部を弄び、なめるなどのいたずらをした。これに気付いたX2は逃げてX1を呼び、X1とX2は家を出てそのまま別居するに至っている。

　その後、X1とX2は夫婦関係調整及び離縁の調停の申立てをしたが不成立に終わった。また、X1は、YのX2に対する性的虐待を理由として強制わいせつ罪で告訴した。

　本件では、X1がYに対して離婚と500万円の慰謝料等、X2がYに対して離縁と300万円の慰謝料等を請求している。

　婚姻生活の破綻自体に争いはないが、X1らはその原因がYによるX2に対する性的虐待によるものであると主張し、Yはその原因がX1による虚偽事実による離婚告知や告訴であると主張しており、性的虐待の有無及びそれを裏付けるX2の供述の信用性が争点となっている。

当事者の主張

◆原告の主張
　Yが、X2に対して陰部を弄びなめる等の性的虐待を行ったことに

よってX1とYとの婚姻関係が破綻し、X1・X2は精神的苦痛を被った。
X2によるとこれまでに何度も同様のことをされたことがあったが、
「お母さんに話すな」と脅され怖く、恥ずかしい気持ちもあり、話せ
なかったとのことであり、X2の供述は信用できる。Yは反省する様
子もない。

◆被告の主張

　YがX2に対して性的虐待を行ったというX1らの主張は事実無根で
あり、慰謝料目当ての虚偽の事実である。X1は虚偽事実を告知して
一方的に婚姻生活を破棄して、性的虐待による刑事告訴をした。これ
によって婚姻関係は破綻するに至ったのであり、離婚の原因はX1ら
の虚偽事実に基づくものであって、Yの方が虚偽事実による離婚告知
や告訴で精神的苦痛を被った。

裁判所の判断

　Yは、X2に対する性的虐待を全面的に否認し、むしろX1が、慰謝
料目当てに虚偽の事実を申し立てたものである旨主張する。しかし、
X2から事情を聴取した際の録音及びその反訳書等によると次の事実
が認められる。

　「思春期前の子供が親からの性的虐待行為を訴えた場合、それが虚
偽である割合は極めて低いが、虚偽である事例としては、子供に精神
的疾患等がある場合、父母の離婚に伴う親権の争いに子供が利用され、
一方の親から性的虐待について訴えるように圧力がかけられた場合、
が挙げられる。本件では、後者の可能性が否定できないため、その供
述の信憑性を検討し、その上で、X2の供述が母親（X1）の圧力によ
り歪曲された可能性があるかを検討する必要がある。」としている。

第6章　夫婦以外の親族関係　　127

そして、「本件の供述においては、論述のほとんどがX2の自発的なものであり、また、X2は、インタビュアーであるFの誘導的な質問に反論もしている。」「性的虐待に至る経過及び生じた状況に関するX2の供述は、非常に詳細である。」「本件でのX2の言葉や態度には、恥ずかしさ、恐れ、怒り、不安などの複雑な感情状態が現れており、話の内容が他者から吹き込まれたものではない」等として、父親（Y）からの性的な行為についてのX2の供述は、事実である蓋然性が極めて高いと評価した。また、母親等の圧力による歪曲の可能性も、X2の供述の内容・表現からして可能性は低く、当時の住居の客観的状況からしても、X2の供述の信用性が高いとして、Yによる性的虐待の事実を認定した。

　その上で、X1による離婚請求については、「Yが、X1の連れ子で、未成熟なX2に対し、平成7年5月及び平成9年6月15日の2回、前記認定のとおりの性的虐待をしたと認められ、このような事情は、その実母であるX1とYとの間の婚姻関係についても少なからぬ影響を与え、X1は、Yと別居し、その後同人との離婚を決意するまでに至っていることが認められたから、この事由は、X1とYとの婚姻関係を継続し難い重大な事由に当たるものというべきである。」として婚姻関係の破綻を認めて離婚請求を認容した。

$$\boxed{\text{ポイント解説}}$$

1　虐待の事実の証拠（被害者供述の信用性）

　本件のように一方の連れ子（加害者からすると養子や養女）等に対する性的虐待、その他暴力・暴言による虐待が為されるケースも少なくありません。家族に対する虐待行為が離婚原因として争われる場合、本件のように「言った、言わない」「やった、やってない」という

虐待等の原因事実の存否が争いとなるケースが多くあります。

それらを直接的に立証する録音やビデオ映像が残っていれば、立証は容易ですが、それらを残しているケースは稀有といえます。その場合、具体的な態様を記録した日記やメモ、被害事実を第三者に述べているメールやLINE等のやりとり、診断書等が証拠として考えられます。

本件では、被害家族の供述がほぼ唯一の証拠となっており、その信用性が主な争点となっています。

また、本件では、「思春期前の子供が親からの性的虐待行為を訴えた場合、それが虚偽である割合は極めて低い」という経験則を踏まえて原則信用できるとした上で、虚偽である事例として「子供に精神的疾患等がある場合、父母の離婚に伴う親権の争いに子供が利用され、一方の親から性的虐待について訴えるように圧力がかけられた場合」を挙げられ、本件では後者の可能性が否定できないとして、その可能性を供述内容や表現、当時の客観的状況に照らして、具体的に検討しています。

2 虐待の内容、態様、回数、頻度

配偶者に対する直接的な虐待が婚姻関係破綻の重要な要素になることは当然ですが、本件裁判例は、子供（特に連れ子）が被害者の場合も「その実母と加害者との間の婚姻関係についても少なからぬ影響を与え」ることから、それが離婚原因となると認めています。

また、虐待といっても、その種類は様々なものがあります。代表的なものとしては、①暴力による身体的虐待、②暴言等による心理的虐待、③本件のようなわいせつ行為のような性的虐待、④金銭を渡さないなどの経済的虐待、⑤育児放棄や無視などのネグレクト等があります。

第6章　夫婦以外の親族関係　　129

　さらに、同じ種類の虐待の中でも、その態様は様々なものがあり、回数・頻度によってその悪質性は異なります。

　つまり、子供への虐待行為が離婚原因となるかについては、これら虐待の内容、態様、回数、頻度や、子供と夫婦双方との関係性等も踏まえて検討されるものと考えられるでしょう。

証拠資料

◇虐待の存在を示す資料

【例示】虐待行為自体の録音・録画、LINEやメールなどのやりとり、診断書、刑事事件の供述調書

◇虐待の事実の証拠となる被害者や目撃者の供述の信用性を裏付ける資料

【例示】被害者・目撃者の陳述書、供述の録音データ、供述の録画映像

＜参考判例＞

○妻が夫の暴力を避けるため別居した場合において、婚姻を継続し難い重大な事由があるとはいえないとして、夫からの離婚請求を棄却した事例
　（東京地判平10・1・30判タ1015・232）

130　　　第6章　夫婦以外の親族関係

〔21〕　夫と養父母の養親子関係が破綻したことにより、夫婦の
　　　婚姻関係が破綻していると認められた事例

（東京地判平17・4・15（平14（タ）178・平14（タ）381・
平15（タ）309・平15（タ）944））

キーワード：養親子関係の破綻、訴訟提起、別居

主張のポイント

① 夫による長年に渡っての暴力・暴言があったこと

② 夫と妻の両親との養親子関係も、夫による暴力・暴言によっ
て破綻したこと

事案の概要

○当事者等

X：原告（反訴被告・妻）

Y：被告（反訴原告・夫）

A：妻Xの父（離縁事件原告・同事件反訴被告）

B：妻Xの母（離縁事件原告・同事件反訴被告）

○事実経過

　妻Xと夫Yは昭和57年に婚姻し、夫Yは妻Xの父Aの営む酒店の従
業員として勤務し、その間に3人の子供が出生した。昭和61年に夫Y
と妻Xの両親A・Bとは養子縁組をした。

　その後、建物及びその敷地借地権の購入に関連して、夫YとA・B
との間に紛争が生じ（以下「本件不動産紛争」という。）、夫YはAの

第6章　夫婦以外の親族関係　　131

経営する酒店を辞め、他に就職した。夫YはAに対し、本件不動産紛争に関して不満を募らせ、妻Xとの間においても口論するようになり、暴力に及ぶこともあり、平成13年以降は別居している。夫Yは、平成14年、Aに対し、不法行為を理由とする損害賠償請求を提訴し、その後、妻Xに対しても、Aの不法行為に加担したとして、不法行為による損害賠償請求を提訴したが、いずれも棄却された。その後、妻Xは夫Yに対して離婚請求等の訴訟を、A・Bは夫Yに対して離縁請求訴訟を提起し、夫Yは、これらに対して反訴を提起して、離婚及び離縁等を求めた（他に親権者、養育料、慰謝料等の請求があるが、省略する。）。

$$\boxed{\text{当 事 者 の 主 張}}$$

◆原告の主張

　夫Yは、婚姻当初から妻Xを馬鹿にする言動をし、口論になることがしばしばであったが、本件不動産紛争に関して両親A・Bに反抗的態度をとるようになり、このことから、妻Xと夫Yの夫婦間にも軋轢を生じた。夫Yは、A・Bに暴力を振るうようになり、A経営の酒店も一方的に辞めた。その後も、夫Yと妻Xの仲はしっくりいかず、夫Yは妻Xに暴力を振るうことがあり、妻Xは、平成13年から別居している。夫Yは、別居後の婚姻費用、養育料をほとんど負担していない。妻Xと夫Yの婚姻関係も、夫YとA・B間の養親子関係も夫Yの言動により破綻した。

◆被告の主張

　本件不動産紛争は、夫YがAの詐欺行為によって建物及び借地権の購入をさせられたものであるのに、Aが夫Yの求める負担金を支払わ

ないことから生じた。また、夫YがAに対する態度を硬化させていったのは、Aの高圧的な態度に反発したものである。本件不動産紛争に絡んで妻Xとの間で口論になったことはある。妻Xとの婚姻関係が破綻したのも、A・Bによる詐欺行為に妻Xが加担したことに起因する。

裁判所の判断

　本判決は、妻の両親A・Bが酒店の経営を夫Yに継いで貰うことを前提として夫Yと養子縁組をしたのに、夫Yが酒店を辞め、Aを相手方として損害賠償請求訴訟を提起しているから、夫YとA・B間の養親子関係は完全に破綻しているとした。

　本判決は、また、妻Xと夫Yの婚姻関係について、別居期間が既に約4年に及び、養親子関係が破綻したことから派生して、妻Xと夫Yの婚姻関係も著しく円満を欠く状態であったところ、夫Yは妻Xに対してもAに加担したとして損害賠償請求訴訟を提起し、別居後の婚姻費用をほとんど負担せず、妻Xからの離婚請求訴訟提起に対して離婚の反訴を提起していることから、妻Xと夫Y間の婚姻関係も完全に破綻し、修復不可能であると判断した。本件不動産紛争については、Aに欺罔の意図はなかったが、夫Yと十分に協議しなかった落ち度があったところ、養親子関係及び婚姻関係の破綻の決定的要因は、夫Yの激情型の性格と言動がベースにあって、本件不動産紛争がエスカレートし、妻X・夫Yの転居、妻Xと夫Yの別居に至ったものであり、いずれか一方のみに決定的要因があるというものではない。夫Yの暴力は傷害など破綻要因となるほど重大なものではないから、慰謝料請求は認められない。

第6章　夫婦以外の親族関係　　133

$$\boxed{\text{ポイント解説}}$$

① 夫Yの暴言、暴力による婚姻関係破綻

　妻Xの離婚請求に対し、夫Yも離婚反訴を提起したことから、裁判所は婚姻関係の破綻を認めたものです。双方に離婚の意思があっても、破綻について有責な配偶者からの離婚請求は原則として認めないとするのが最高裁大法廷昭和62年9月2日判決（民集41・6・1423）の判示に沿いますが、今日では、双方に離婚意思があれば、破綻の原因を問わず離婚を認める判例も増えてきています。もっとも、本件では、裁判所は妻X、夫Y双方に決定的な破綻の要因があるものではないと判断しました。本件では、妻Xの両親A・Bが夫Yに酒店経営の後継者となることを期待して養親子縁組をしたところ、特に夫YとAとの間で不動産購入に関する金銭的問題について紛糾を生じ、夫YのAに対する不信感がエスカレートし、このことが妻Xと夫Yの夫婦関係にも波及して、破綻に至ったとされたものです。本件では双方が破綻を主張しているわけですが（本訴と反訴）、本訴原告である妻Xの立場で考えれば、夫Yの暴言、暴力や別居後の夫Yの婚姻費用の不分担等による夫Yの責任による破綻が完全には認められなかったことになります。この点、妻Xとしては、夫Yの具体的な暴力の態様、夫Yが一方的にAとの軋轢を家庭に持ち込んで家庭生活を損なったこと、反面、妻Xは婚姻関係修復に向けて努力をしたことをできる限り、具体的に主張・立証できれば良かったといえるでしょう。

② 養親子関係の破綻が婚姻関係の破綻に及んだこと

　上記のように、本件は、夫Yと養親A・Bの関係悪化に伴う養親子関係の破綻が前提となって、婚姻関係の破綻が認められたものですが、妻Xとしては、夫Yが養親に対する不満を妻Xとの婚姻関係に一方的

に持ち込んだことを強調したかったと思われます。しかし、裁判所は必ずしも、妻Xの主張に対して十分な理解を示しませんでした。これは、妻X自身が夫YとAの紛糾を調整する努力をするなど修復に向けた努力をしたことが十分に裁判所に伝わらなかったためではないかと思われます。妻Xの立場としては、婚姻関係破綻の要因が主として夫Yの言動によるものであることをさらに具体的に強く主張できれば良かったといえるでしょう。

証拠資料

◇暴行の事実を示す資料

【例示】写真、診断書、陳述書

◇婚姻費用不分担を示す資料

【例示】家計簿、通帳、陳述書

◇養親A・Bとの紛糾を示す資料

【例示】裁判記録、陳述書

＜参考判例＞
○夫婦の婚姻関係が、夫の暴力、無就労、嫌がらせ及び養親に対する常軌を逸した嫌がらせ行為により破綻し、養親子関係も破綻したとされ、夫に対する慰謝料請求も認められた事例（東京高判平26・2・13（平25（ネ）6361））（事例〔24〕）

第6章　夫婦以外の親族関係　　135

〔22〕　　性格の不一致及び義母との人間関係悪化を理由とする婚
　　　姻関係の破綻が認められなかった事例

（東京地判平17・1・26（平15（タ）862））

キーワード：性格不一致、親族との不和、別居

┌─────────────────────────────┐
│　　　　　　　　主張のポイント　　　　　　　　│
├─────────────────────────────┤
│　①　義母の夫婦生活への干渉や夫に対する暴言があったこと　　　│
│ ┈┈┈┈┈┈┈┈┈┈┈┈┈┈┈┈┈┈┈┈┈┈┈┈┈┈┈┈ │
│　②　妻が義母との関係を断ち切れず、暴言をするなどのことから、│
│　　　信頼関係が破壊され、修復不可能であること　　　　　　　　│
└─────────────────────────────┘

事　案　の　概　要

○当事者

　X：原告（夫）

　Y：被告（妻）

　A：妻Yの母（以下、「義母」といいます。）

○事実経過

　夫Xと妻Yは1年の交際後、平成8年に婚姻した。当初、婚姻生活は概ね順調で、二人の子が出生した。しかし、義母Aがしばしば夫婦宅を訪問することから、夫Xは干渉が過ぎると感じて不満を抱いていた。その後、新居転居後も、義母Aの来訪は続き宿泊も増えていった。

　その後、平成14年1月、新年の挨拶を巡り、夫Xは義母Aから激しく苦言を呈され、また、新築に際する資金援助のことを言われたことからショックを受けた。その後、妻Yは、義母Aとの同居を見越した自

宅増築を夫Xに持ち掛けたが夫Xはこれを拒否した。しかし、妻Yと義母Aは夫Xに断りなく、自宅増築計画を進めていた。これを知った夫Xは妻Yと通常の会話を交わすことが少なくなった。平成14年7月、夫Xと義母Aが口論となり、その後、義母Aは自宅マンションに帰った。同年8月、話をしない夫Xを妻Yが揺さぶったことからもみ合いになり、夫Xは自宅を出て実家に帰ってしまった。その後、2年5か月経っても、修復に向けた協議などはなされていない。

当事者の主張

◆原告の主張

　義母Aは、長女出産後、自宅に入り浸り、妻Yも育児ストレス等から、夫Xに当たり散らした。その後、自宅新築後も状況は変わらず、夫Xは不快な思いを募らせた。平成14年1月には夫Xは義母Aから罵詈雑言を浴びせられ、同年6月、夫Xは妻Yと義母Aが無断で自宅の増築計画を進めていたことを知り、その後、妻Yとは通常の会話を交わすことがなくなった。同年7月には、夫Xは洗濯物の干し方を巡り義母Aからバカ呼ばわりされ、義母Aに「自宅に帰ってほしい」と言ったところ、妻Yは、夫Xの母親に、「もう離婚してください」などと述べた。同年8月には、夫Xは自宅書斎で、妻Yから突然暴行を受け、自宅から逃げ出し、その後、別居している。妻Yは、短気で、夫Xの意見を聞き入れず、義母Aとの母子関係を断ち切って夫婦生活を送ることができない。このことから、婚姻関係は破綻し、修復することはできない。

◆被告の主張

　妻Yは、夫Xが主張するような暴力は振るっていないし、義母Aが夫婦生活に過度に干渉したこともない。夫婦生活は基本的には円満で

第6章　夫婦以外の親族関係　　137

あった。夫Xは、夫婦間の些事をことさら離婚原因と関連づけようとするものであり、事実を歪曲している。双方が改善の努力をすれば修復可能である。

裁判所の判断

　本判決は、直ちに、婚姻関係が破綻しているとは認めなかった。そして、別居の原因は、主として夫Xと義母Aとの人間関係の悪化にあり、別居後、2年5か月余りが経過し、その間、修復に向けた協議等がされておらず、夫Xは、義母Aと妻Yに対して強い不信感を抱いていることからすれば、修復は必ずしも容易でないとする。しかし、6年余りの夫婦関係の絆は、決して弱いものであったとは解されないこと、また、夫Xには夫婦間の問題を話合いや意思表示を通じて解決することを避けようとする消極的な点があり、これが別居を生じさせた一因ともなっており、他方、妻Yと義母Aは、夫Xとの関係の修復を望み、妻Yは義母Aとの関係に一線を引きたい、義母Aは反省し、一歩下がって対応したいと述べるなど、夫Xとの関係修復に積極的であることを考慮すれば、婚姻関係が破綻しているとまでは認められないと判断した。

ポイント解説

1　義母の夫婦生活への干渉

　本件では、義母Aによる夫婦生活への干渉や夫Xに対する暴言が認められました。これに対して、夫Xが不快感を募らせていたところ、妻Yは、夫Xの感情に配慮せず、むしろ、義母Aと同調して、夫Xを責めることが多かったのです。このことを背景として、様々な紛糾が生じ、特に、義母Aとの同居を前提とした自宅増築計画を妻Yと義母

Aが夫Xに無断で進め、夫Xがこのことを知るに至ったことが夫Xの妻Yに対する不信感を招き、以降通常の会話を交わすこともなくなりました。そして、会話を拒む夫Xとこれに苛立つ妻Yとの間で身体的な衝突が生じたことを契機に、夫Xが自宅を出て別居に至ったものです。

　結論として、夫Xの破綻の主張は認められなかったことになります。本件の特質は、夫婦間の問題というより、義母Aの過干渉とこれに反発する夫Xとの紛糾が一貫してあり、これに対し、妻Yが義母Aと一体となって夫Xを攻撃し、夫Xの立場に配慮しなかったというものです。裁判所は、別居期間中、双方から修復の働きかけがなく、特に、夫Xの妻Y及び義母Aに対する不信感が強いことから、修復が容易でないことを認めながら、夫Xの話合いを避けようとする消極的態度及び妻Yがこれまでの非を正し、修復を願っているとして、また、義母Aも一歩さがって対応することを述べていること、幼少の二児がいることをも考慮して、完全な破綻を認めなかったものです。このような微妙な事案においては、破綻の認定は裁判所の判断にかかる部分が多いのですが、妻Yの夫Xに対する配慮の無さ、夫Xの妻Y及び義母Aに対する不信感の強さ、2年5か月余りの別居期間が同居期間8年間に比して短いとまではいえないこと、その間、双方から修復に向けた動きがなかったことからすれば、破綻が認められてもおかしくなかったといえます。破綻を主張する夫Xの立場からすれば、裁判において妻Y及び義母Aの述べていることが、従前の経緯に照らして信用性がないこと、夫Xが話合いに消極的な態度であったことも、従前の経緯によれば当然な反応であること、妻Yも調停の席では離婚の意思を表明していたこと、破綻を認めないことが問題を先送りするだけであることを主張すべきでしょう。なお、夫Xは妻Yとの性格の不一致も主張していますが、離婚原因となるほどの不一致があるとはいえないとされました。本件においては、この点を強調しても裁判所の理解を得る

第6章　夫婦以外の親族関係　　139

ことは難しいでしょう。

② 　妻Ｙが義母Ａとの関係を断ち切れなかったこと
　この点も、上記の事実経過のとおりであり、裁判所も事実経過とし
ては、夫Ｘの主張を認めているといえますが、裁判所は、別居後の妻
Ｙらの供述などから、今後の修復に向けた妻Ｙの態度の変化を期待し
たものといえます。この点は、夫Ｘとしては、従前の事実経緯からす
れば、客観的根拠のない楽観的な見方であることを強調して主張すべ
きでしょう。

証拠資料

◇義母Ａの夫婦関係への干渉とこれによる夫婦関係悪化を示す資
　料

【例示】陳述書、日記、手紙、メール、証人

◇自宅増築等、義母Ａとの密接な関係を示す資料

【例示】建築図面、陳述書、証言

＜参考判例＞
○別居期間が10年に及んでいるが、夫婦の不和の主たる原因は、夫の親族
　の言動であるとして、婚姻破綻を認めず、夫からの離婚請求を認容した
　原判決が取り消され、離婚請求が棄却された事例（東京高判平元・5・11家月
　42・6・25）（事例〔19〕）
○夫がその母へ服従することに対する妻の不満とその母に反抗する妻に対
　する夫の不満の衝突から夫婦間に対立が生じた場合の夫から妻に対する
　離婚請求につき、婚姻関係は破綻しておらず、かつ夫の有責性が高いと
　して離婚請求が棄却された事例（東京高判昭56・12・17判時1036・78）

第7章 勤労意欲の欠如・浪費（経済的要因）

〔23〕 婚姻関係の破綻が認められたが、妻が収入に見合わぬ消費をして多額の借金やカード利用を重ねたことや、夫が4年間生活費を渡さなかったことについて、一方にのみ破綻の責任があるとはいえないとされた事例

（東京地判平12・9・26判タ1053・215）

キーワード：浪費（借入れ・債務負担）、別居

主張のポイント

1　妻が不必要な借入れやカード利用を重ね、家計に見合わない多額の債務を負担したため、夫が返済することを余儀なくされたこと

2　妻は返済が困難になった後も、借入れやクレジットカードによる買物を続けたこと

事案の概要

○当事者等

　X：原告・反訴被告（夫）

　Y：被告・反訴原告（妻）

○事実経過

　夫Ｘと妻Ｙは、昭和33年に婚姻し、長男及び二男をもうけた。

　妻Ｙは昭和50年ころから複数のクレジットカードを所持し、生活用品もカードで購入するようになった。妻Ｙは、夫Ｘに断ることなく夫Ｘ名義で複数の借入れを繰り返し、同54年9月時点で負債総額は少なくとも400万円を超え、返済が困難となり、夫Ｘに相談した。

　なお、妻Ｙは借入金から自宅の増改築費用や長男の大学の入学金、授業料等の教育費を工面したが、夫Ｘがそれら資金の調達方法について妻Ｙに尋ねることはなかった。

　負債額が極めて多額であったため、夫Ｘが家計を管理することとし、妻Ｙに生活費として月6万円ないし8万円を渡すことにした。

　その後も、妻Ｙは百貨店等で生活用品、アクセサリー、着物等を購入し続け、信販会社等から督促が届き、夫Ｘが返済した。

　昭和60年、夫婦関係を維持する調停が成立し、平成7年には夫Ｘが離婚調停を申し立てたが不成立となった。

　夫Ｘは平成4年から妻Ｙに生活費を渡さず、平成8年、妻Ｙの申立てで婚姻費用分担調停が成立した。同年、夫Ｘが自宅を出て別居した。

　本訴訟では、夫Ｘが本訴、妻Ｙが反訴を提起し、それぞれ離婚と慰謝料等を求めた。

当事者の主張

◆原告の主張

　婚姻関係は昭和60年ころから実質的に破綻しており、その原因は、妻Ｙの二度にわたる浪費と、全く反省を示さない生活態度にあった。

　昭和54年9月、妻Ｙから支払不能を打ち明けられると、債務が1,103万円、同月の支払い額は100万円を超えていた。夫Ｘの給与の手取り

は月25万円程度で、異常な浪費である。夫Xが返済に取り組んだ結果、同58年にほぼ返済を終えたが、借入金の返済額は元利合計で1,300万円に達した。

妻Yは返済が終了する前に浪費を再開し、買物やカードローンで、昭和57年から同59年にかけて493万円、同61年ころまでに833万円もの債務を負担し、多数の会社から夫Xに厳しい督促が届いた。夫Xは債務の返済に苦労したが、同62年に支給された退職金でようやく完済した。妻Yは、多い年で夫Xの年収の123％を使い、金銭感覚の異常さは明らかである。

妻Yは、昭和52年ころから満足な食事の支度もせず、同54年9月から会話もなくなった。同60年、婚姻関係を維持する調停が成立したが、夫Xは、糖尿病で医師から食事療法を指示されていたにもかかわらず外食や自炊を余儀なくされ、平成3年からは全ての食事の支度と洗濯をして生活を別にし、精神的絆も断絶していた。

◆被告の主張

婚姻関係が破綻した原因は、夫Xによる経済的虐待や素行の悪さにあった。

夫Xは結婚当初から妻Yに十分な生活費を渡さなかったうえ、夫Xの実家に送金させ、家の増改築や長男の大学進学など出費が必要なときに協力しなかったにもかかわらず、飲酒等に浪費した。昭和60年の調停まで生活費をわずか月6万円しか渡さず、妻Yは実家に帰省する旅費がなくて、母親や兄の死に目にすら会えなかった。生活費を一方的に減額し、同63年からは、退職金や収入があったにも関わらず、生活費を全く渡さなくなった。夫Xの行為は経済的虐待である。

結婚当初は生活費の大半が酒代に消え、貧しい生活を余儀なくされた。酒を買っていないこと等を理由に、たびたび「生活費を渡さない」

第7章　勤労意欲の欠如・浪費（経済的要因）　　143

と言って嫌がらせをした。転居したころから、酒に酔い、寝ている長
男を起こして勉強を強要し、暴行を加えるようになった。浪人した二
男を罵倒し、病院代を出さないなど経済的嫌がらせをした。帰宅した
とき酒の用意ができていなければ不機嫌になり、妻Yを怒鳴ったり、
テーブルをひっくり返し、物を投げつけるなどの乱暴を働いた。夜、
酒を飲みに外出し、明け方帰宅して暴れることもあった。

　また、夫Xは不貞行為をしていた。

裁判所の判断

　本判決は、双方とも離婚を望んでおり、改めて同居して夫婦関係を
維持継続する意思を失っていることから、婚姻関係は既に破綻してお
り、婚姻関係を継続し難い重大な事由があると判断した。なお、夫X
の不貞行為については、証拠がないとして認めなかった。

　そして、破綻原因を検討し、責任は夫Xのみ又は妻Yのみにあると
いえず、双方に等しく責任があるということもできるし、いずれにも
責任はなく、いわば運命であるということもできるとして、双方の離
婚請求を認容し、慰謝料請求を棄却した。

　破綻原因の検討は、次のとおりであった。

　妻Yは、収入に見合う生活を送るという堅実な生活態度に欠けた消
費をしては、家計に不相応な多額の借入れやクレジットカードの利用
を重ね、独力では返済不能になった。他方で、昭和52年から同54年ま
での借入金の使途は、家の増改築費用や、長男の大学の入学金が含ま
れており、これらは日常の生活費とは別に、借入れするか、預貯金等
の貯えから支出するのが通常といえ、生計をともにしていた夫Xもこ
れらの費用がかかったことは当然認識できたはずである。にもかかわ
らず、夫Xは、何らかの協力をしようとしたり、資金の調達方法を妻

Ｙに聞いたりしていないことに照らせば、妻Ｙが借入れせざるを得な
かったこと自体はやむを得ない面もあり、妻Ｙのみを非難することは
できない。したがって、婚姻が破綻した責任が妻Ｙのみにあるとする
ことは相当でない。

　一方、夫Ｘが婚姻当初に十分な生活費を渡していなかったとは認め
られず、昭和54年9月以降、夫Ｘが家計を管理したのは、妻Ｙが無断で
借り入れて支払えなくなった債務の返済のためであり、債務残高と夫
Ｘの年収に照らせば、渡された生活費が月6万円ないし8万円になるの
はやむを得ない。妻Ｙは返済できない借入れをする前に夫Ｘに相談
し、夫婦で考える必要があり、妻Ｙには先の支払いを考えずに、安易
に借入れしてその場しのぎをする姿勢が見受けられる。妻Ｙは、債務
を返済できなくなった後も、複数のクレジットカードを使い分け、デ
パートでの買物等を続けている。緊急の必要に迫られた訳でもないの
に安易にカードで買物をして、夫Ｘに返済を任せており、いささか適
切さを欠く。よって、夫Ｘの家計の管理は経済的虐待に当たらない。
夫Ｘは平成4年から生活費を渡していないが、夫Ｘが定年退職したこ
と、子供が独立していたこと、妻Ｙに収入があったこと等を考慮する
と、違法性があるといえない。夫Ｘの粗暴な行為等を認める証拠もな
い。したがって、婚姻関係が破綻した責任が夫Ｘのみにあるとするこ
とも相当でない。

ポイント解説

1　多額の借入れをしたこと

　本件では、妻Ｙが無断で家計に不相応な多額の借入れやクレジット
カードの利用を重ねて返済が困難となり、夫Ｘが返済した事実が認定

第7章　勤労意欲の欠如・浪費（経済的要因）　　145

されましたが、婚姻関係が破綻した責任が妻Yのみにあるとはいえないと結論づけられました。

借入金の使徒として、家の増改築費用や、教育費が含まれており、それらの費用がかかることを夫Xが当然に認識できたはずであること、それにもかかわらず夫Xが協力しようとしたり資金調達の方法を聞いたりしなかったことから、妻Yが借入れをしたこともやむを得ないと判断されています。

妻Yによる多額の借入れが破綻事由であると主張する夫Xの立場では、妻Yが家計状況を考えず、返済の当てもないのに、夫Xに相談せず、多額の借入れをしたこと、夫Xとしては、相談を受けておれば、対応を考え、協力する姿勢を示していたが、妻Yが協力することなく多額の借入れをして信頼関係を損なったことを具体的な根拠を示して主張・立証すべきであったといえるでしょう。

② 買物による浪費

本件では、妻Yが債務を返済することが困難になった後もクレジットカードを利用して買物を続けたことについては、妻Yの破綻原因ではなく、夫Xの破綻原因の有無を検討するなかで述べられています。そして、妻Yの行為が浪費であるとは明言されず、婚姻関係破綻の原因であるという判断もなされませんでした。

この点も、夫Xの立場では、家計の状況に照らせば、客観的に浪費であることを強調すべきであったでしょう。また、妻Yが夫Xに相談なく、安易にカードで買物をして夫Xに返済を任せていることは信頼関係を欠く行為であること、夫Xにはこの点、特段の非がないことを強調すべきであったといえるでしょう。

146　　第７章　勤労意欲の欠如・浪費（経済的要因）

証拠資料

◇多額の債務をつくったことを示す資料

【例示】契約書、取引履歴、請求書、振込票、通帳

◇買物により浪費したことを示す資料

【例示】領収書、クレジットカードの利用明細・同請求書・同取引履歴、振込票、通帳、給与明細、所得証明書

＜参考判例＞

○妻の浪費が婚姻を継続し難い重大な事由に当たり、妻の生活費不足に不協力であったことについて妻の借財額を知らなかった夫を責めることはできないとし、夫の離婚請求が認められた事例（東京地判昭39・10・7判時402・59）

第7章　勤労意欲の欠如・浪費（経済的要因）　　147

〔24〕　　夫の無就労等を原因として、婚姻関係が破綻していると
　　認められた事例

（東京高判平26・2・13（平25（ネ）6361））

キーワード：無就労、暴力、夫婦以外の親族との不和、監視、嫌がらせ

主張のポイント

1　長期間にわたり就労せず、持て余した時間で妻を監視するな
どしていたこと

- -

2　妻の意に反して借金をさせ、借入金を自己の投資に使い、妻
の愛情や信頼を失わせたこと

事 案 の 概 要

○当事者等

　X：被控訴人（一審原告）・妻

　Y：控訴人（一審被告）・夫

　A：妻Xの父・夫Yと養子縁組

　B：妻Xの母・夫Yと養子縁組

○事実経過

　妻Xと夫Yは、昭和63年に婚姻し、二人の間には長女及び二女があ
る。夫Yは、平成8年ころ仕事をやめると、再就職先が見つからず定職
に就かなかった。それでも夫Yは、平成22年ころまで、投資で得た利
益や相続財産などを原資とし、妻Xに生活費を渡していた。

　夫Yは時間を持て余していることもあり、妻Xの行動を常時監視す

るようになった。夫Ｙは、妻Ｘが両親Ａ及びＢ（二世帯住宅の階下に居住）と接触するのを嫌って、妻Ｘが外出する際には玄関先まで付いてきていた。また、夫Ｙは平成15年ころ、妻Ｘの言い方に腹を立て、その腹部を拳で殴打したことがあった。

平成22年、夫Ｙは妻Ｘを消費者金融の窓口に連れていき、妻Ｘに30万円を借りさせ、これを自分の投資のために使った。その強引なやり方に妻Ｘは愛想を尽かし、離婚を決意した。

妻Ｘは、平成23年に離婚調停を申し立てたが成立せず、離婚及び慰謝料等請求訴訟を提起したところ、原審は、妻Ｘの離婚請求を認容したため（慰謝料請求は棄却）、夫Ｙが控訴を提起した。

なお、夫Ｙは、遅くとも平成16年以降、両親Ａ及びＢに対し、毎日のように自宅の玄関前や窓などに大量のつばを吐きかける、一日に何回も2階の床を強く蹴りつける、郵便物を勝手に抜き取って処分する、深夜に無言電話をかける等の様々な常軌を逸した嫌がらせ行為を継続した。両親Ａ及びＢは、夫Ｙに対し、上記訴訟において、離縁及び慰謝料を求めた。

$$当 事 者 の 主 張$$

◆被控訴人（一審原告）の主張（破綻主張）

夫Ｙの無就労、嫌がらせ、暴言、暴力等の身勝手な言動により、婚姻関係は破綻した（判決文からは、これ以上の具体的な主張内容は不明である。）。

◆控訴人（一審被告）の主張

夫Ｙは20年以上にわたり、無償の愛と尊敬と感謝の気持ちで妻Ｘらに尽くしてきたのであって、夫婦関係は修復不可能なほど破綻していない。

第7章　勤労意欲の欠如・浪費（経済的要因）　　149

裁判所の判断

　本判決は、原審の判断を認容した。すなわち、裁判所は、妻Xと夫Yの夫婦関係は、平成8年ころ以降、夫Yが、仕事に就かず、妻Xに対し、その行動を監視して束縛した上、暴力を振るったり、意に反して借金をさせたり、その両親に対して常軌を逸した嫌がらせを継続したりしたことにより、妻Xが夫Yに愛想を尽かし、ついに破綻したものと認められるとし、妻Xの離婚請求を認容した。

ポイント解説

1　仕事に就かないこと

　「婚姻を継続し難い重大な事由」（民770①五）に該当しうる事情は様々ですが、経済的な要因、すなわち、勤労意欲の欠如、無就労、浪費、不必要な借入れを重ねる、生活費を渡さないといった事情がある場合に、同事由があると判断されることがあります。

　無就労については、病気その他の事情により就労できない場合もあることから、離婚原因であると一概に言えませんが、婚姻関係の破綻を主張する際には、就労しない理由、期間、勤労意欲、生活態度、収入、資産、家計の状態などの事情をもって、夫婦の信頼関係を失わせる程度に至っていることを示すことになると考えられます。

　本件では、夫Yは勤務先を退職後、約15年間という長期にわたり定職に就いていませんでした。夫Yは、投資で得た利益や相続財産を原資として生活費は渡していたようですが、定職に就いていないことが正当化される事情は明らかになっておらず、むしろ夫Yは持て余した時間で妻Xを監視したり嫌がらせをしたりするなどしていました。

　裁判所は、夫Yが定職に就いていないという事情のみでなく、そう

した状況において、監視、暴力、借入れ、嫌がらせを行ったことによって、妻Xが愛想を尽かし、ついに破綻に至ったと判断しています。

② 一方配偶者の意に反する借入れをしたこと

　借入れについても、事業や生活のために必要な場合があり、借入れをしたことがすなわち離婚原因となるものではなく、借入れの理由、借入金の使途、金額、期間、借入れの態様、返済状況、収入、資産、家計の状態などの事情によって、借入れが不相当で夫婦の信頼関係を失わせる程度に至っているかが判断されることになると考えられます。

　本件では、夫Yが、妻Xの意に反して妻Xに借金をさせ、その借入金を夫Yの投資に使った事実が認定されており、妻Xが愛想を尽かして婚姻関係が破綻したと判断するひとつの事情とされています。

　勿論、その他の事情との総合判断ですが、本件によれば、一方配偶者の意に反して借金をさせること、それを投資のために使うことは、婚姻関係を破綻させたことの積極的な事情となります。

証拠資料

◇仕事に就かないことを示す資料

【例示】陳述書、日記、メール、所得証明書、非課税証明書

◇妻Xの意に反する借入れをしたことを示す資料

【例示】契約書、取引履歴、請求書、振込票、通帳、陳述書

第7章　勤労意欲の欠如・浪費（経済的要因）　　　151

＜参考判例＞

○失業した夫が就職を拒絶して5年間定職に就かず、妻に悪態をつき、妻が
　失望して愛情が完全に冷却したとして婚姻を継続し難い重大な事由が認
　められた事例（東京地判昭30・11・25判時71・19）

○夫が見通しもなく転々と職を変え、安易に借財に走って妻に援助を求め
　るなど著しくけじめを欠く生活態度に終始したことなどから妻の離婚請
　求を認めた事例（東京高判昭59・5・30判タ532・249）

○夫の激しい暴力や、定職に就かずに浪費を繰り返すという夫の自堕落な
　生活が原因で婚姻関係が破綻したと認められた事例（東京地判平15・12・25
　（平15（タ）696））

○夫が退職を繰り返して家計が逼迫し、夫の金銭的にルーズな性格等によ
　り妻が婚姻関係を継続する意思を失ったとして婚姻関係の破綻が認めら
　れた事例（東京地判平16・10・20（平16（タ）10））

152　　第7章　勤労意欲の欠如・浪費（経済的要因）

〔25〕　夫が風俗業の女性と交際し、遊興費に多額の支出をしたり、貯蓄を投機行為によって全て失うなどしたことにより婚姻関係の破綻が認められた事例

（東京地判平26・4・25（平25（ワ）6943））

キーワード：浪費（遊興費・投機行為）、不貞行為、信頼喪失、別居

主張のポイント

1　遊興費に多額の支出をしたこと

2　無断の投機行為により夫婦の財産を全て失わせたこと

事　案　の　概　要

○当事者等

　X：原告（妻）

　Y：被告（夫）

　　※妻X・夫Yは離婚済み

○事実経過

　妻Xと夫Yは平成21年に婚姻して同居を開始したが、平成22年頃には夫Yが性交渉を避けるようになり、子どもをもうける時期等を巡って口論となることがあった。

　平成23年11月18日、夫Yが、午前2時半頃までキャバクラで遊興して、代金7万1,400円を自己のクレジットカードで支払い、店を出た後も午前5時半頃まで同店の女性従業員とメールを交わした。その後も夫Y

第7章　勤労意欲の欠如・浪費（経済的要因）　　153

は複数回にわたり同女と携帯電話で連絡を取り合っていた。妻Ｘはその頃、夫Ｙの財布の中にラブホテルの割引券が入っているのを見つけ、夫Ｙに問い質したところ、夫Ｙは風俗業の女性と利用したものであると答えた。

　また、夫Ｙは、平成23年12月頃までに夫婦の将来のために貯蓄していた金員をFX取引（外国為替証拠金取引）に投じて全て失った。

　妻Ｘは離婚を決意し、平成24年1月に実家に戻って別居するようになり、同年2月に協議離婚した。

　妻Ｘは、夫Ｙに対し、夫Ｙの有責行為により婚姻関係が破綻して離婚を余儀なくされたことを理由として、不法行為に基づき慰謝料等の支払いを求めて提訴した。

```
┌─────────────────────┐
│   当 事 者 の 主 張   │
└─────────────────────┘
```

◆原告の主張

　妻Ｘと夫Ｙは結婚したら早々に子どもを作る約束をしていたのに、夫Ｙは婚姻の半年後には子どもはいらないと言い出し、妻Ｘとの性交渉を拒んだ。平成23年4月以降、子作りを巡り度々口論となった。

　夫Ｙは同年11月頃、勤務先から供与された業務用の携帯電話をキャバクラ嬢に持たせて、同女と頻繁に連絡を取り合い遊興に耽るなど、妻Ｘとの性交渉を拒む一方でキャバクラ嬢と交際していた。

　夫Ｙは妻Ｘに無断で、妻Ｘの協力の下に夫婦の共有財産として形成された貯蓄を投機性の高いFX取引（外国為替証拠金取引）に費消してしまった。

　夫Ｙは、婚姻前にインターネットで海賊版音楽CDを販売したり、マルチ商法ビジネスに関わったことがあり、婚姻後はそのようなことを

行わないと約束していたのに、婚姻後も著作権法等に違反する反社会的行為を反復継続していた。

妻Ｘと夫Ｙの婚姻関係が破綻したのは、夫Ｙの一連の非行に起因する。

◆被告の主張

全て否認する。

裁判所の判断

本判決は、妻Ｘと夫Ｙの婚姻関係は、夫Ｙが、風俗業の女性と親密な交際をしたり、遊興費に多額の支出をしたり、夫婦の将来のために貯蓄していた金員を投機行為によって全て失うなど、夫婦間の信頼を著しく損なう行為を重ねたことによって破綻し、離婚するに至ったものと認め、夫Ｙはそのことにつき不法行為責任を負うと判断した。

なお、婚姻後に夫Ｙが著作権法等に違反する反社会的行為を反復継続していた事実については、証拠がないとして認めなかった。また、子をもうけるか否かについて夫Ｙの意向に変遷があったことをもって、夫Ｙの有責行為ということはできないと判示した。

ポイント解説

1　多額の遊興費の支出

「婚姻を継続し難い重大な事由」（民770①五）に該当し得る事情として、浪費（経済的要因）があります。

遊興費は、その支出をしたことのみで直ちに離婚原因となるわけで

第7章　勤労意欲の欠如・浪費（経済的要因）　　155

はないですが、その内容・程度によっては、その他の事由と相まって、
夫婦間の信頼関係を失わせ、「婚姻を継続し難い重大な事由」を基礎づ
ける積極的な事情になり得ます。遊興費の性質、金額、頻度などによ
り、信頼関係を失わせる程度に至っていることを具体的に主張するこ
とが必要です。

　本件で、裁判所は、夫Ｙがキャバクラに行ったのは1回であるとして
も、その代金として約7万円を支払った事実を認定したうえで、離婚に
至った理由のひとつとして、遊興費に多額の支出をしたことをあげて
います。

　裁判所は、また、夫婦関係の信頼を著しく損なう行為を「重ねた」
ことにより婚姻関係が破綻したと判示しており、裁判所が指摘する各
事情、すなわち、風俗業の女性と親密な交際をしていたこと、遊興費
に多額の支出をしていたこと、夫婦の将来のために貯蓄していた金員
を投機行為によって全て失ったことを総合して、婚姻関係の破綻事由
に当たると判断したものと考えられます。

② 投機行為による財産の喪失

　本件で、夫Ｙは妻Ｘに断りなく投機行為をしました。投機行為につ
いても、それを実施したことのみで直ちに離婚原因になるものではあ
りませんが、投機行為には不確実性が伴い、財産を減少させる恐れが
あることから、その内容により、夫婦の信頼関係に影響を与える行為
となり得ます。

　本件の夫Ｙは無断で投機行為をし、夫婦の将来のために貯蓄してい
た金員を全て失ってしまったことは、夫婦間の信頼を著しく損なう行
為であり、破綻の一事由に当たるといえるでしょう。

156　第7章　勤労意欲の欠如・浪費（経済的要因）

証拠資料

◇多額の遊興費を支出したことを示す資料

【例示】クレジットカードの利用明細、クレジットカードの請求書、領収書、通帳、メール

◇　投機行為を行っていたことを示す資料

【例示】契約書、取引履歴、通帳

＜参考判例＞

○夫の激しい暴力や、定職に就かずに浪費を繰り返すという夫の自堕落な生活が原因で婚姻関係が破綻したと認められた事例（東京地判平15・12・25（平15（タ）696））

第7章　勤労意欲の欠如・浪費（経済的要因）　　157

〔26〕　婚姻関係を回復する見込みがない状況になった原因は、
　　　夫の家事や子育てへの非協力、生活費不払いなどにあると
　　　された事例

（東京地判平28・1・27（平27（ワ）12775））

キーワード：暴言、勤労意欲の欠如、信頼喪失、別居

主張のポイント

1　職を転々として、十分な生活費を払わず、その反面自己のた
　めには金銭を費消するなどし、円満な婚姻関係を継続する見込
　みがなくなったこと

2　家事や子育てに非協力であったことで、円満な婚姻関係を継
　続する見込みがなくなったこと

事 案 の 概 要

○当事者等

　X：原告（夫）

　Y：被告（妻）

　A：長女

　　※夫X・妻Yは離婚済み

○事実経過

　夫Xと妻Yは平成8年に婚姻し、同11年に長女Aをもうけた。

　夫Xは、平成17年末に婚姻前から勤務していた郵便局を退職し、同
20年ころまで職を転々としていた。平成20年8月ころ、夫Xは同年11

月に実施される区議会議員の補欠選挙に立候補しようとした。妻Y
は、夫Xから相談がなかったことに強い不信感を抱き、夫Xに離婚を
提案したが、選挙がある11月まで待って欲しいと頼まれ、直ちには離
婚しないこととし、長女Aとともに別居を開始した。しかし、夫Xは、
選挙に立候補することなく、11月を過ぎても離婚に応じなかった。

　夫Xは、平成19年ころ生活費を払わなくなり、同20年4月ころから再
び支払うようになったが、少なくとも同22年6月以降、生活費を支払わ
なかった。

　夫Xは、平成21年に妻Yに対し、同24年には長女Aに対して、公的
機関が妻Yに非があると判断しているという趣旨のメールを送信し
た。

　平成25年、離婚調停が不成立となり、妻Yが提訴すると、裁判所は
「婚姻を継続し難い重大な事由」があるとして妻Yの離婚請求を認め、
夫Xに慰謝料の支払いを命ずる判決を言い渡した。

　本件で、夫Xは、妻Yの別居が同居・協力・扶助義務違反に当たる
と主張し、不法行為に基づく損害賠償を請求した。

　なお、平成26年から同27年にかけ、夫Xは、妻Y、長女A、妻Yの
母、妻Yの姉に対して訴訟7件を提起した。

当事者の主張

◆被告の主張

　別居及び離婚を決意した原因は、夫Xの態度にある。妻Yは、平成
19年3月以降は夫Xから生活費の支払いを受けていなかった。また夫
Yは、妻Xに相談することなく選挙に立候補しようとした。妻Yは立
候補について知った時点で、今後も夫婦として生活していくことに困
難を感じ、別居及び離婚を考えた。別居開始時に妻Yが離婚意思を有

第7章　勤労意欲の欠如・浪費（経済的要因）　159

し、夫Ｘと同居する意思がないことは明らかで、妻Ｙには同居・協力・扶助義務の履行を拒む正当事由がある。

　妻Ｙの離婚意思が固いことや同居意思がないことは、別居後、現在まで一貫している。さらに、別居後の夫Ｘから妻Ｙや親族らに対する複数の訴訟提起や侮辱的言動からみれば、夫Ｘにも妻Ｙとの共同生活を維持する意思がないことは明らかで、夫婦間の愛情及び信頼関係は完全に喪失されているから、妻Ｙが離婚意思をより強固とし、夫Ｘとの同居を拒むことには無理からぬ事情がある。したがって、別居後、現在に至るまで妻Ｙには同居を拒む正当事由が存在する（また、夫Ｘは、別居開始前から家事や育児についても非協力的であった（判決文から推測した主張））。

◆原告の主張

　妻Ｙは正当な理由がなく同居等義務を無視している。

　妻Ｙの父が業務上横領で諭旨免職になったことを長女Ａに知られたこと、それについて夫Ｘが妻Ｙに反省を促したことが原因で口論となり、それから妻Ｙは夫Ｘの行動を否定することが多くなった。妻Ｙは、夫Ｘが区議会議員に立候補するタイミングで主張を変え、様々な事実無根の虚偽のことを理由にして別居を開始した。

　妻Ｙは、別居後も一切家庭を顧みず、夫Ｘが通勤途中に一過性の脳震とうにより救急搬送され、夫Ｘの兄が電話をした際も、迷惑だから連絡しないでくださいと述べた。これは悪意の遺棄に該当する。

　婚姻生活を破綻させたのは妻Ｙであり、別居後、現在に至るまで同居等義務の履行を拒む正当事由はない。

$$\boxed{\text{裁 判 所 の 判 断}}$$

本判決は、夫婦関係が破綻している場合等、別居に正当な理由があ

ると認められる場合には、夫婦間に抽象的な同居義務（民752）はある
ものの、同居等義務違反には当たらないと解するのが相当であるとし
たうえで、妻Ｙが別居したこと、別居を継続したことについて、それ
ぞれ正当理由の存否を検討した。

　まず、夫Ｘの主張については証拠がなく、夫Ｘの供述の基本的信用
性も認め難いとした。

　反対に、妻Ｙの主張について、夫Ｘが一般的に見て安定している郵
便局の職を辞めて職を転々とし、長女Ａがまだ小学校に通っている平
成20年8月、妻Ｙに相談することなく、当選の確実性も分からないまま
選挙への立候補を一方的に決めていること、夫Ｘが妻Ｙに対して十分
な生活費を渡さなかったこと、別居開始以前から家事や子育てに非協
力的であったこと、妻Ｙや妻Ｙの両親のことを罵倒していたこと、妻
Ｙに十分な生活費を渡さない反面、自己の資格取得等には金銭を費消
していたことからすると、妻Ｙが、夫Ｘが選挙に立候補することを知
った平成20年8月時点で、今後も夫婦として生活していくことに困難
を感じ、別居及び離婚を考えたという主張は首肯できるとした。

　そして、同8月時点で、夫Ｘと妻Ｙが円満な婚姻関係を回復する見込
みはほぼなく、その原因は夫Ｘにあり、妻Ｙが別居を開始することに
は正当な理由があると判断した。

　さらに、夫Ｘは、単に妻Ｙや長女Ａを畏怖させるためにメールを送
信したこと、支払うべき生活費を支払っていないこと、訴えの提起を
繰り返しているが正当な権利行使といえるか疑義が残ること、妻Ｙの
行為が悪意の遺棄に当たらないことを前提とすると、夫Ｘは別居に至
るまでの態度を改めようとしていないと認められ、そのような夫Ｘに
対し、妻Ｙが別居及び離婚の意思を更に強くすることもやむを得ない
というべきであるから、別居を継続することについて妻Ｙには正当な
理由があると判断し、夫Ｘの請求を棄却した。

第7章　勤労意欲の欠如・浪費（経済的要因）　　161

┌─────────────────────┐
│　　ポイント解説　　│
└─────────────────────┘

1　生活費を支払わないこと

　本件では、別居開始時に円満な婚姻関係が回復する見込みはほぼなかったとされ、その原因として、夫Ｘが安定している郵便局の職を辞めて職を転々とし、当選が不確実な選挙への立候補を一方的に決めたこと、生活費を十分に渡さなかったこと、十分な生活費を渡さない反面、自己の資格取得等には金銭を費消していたことなどの事情があげられています。

　夫婦には互いに協力と扶助が求められており、夫婦の一方が正当な理由なく生活費を渡さない場合には、民法752条の協力・扶助義務に反することになります。夫婦の扶助義務は生活保持義務であり、高度な扶養義務が課せられています。婚姻関係の破綻を主張する場合には、生活費を負担しない理由、収入、資産、家計の状態、就労、生活状況などの事情によって、一方配偶者が同義務を果たさないために婚姻関係が回復する見込みがない程度に至っていることを示すことになると考えられます。

　なお、生活費の不払いを離婚原因として主張する場合には、「悪意の遺棄」のほか、「婚姻を継続し難い重大な事由」に該当すると主張する方法があります。「悪意の遺棄」（民770①二）と「婚姻を継続し難い重大な事由」（民770①五）の関係はきわめて流動的であると指摘されており、実際に両者は併せて主張されています（島津一郎・阿部徹編『新版注釈民法(22)』367頁（有斐閣、2008））。

2　家事や子育てへの非協力

　本件では、別居を開始した時点で円満な婚姻関係が回復する見込みがほぼなくなっていたとされ、その原因のひとつとして、別居前に夫

Xが家事や子育てに非協力であったことがあげられています。

　家事や子育ての非協力についても、民法752条の夫婦の協力義務に反する場合があり、「婚姻を継続し難い重大な事由」の積極的な事情になるものと考えられます。

証拠資料

◇**生活費の不払いを示す資料**

....

【例示】通帳、陳述書

◇**家事や子育てへの非協力を示す資料**

....

【例示】陳述書、日記、メール

＜**参考判例**＞

○夫が退職を繰り返して家計が逼迫し、夫の金銭的にルーズな性格等により妻が婚姻関係を継続する意思を失ったとして婚姻関係の破綻が認められた事例（東京地判平16・10・20（平16（タ）10））

○夫が、配慮に欠けた態度や、少額の生活費しか渡さず、自己の収入額を明らかにすることを拒否する一方、妻の少額の支出にまで細かく干渉する等の言動を重ねて婚姻を破綻させたことが総体として不法行為を構成すると判断された事例（東京地判平17・3・8（平16（タ）127・平16（タ）319））

○夫が生活費を渡さなかったこと、電気、ガス、水道等を使用不能にして妻に転居を余儀なくさせたこと、妻が離婚を望んでいること等から、婚姻を継続し難い重大な事由があるとされた事例（東京地判平17・11・29（平16（タ）292））

第8章　宗教活動

〔27〕　「ａ教」の信仰を変えないことにより、婚姻関係が破綻
　　したとされた事例

（東京地判平9・10・23判タ995・234）

キーワード：宗教、信教の自由

主張のポイント

　妻が「ａ教」を信仰するようになって以降、信仰をめぐる夫婦
間の対立等が生じたこと

事 案 の 概 要

○当事者
　Ｘ：原告（夫）
　Ｙ：被告（妻）

○事実経過
　夫Ｘと妻Ｙは、昭和47年12月に婚姻の届出をした夫婦である。両名
の間には、3名の子供がいる。
　夫Ｘの家では代々神道を信仰してきたが、妻Ｙは昭和58年からａ教
に入信し、無断で自宅の神棚を仕舞い込んだ。妻Ｙは子供たちも集会
に同行させるなどして、子供たちも入信するようになった。夫Ｘは、
妻Ｙの信仰に強く反対するようになり、妻Ｙが信仰を止めないことか
ら、婚姻関係が破綻したとして、離婚を求めて本訴を提起した。

第8章 宗教活動

┌─────────────────┐
│ 当 事 者 の 主 張 │
└─────────────────┘

◆原告の主張

　夫Xの実家では、神道のb派を信仰し、夫Xも、自宅に神棚を祀るなどし、妻Yも婚姻後はこれを理解した上で、平穏な家庭生活を営んできた。

　ところが、妻Yは、婚姻後、a教に入信し、週3回程度集会等に出掛け、夜9時過ぎまで家を留守にし、夫Xが帰宅しても不在の日がしばしばあった。妻Yは、a教の集会等に幼い子供を連れて行くことに反対した夫Xの言葉に耳を貸さず、子供たちを同行し、a教に次々に入信させていった。

　また、妻Yは、a教の崇拝神のみを唯一の神として信仰し、進化論や輸血を否定し、子供の七五三を祝うことなど日常生活上の一般的な習慣を拒み、冠婚葬祭における儀礼を拒絶するため、夫Xの意向と対立するに至った。

　夫Xは、十数年間にわたり、妻Yの改心を求めたが、妻Yは全くこれを聞き入れず、話合いは平行線をたどるばかりであった。夫Xは、妻Yとの婚姻生活に絶望し、調停を申し立てたが、離婚については不調となった。その後、夫Xは、妻Y及び子供らと別居している。

　以上のとおり、夫Xと妻Y間の婚姻関係は完全に破綻している。

◆被告の主張

　夫Xが妻Yに対して離婚を求めるようになったのは、夫Xの母がa教を信仰する妻Yを許すことができず、妻Yとの離婚を要求したからである。

　妻Yの信仰についても、家庭生活に支障を来すことはなかった。妻Yの宗教的活動は、夫Xとして受忍すべき範囲内の事柄である。

　信教の自由は憲法によって保障されており、夫婦間においても、相

互に宗教的寛容さが求められる。

あくまで妻Yの内心の信仰問題にとどまるから、夫Xとの婚姻生活に現実的な支障を生じさせているものとはいえない。

夫Xと妻Yの別居期間はわずか一年半にすぎず、妻Yも子供らも、夫Xとの同居を望んでいる。

夫Xと妻Yが対立し別居するに至ったのは、夫Xが、夫Xの母の圧力を受け、宗教的寛容さに欠けていることに基づくものであり、夫Xがその是正に努めれば、容易に婚姻関係を修復できるから、婚姻関係が破綻しているとはいえない。

夫Xと妻Yが別居するに至った原因は夫X側にある以上、本件離婚請求は、有責配偶者からされたものとして棄却を免れない。

裁 判 所 の 判 断

本判決は、婚姻関係の破綻を認め、以下のとおり判示した。

夫婦間においても、個人の信教の自由が保障されるべきことは当然のことであるが、その一方で、夫婦は、相互の協力によって共同生活を維持していくべき義務を負っている（民752）。

妻Yはa教の信仰を絶ち難いものとしているのに対し、夫Xは、現在では、信仰を変えない妻Yとの間で婚姻生活を継続していくことは到底不可能であると考えており、そのような夫婦間の亀裂や対立は既に十数年にわたって継続されてきたものであり、これまでにも何度となく話合いがもたれ、その間、妻Yにおいてもいったんは夫Xとの離婚を了承したこともあったなどの経緯に照らすと、今後、どちらか一方が共同生活維持のため、相手方のために譲歩するというようなことは期待できないものといわざるを得ず、夫Xと妻Y間の婚姻関係はもはや継続し難いまでに破綻しているものと認めるのが相当である。

夫Xにおいても、今後とも妻Yや子供たちに対する経済面での援助を惜しむことはないものと考えられるから、離婚後の妻Yの経済面での懸念だけをもって夫Xの本件離婚請求を排斥することはできない。

夫Xと妻Y双方がそれぞれ信仰の点を含め自己の考え方に固執し、譲歩の余地を認め得ないような場合にあっては、離婚請求を排斥して、夫Xに対して妻Yとの婚姻生活を継続させることは、今度は、夫Xについて自己の信仰しない宗教との同調を求めることになるものであって、相当とは解されない。

結局、こうした根源的な問題についての対立が今後とも解消し得ないものと認められる結果、それはどちらの側が悪いというようなものではないのであり、夫Xのみが宗教的寛容さを欠いた有責者であると断ずることはできない。

そうすると、本件には民法770条1項5号所定の離婚原因があり、夫Xの本件離婚請求は理由があるというべきである。

ポイント解説

破綻を主張する当事者としては、妻Yの信仰をめぐる夫婦の諍いが長期に及んでいること、相互に自己の考え方に固執して譲り合う余地がないこと、別居期間も比較的長期に達していること、夫Xと妻Yの対立は相当深刻なものになっていること、すでに何度となく話合いが持たれたこと等、婚姻関係が修復不可能な程度にあることを具体的に主張、立証する必要があります。

本件でも、夫Xのこれらの主張が認められ、婚姻関係はもはや継続し難いまでに破綻していると認定されました。

夫婦間において、個人の信教の自由が保障されるべきことは当然です。しかし、その一方で、夫婦は相互の協力によって共同生活を維持していくべき義務を負っています（民752）。そのため、各人の宗教活動

第8章　宗教活動　　167

にも一定の制限があり、限度を超える活動等により、婚姻関係が継続し難い状態に至ったような場合は、離婚原因になると解されています。

　そこで、破綻を主張する当事者は、他方配偶者が、自己の信仰を過度に強いたこと、宗教活動に傾倒するなどして家庭内の不和を招いたこと、あるいは、宗教に関する軋轢から、相手方の心情を著しく無視するような対応をとったこと等、婚姻関係の平穏を害するような限度を超える活動等があったことを主張、立証すべきです。その上で、これによって、婚姻関係が修復不可能な程度に至っていること、例えば、上記のように、諍いが長期に及んでいること、お互いに固執し譲り合う余地がないこと、別居期間も短くないこと、話合いが何度も持たれたが、解決できなかったこと等の事実を主張、立証できれば、修復不可能な破綻に至っていると判断される可能性があります。

証拠資料

◇信仰をめぐる夫婦間の対立等が存在することを示す資料

【例示】婚姻期間中に夫X、妻Y間で交わされた電子メール、LINE、手紙、家族の証言、陳述書等

＜参考判例＞

○「ａ教」の信者をめぐる離婚訴訟で、今後、双方が相手のために自分の考え方や立場を譲り、夫婦としての共同生活を回復する余地は全くないものといわざるを得ないと判断し、夫の離婚請求を認めた事例（東京高判平2・4・25判時1351・61）

○「ａ教」の信者をめぐる離婚訴訟で、婚姻生活を回復する余地があるものと考えられるとし、夫の離婚請求を認めなかった事例（名古屋高判平3・11・27判タ789・219）

168　　第8章　宗教活動

〔28〕　夫が嫌悪している宗教への信仰を絶ちがたいと考えている妻との間の婚姻関係が破綻しているとまでは認められないとされた事例

(東京地判平17・4・27（平16（タ）225))

キーワード：宗教、会合参加、秘匿、信教の自由

主張のポイント

① 妻との間の性格及び宗教観の不一致等があったこと

② 妻が婚姻に当たって特定の宗教を信仰していることを秘匿し、婚姻後も信仰している宗教団体から脱退する旨の約束を遵守しなかったこと

事 案 の 概 要

○当事者
　X：原告（夫）
　Y：被告（妻）

○事実経過
　夫Xと妻Yは平成6年1月に婚姻し、2子をもうけた。
　妻Yは、婚姻前に夫Xから信仰について聞かれたことがあったが、a教に入信していたが、活動から遠ざかっていたことから、夫Xには特に信仰はないと答えた。その後、妻Yは、夫Xの母との関係が円滑を欠くようになったことなどから、心のよりどころを求めて再びa教の活動に参加するようになったが、同信仰を巡って夫Xと喧嘩となる

第8章　宗教活動　　　　169

ことがあった。また、長女が難病にり患し、妻Yもその介護のために体調を崩すなどのことがあり、夫Xと子供の養育を巡って喧嘩となり、夫Xから暴力を振るわれ右肋軟骨不全骨折の傷害を負ったことがある。夫Xは、平成15年10月、家裁に夫婦関係調整調停の申立てをし、同調停において、妻Yがa教の信仰を止めないのであれば、離婚して子を残して家を出ることを求めたが、妻Yはこれを拒み不成立となった。夫Xは、妻Yとの間の性格及び宗教観の不一致等から、婚姻関係は既に破綻しているとして、民法770条1項5号に基づき、離婚を求めるとともに、妻Yが婚姻に当たって特定の宗教を信仰していることを秘匿し、婚姻後も信仰している宗教団体から脱退する旨の約束を遵守しなかったことは夫Xとの関係で不法行為を構成するとして、妻Yに対し、慰謝料の支払を求めて提訴した。

当事者の主張

◆原告の主張

　夫Xは、婚姻前に妻Yから宗教は一切していない旨聞かされており、これを信じて妻Yと婚姻した。しかるに、婚姻後、妻Yがa教信者であることが判明し、妻Yは、夫Xの求めに応じてa教を脱会すると述べた。ところが、妻Yは、以後もa教の会合に参加し、a教信者としての活動を継続している。夫Xとは根本的な世界観に相違があり、妻Yが今後も信仰を持ち続けるのであれば、共同生活の継続は困難である。夫婦の婚姻関係は既に破綻しており、婚姻関係を継続し難い重大な事由がある。

　妻Yは、夫Xに対し、婚姻前に特定の宗教には加入していないなどと虚偽の事実を述べ、婚姻後にはa教を脱会すると約束しながら、こ

れを遵守しなかった。これら妻Yの対応は、夫Xに対する不法行為を構成する。

◆被告の主張

　妻Yは、夫Xに、特定の宗教はしていないと述べたことはあるが、ほとんどa教の活動をしていなかったため、そのように述べただけのことである。妻Yがa教の会合等に参加するのは月に数回程度であり、また、夫Xに対してa教を脱会するなどと約束したこともない。

　妻Yが信仰を保つことは信教の自由として保障されるべきであり、その活動も専ら内心の問題であって、妻Yがa教の信仰活動を行うことによって家庭生活に支障を及ぼしたということもない。

　したがって、妻Yがa教を信仰していることは夫Xとの間の離婚原因とはならず、また、a教の信仰を続けることについて、殊更夫Xの信頼を裏切ったようなことはないから、妻Yに不法行為が成立することもない。

　夫Xが妻Yの信仰を明確に認識して以後も、基本的には円満であり、今日まで別居することもなく生活している。婚姻関係は破綻していない。

裁判所の判断

　本判決は、婚姻関係の破綻を認めず、妻Yに不法行為責任が成立することも否定し、以下のとおり判示した。

　すなわち、夫婦間で紛争が生じたのは、主として妻Yがa教の信仰を継続している点にあるといえるが、信仰の自由は本来個人の自由であるべき事柄であり、夫婦といえどもこれをみだりに侵害、妨害することは許されない。もっとも、夫婦間においては、夫婦共同生活を営

第8章　宗教活動

む以上、相互に相手の価値観や考え方を尊重し、自己の行動の節度を守り、協力しながら家族間の精神的融和を図りながら夫婦関係を円満に保つよう努力すべき義務があるというべきであるから、その限度で信仰や宗教活動にも一定の自重が求められる。夫婦の一方が自己の信仰の自由の実現を過度に相手方に強いたり、宗教活動に傾倒するなどして家庭内の不和を招き、あるいは相手方の心情を著しく無視するような対応をとった結果、夫婦関係が悪化し、婚姻関係を継続し難い状態に至ったような場合には、それをもって離婚原因を構成するものと解するのが相当である。

　本件では、妻Yが宗教観や宗教活動の必要を理由に家庭生活を顧みないとか、多額の資金を費消していたといった事情は見受けられない。また、妻Yは、長女らにa教への入信を強いる意図もなかった。

　夫X、妻Y間には、依然として相互に相手方への理解を深め、その信頼関係を回復し、愛情を醸成させる余地が残っている。妻Yは、夫Xとの関係修復に積極的な姿勢を示している。また、未だ幼少の2子の今後の養育について、夫X、妻Y双方の援助と協力が不可欠である。そして、夫Xと妻Yが、互いにこれまでの自らの行動、態度の是非について顧み、家庭生活をやり直す努力をするというのであれば、今後の婚姻関係の修復の妨げになる特段の事情は見当たらない。そのため、現時点で、夫婦の婚姻関係が既に破綻しているとまでは認められない。

　また、妻Yは、婚姻前あるいは婚姻時にはa教を退会する意思を有していたものと認められるし、a教への信仰を殊更夫Xに秘匿し、夫Xの信頼を著しく損なったとまでは認められないとして、妻Yに対する損害賠償請求も否定した。

172 第8章 宗教活動

$$\boxed{\text{ポイント解説}}$$

1 **性格及び宗教観の不一致**

　10年間の婚姻関係において夫婦関係の絆は決して弱いものではないこと、妻Yが夫Xとの関係修復に積極的な姿勢を示していること、幼少の子の今後の養育につき夫婦双方の援助と協力が不可欠であること等から、婚姻関係が既に破綻しているとまではいえないとされました。破綻を争う妻Yとしては、これまでの婚姻期間中の生活や現時点での関係修復の姿勢等を主張、立証することで、破綻との認定が避けられたものです。一方、破綻を主張する夫Xとしては、妻Yが婚姻前に信仰を秘匿し、約束を破って宗教活動を続け、そのことが、精神的あるいは経済的に家庭の平穏な継続を妨げる、あるいは、子の養育上も好ましくない影響を与えるなどの事情を具体的な裏付けをもって主張することが必要であったでしょう。元来、信仰の自由は夫婦間においても尊重されるべきであるところ、信仰のための活動が行き過ぎて、婚姻生活の継続を著しく困難にする場合に初めて婚姻関係の破綻が認められることになるからです。

2 **①妻が信仰を秘匿し、②婚姻後脱退する旨の約束を遵守しなかったこと**

　①について、妻Yは、形式的にはa教信者となっていたものの、特にその教義に帰依して信仰生活を続けていこうとは考えていなかったことを、具体的事実を挙げて主張、立証しました。これが功を奏して、裁判所は、妻Yは、a教への信仰について婚姻前に殊更夫Xに秘匿していたとはいえないと認定しました。

　②については、夫Xの主張に不自然さもあり信用できないとされました。破綻を主張する夫Xの立場とすれば、具体的にどういう事実関

第 8 章　宗教活動　　173

係の中で、妻Ｙが「婚姻後は宗教団体から脱退する」と述べたのかを
できるだけ具体的に主張し、これを裏付けるようなメールや書面など
を提出できれば良かったといえるでしょう。

証拠資料

◇**婚姻期間中に行われた宗教活動を示す資料**

【例示】婚姻期間中に夫Ｘ・妻Ｙ間で交わされた電子メール、LINE、手紙、
家族の証言、陳述書等

◇**婚姻前に特定の信仰を持っていないことを述べたことを示す資料**

【例示】婚姻前に夫Ｘ・妻Ｙ間で交わされた電子メール、LINE、手紙、家族
の証言、陳述書等

＜参考判例＞

○宗教を秘匿したまま婚姻し、勧誘に応じない妻との離婚を勧めた父母に、
夫が同調したことにより、婚姻関係が破綻したと認められた事例（東京地
判平26・1・17（平24（ワ）22973））（事例〔29〕）

174　　第8章　宗教活動

〔29〕　宗教を秘匿したまま婚姻した夫が、同宗教の勧誘に応じ
　　　ない妻との離婚を勧めた父母に同調したことにより、婚姻
　　　関係が破綻したと認められた事例

（東京地判平26・1・17（平24（ワ）22973））

キーワード：宗教、秘匿、勧誘

┌─────────── 主張のポイント ───────────┐

　宗教団体に入信していることを秘匿していただけでなく、信仰
を強要しないと約したにもかかわらず夫の父母が妻に宗教を勧誘
することを放置し、勧誘に応じない妻との離婚を求める父母に同
調したこと

└──────────────────────────────────┘

┌─── 事 案 の 概 要 ───┐

○当事者等

　X：原告（妻）

　Y：被告（夫）

　A・B：夫Yの両親

　　※妻X・夫Yは離婚済み

○事実経過

　妻Xと夫Yは、3か月間余で離婚するに至った元夫婦である。

　夫Yは、自己が信仰する宗教を秘匿したまま妻Xと婚姻し、その後
に妻Xに入信の事実を告げ、妻Xと出生する子に信仰を強要しないこ
とを約束した。それにもかかわらず、夫Yと同じ宗教を信仰する夫Y

第8章　宗教活動　　　175

の両親A・Bが妻Xにその宗教を勧誘するのを放置し、両親A・Bが、その勧誘に応じない妻Xとの離婚を求めるとこれに同調した。

妻Xと夫Yは、協議離婚したが、妻Xは、夫Yの上記行為によって婚姻関係が短期間で破綻し、精神的及び経済的に損害を被った旨主張し、夫Yに対し、不法行為に基づき慰謝料等の支払いを求めて提訴した。

当事者の主張

◆原告の主張

夫Yは、宗教団体に入信し、宗教活動を行っていたにもかかわらず、これを秘匿したまま、妻Xと婚姻した。しかも、夫Yは、婚姻後、妻Xや出生する子に、信仰を強要しないことを約束したにもかかわらず、両親A・Bによる、妻Xに対する宗教の勧誘行為を放置した上、Bが、妻Xが勧誘に応じないと分かるや、妻Xに無断で、結婚式及び披露宴を行うホテルとの契約の解約を図るなど、妻Xと夫Yとの離婚を望んだのに対し、これに同調した。

その結果、妻Xは、短期間で離婚せざるを得ない状態となったものであり、これによって、多大の精神的及び経済的損害を被った。

したがって、夫Yは、不法行為に基づく損害賠償責任を負う。

◆被告の主張

妻Xが、夫Yの信仰する宗教を拒絶し、夫YやA・Bに不信感を抱くようになったきっかけは、主にBの行動にあるとみられる。したがって、夫Yが入信していることを告知しなかったことと妻Xの不信感の間には因果関係はない。

夫Yの立場や心情に配慮せず、自己のことばかり考えて、A・Bとの融和を図ろうとしない妻Xと信頼関係で結ばれた夫婦関係を築くことは困難であると夫Yが判断し、離婚しようとすることは当然であり、離婚に至った原因や責任は、妻Xにある。

夫Yが、A・Bと、適度な距離感を持って関わりを持とうと考えることや、理想とする夫婦関係が妻Xとの夫婦関係と異なるものであることから離婚を決意することは違法ではなく、不法行為を構成しない。

夫Yが、妻Xに対し、婚姻前に、入信していることを告知しなかったことは、直ちに不法行為を構成しない。

裁判所の判断

本判決は、以下の事実を認定した上、夫Yの不法行為責任を認めた。すなわち、妻Xは、夫YやA・Bが特定の宗教に入信していることは、全く知らず、夫Yは妻Xに、婚姻後はじめて、入信していることを告げ、同時に、夫Yは、妻Xや出生する子に、信仰を強要しないことを約束した。妻Xと夫Yは、ホテルと結婚式や披露宴の契約を締結し、結婚式等の招待状の準備をした。妻Xは、夫Yに妻Xと出生する子に信仰を強要しないことを改めて求め、夫Yはこれを承諾し、誓約書（以下、「本件誓約書」という。）を作成した。ところが、A・Bは妻Xに信仰を勧め、妻Xがこれに応じないと、Bは、妻Xに相談することなく、ホテルに、結婚式や披露宴の契約を解約するための問い合わせをし、その後、夫Yは、ホテルに、上記契約を解約する旨の連絡をした上、離婚届用紙に署名押印したとの事実を認定した。

本判決は、上記事実を前提に、夫Yは、信仰にある程度力を入れていたにもかかわらず、妻Xにあえてこれを告げておらず、婚姻後、妻

第8章　宗教活動　　177

Xに、妻Xや出生する子に、信仰を強要しないことを約束し、本件誓約書も作成したにもかかわらず、Bが、妻Xとの離婚や、結婚式や披露宴の契約の解約を求めたのに対して、これに同調した。離婚自体はやむを得なかったとしても、そのような事態に至ったのは、夫Yの、上記のような行為の結果である。そのような夫Yの行為は不法行為を構成するとして、妻Xの請求の一部である慰謝料300万円の請求を認めた。

ポイント解説

　妻Xから、妻Xと夫Yが知り合った結婚相談所に夫Yが提出し、その後妻Xに提示された「宗教　なし」と記載した身上書や、本件誓約書が証拠として提出されており、夫Yが宗教を秘匿して婚姻した事実自体は特に争いにならず、この事実を前提として、これが離婚に至る原因になったか、また、不法行為を構成するかが争点となりました。

　夫Yが何らかの宗教を信仰していて、夫Yやその両親A・Bがその宗教を妻に勧誘してきたという事実だけでは、勧誘の程度にもよるでしょうが、離婚に至った原因が夫側にあるとは認定されなかったかも知れません。本件では、妻Xが、証拠に基づき、より具体的に、夫Yがある宗教の入信の事実を秘匿して婚姻し、婚姻後に誓約書まで作成して妻Xや出生する子に信仰を強要しないことを約束したのに、両親A・Bが妻Xに信仰を勧めるのを放置し、これに同調するなど、その約束を履行しなかったという背信的な行為により、婚姻関係が破綻したと主張し、これが裁判所に肯定されたことが、妻Xの主張が認められた理由だと考えられます。

178 　第8章　宗教活動

証拠資料

◇夫Yが宗教を秘匿して婚姻したことを示す資料

【例示】結婚紹介所のプロフィール、夫Yの妻X宛ての手紙・電子メール・
LINE、妻X・夫Y間の会話録音、家族の証言、陳述書等

◇夫Yが信仰を強要しないという約束を守らなかったことを示す資料

【例示】誓約書、夫Yの妻X宛ての手紙・電子メール・LINE、妻Xの供述・
陳述書、家族の証言・陳述書、妻X・夫Y間の会話録音

＜参考判例＞

〇婚姻の際に特定の宗教を信仰していることを秘匿し、婚姻後も信仰して
いる宗教団体から脱退する旨の約束を遵守しなかったことは、夫婦間の
婚姻関係を破綻させたとまではいえず不法行為とならないとされた事例
（東京地判平17・4・27（平16（タ）225））（事例〔28〕）

第9章　夫婦間の性的な問題　　179

第9章　夫婦間の性的な問題

〔30〕　夫が同性愛の関係を持ち、妻からの性交渉の求めに応じ
　　　なくなったことが婚姻を継続し難い重大な事由に該当する
　　　ものとされた事例

（名古屋地判昭47・2・29判時670・77）

キーワード：同性愛、性交渉拒否

主張のポイント

① 　夫が男性と同性愛の関係に陥って男性と男女間におけるもの
　と同様の関係を繰り返していたこと

② 　結婚後数か月で夫が妻からの性交渉の求めに応じなくなり、
　妻は数年間にわたり夫との間の正常な性生活から遠ざけられて
　いたこと

事　案　の　概　要

○当事者等

　X：原告（妻）

　Y：被告（夫）

　A：Yが同性愛の関係に陥った男性

○事実経過

　妻Xと夫Yとは、昭和39年11月26日に事実上の結婚をし、同40年3月

5日婚姻届出をした夫婦であって、その間に、同40年8月28日には長女をもうけた。

妻Xと夫Yとの間には、結婚当初4か月ほどの間には、ほぼ正常な性交渉があったが、夫Yは、昭和40年2月ごろから、妻Xに対し、全くこれを求めようとしなくなったばかりか、妻Xの方からの求めにも一向に意欲を示そうとはしなくなった。

妻Xは、このことに不審と不満を抱き、これがもとで、ときに夫Yといさかいを起こすこともあったが、長女のことを考え、また実家の両親にさとされて耐え忍んでいたところ、昭和46年2月ごろ、警察官から、夫Yが他の男性と同性愛の関係に陥っていることを知らされ、驚きのあまり、ただちに長女を連れて実家に帰り、以来夫Yとは別居生活を続けている。

一方、夫Yは、昭和43年ごろ、男性Aと知り合って同性愛の関係に陥り、男性Aとの間で、男女間におけるものと同様の関係を繰り返していた。

夫Yは、昭和45年ころ、男性Aに結婚話が持ち上がったのを機に、一旦は、男性Aとの関係を解消したものの、未だ男性Aに対する未練を断ちがたく、その後も、男性Aに執拗につきまとっていた。

当事者の主張

◆原告の主張

（筆者注：本判決についての唯一の出典である判例時報では、当事者双方の主張を整理した「事実」の部分は省略されており、当事者双方が実際にどのような主張をしたかは分からない。下記原告の主張は、「理由」の部分から筆者が推測したものである。）

同性愛の関係に陥り、男性Aとの間で、男女間におけるものと同様

第9章　夫婦間の性的な問題　181

の関係を繰り返していたことや、結婚後数か月で妻Xからの性交渉の求めに応じなくなり、妻Xが数年間にわたり夫Yとの間の正常な性生活から遠ざけられていたことは、婚姻を継続し難い重大な事由に該当する。

◆被告の主張
　（筆者注：下記被告の主張も、「理由」の部分から筆者が推測したものである。）
　婚姻を継続し難い重大な事由はない。

$$\boxed{\text{裁 判 所 の 判 断}}$$

　本判決は、夫Yは、性的に異常な性格を有していることが明らかであるが、それがいかなる程度のものであるかは明らかでなく、場合によっては、夫Y自身の努力と適確な医学的措置によって矯正することも可能なのではないかとも考えられるとした。しかし、性生活は婚姻生活における重大な要因の一つであって、妻Xがすでに、数年間にわたり夫Yとの間の正常な性生活から遠ざけられていることや、妻Xが夫YとAとの間の同性愛の関係を知ったことによって受けた衝撃の大きさを考えると、妻X、夫Y相互の努力によって正常な婚姻関係を取り戻すことはまず不可能と認められるから、夫婦間には民法第770条第1項第5号の「婚姻を継続し難い重大な事由」があり、これは夫Yの責によるものであると判断した。

$$\boxed{\text{ポ イ ン ト 解 説}}$$

1　同性愛の関係
　本判決は、同性愛を「性的に異常な性格」としており、今日の同性

愛者に対する認識からは外れた判断といえます。セクシュアル・マイ
ノリティに対する理解が進んだ現代においては、人の性的指向は異性
に向くものだけではなく、同性愛は人間の性愛の一つの形であるとい
う認識が法的にも社会的にも共有されており、同性愛は性的に異常な
性格とはいえません。

　したがって、破綻を主張する立場としては、同性愛が異常な性的性
格であるとの主張ではなく、夫婦間で性的指向が異なることが婚姻を
継続し難い重大な事由に該当すると主張すべきでしょう。そして、同
性愛者にも、女性の同性愛者（レズビアン）、男性の同性愛者（ゲイ）、
両性愛者（バイセクシャル）、解剖学上の性と自認する性が一致しない
者（トランスジェンダー）などの様々な形があることから、これらの
違いも踏まえて、性的指向がどのように異なるのか、その違いのため
に夫婦の婚姻関係を維持することが困難であることを具体的に主張す
べきでしょう。

② 性交渉の継続的拒絶

　夫婦の性生活は婚姻の基本となるべき重要事項であるとの考え方
（最判昭37・2・6民集16・2・206）を前提とすると、配偶者の恋愛対象が同
性であるため性交渉を拒絶されれば、夫婦の性生活という婚姻の基本
となるべき重要事項を欠くことになります。

　もっとも、性交渉の拒絶が一度あったというのみで離婚が認められ
るわけではなく、常に性交渉を拒絶するからこそ夫婦間の信頼関係を
裏切るものとして離婚原因になると考えられます。

　したがって、性交渉の継続的拒絶が、婚姻関係の破綻を基礎づける
事情になると主張するべきでしょう。

第9章　夫婦間の性的な問題　　183

証拠資料

◇同性愛の関係を立証する資料

【例示】録音・録画データ、パソコン・携帯電話のメール、LINEのトーク履
歴、陳述書等

◇性交渉拒否を立証する資料

【例示】録音・録画データ、パソコン・携帯電話のメール、LINEのトーク履
歴、日記、陳述書等

◇性交渉に応ずるよう説得したことを立証する資料

【例示】録音・録画データ、パソコン・携帯電話のメール、LINEのトーク履
歴、日記、陳述書等

＜参考判例＞

○妻の性交渉拒否により離婚するに至ったとして、妻に慰謝料150万円の支
払が命じられた事例（岡山地津山支判平3・3・29判時1410・100）（事例〔32〕）

○妻との性交渉を拒否しポルノビデオを見ながら自慰行為に耽るなどの夫
の行為が婚姻を継続し難い重大な事由に該当するとされた事例（福岡高判
平5・3・18判タ827・270）（事例〔33〕）

第9章　夫婦間の性的な問題

〔31〕　婚姻に際し妻に自己の性的不能を告知せず、またその後
　　　も性的不能が続いている場合には、「婚姻を継続し難い重
　　　大な事由」があるとされた事例

（京都地判昭62・5・12判時1259・92）

キーワード：性的不能

主張のポイント

1　夫が性的に不能であり、新婚旅行中も、また、約3年半の同居
　生活中も、性交渉がなかったこと

2　婚姻に際し、夫が、自己が性的に不能であることを秘してい
　たこと

事案の概要

○当事者等

　X：原告（妻）

　Y：被告（夫）

○事実経過

1　妻Xと夫Yは、昭和56年11月7日結婚式を挙げ、12月14日婚姻の届
　出をした。結婚式の後、9日間の日程でヨーロッパへ新婚旅行に出
　かけ、新婚旅行後の昭和56年11月中旬から、妻Xが実家へ帰った昭
　和60年6月1日までの間、夫Y住所地において同居していた。

2　夫Yは、昭和58年2月から複数の泌尿器科で受診し、また、精神科

第9章　夫婦間の性的な問題　　185

へ通い、また、昭和60年4月、a研究所へ行き検査、カウンセリング
を受けた。

3　妻Xと夫Yは、約3年半の間夫婦として同居していたにもかかわ
　らず、妻Xと夫Yとの間には子供が生まれていない。妻Xの体には
　子供ができない疾患は特になく、夫Yに、性的興奮や性的衝動が生
　じなかったためである。

当事者の主張

◆原告の主張

　妻X・夫Yは、結婚式の後、9日間の日程でヨーロッパへ新婚旅行に
出かけたが、その間、夫婦間において性交渉は一度もなかった。

　妻X・夫Yは、新婚旅行から帰ってきた後、昭和56年11月中旬から、
夫Yの住所地において生活を始めたが、妻Xが、夫Yとの同居を解消
した昭和60年6月1日までの約3年6か月の間、夫婦間には全く性交渉が
なかった。

　妻X・夫Yは、夫Yの性的不能を直すため、b大学病院、a研究所
等で診察を受けたが、夫Yの性的不能状態に変化はなかった。

　以上は、民法770条1項5号の「婚姻を継続し難い重大な事由があると
き」に該当する。

◆被告の主張

　民法770条1項5号の「婚姻を継続し難い重大な事由があるとき」には
該当しない。

第9章　夫婦間の性的な問題

186

裁判所の判断

本判決は、上記「事案の概要」記載の事実を考慮すれば、夫Ｙが性的に不能であることから、新婚旅行中も、また、約3年半の同居生活中も夫婦間に性交渉がもたれなかったことが推認されるとする。そして、民法770条1項5号の「婚姻を継続し難い重大な事由」とは、婚姻中における両当事者の行為や態度、婚姻継続の意思の有無など、当該の婚姻関係にあらわれた一切の事情からみて、婚姻関係が深刻に破綻し、婚姻の本質に応じた共同生活の修復の見込がない場合をいうところ、婚姻が男女の精神的・肉体的結合であり、そこにおける性関係の重要性からすれば、病気や老齢などの理由から性関係を重視しない当事者間の合意があるような特段の事情のない限り、婚姻後長年にわたり性交渉のないことは、原則として、「婚姻を継続し難い重大な事由」に当たるというべきであり、上記のように妻Ｘと夫Ｙとの間に夫婦関係がなかったことは、「婚姻を継続し難い重大な事由」に当たると判断した。

ポイント解説

1 性的不能による性交渉の不能

夫婦の性生活は婚姻の基本となるべき重要事項であるとの考え方（最判昭37・2・6民集16・2・206）を前提とすると、性的不能による性交渉の不能は、婚姻を継続し難い重大な事由を基礎付ける事情として主張し得るでしょう。

第9章　夫婦間の性的な問題　　187

　もっとも、治療等により性的不能が回復する場合もあることから、性的不能により性交渉ができないことが何回かあったことのみで婚姻を継続し難い重大な事由が認められるわけではなく、性的不能により性交渉が相当長期にわたってできなかったことから、夫婦間の信頼関係を裏切るものとして婚姻を継続し難い重大な事由に当たるものと考えられます。

　したがって、性的不能により性交渉が継続的に不能であり、今後も性交渉を行うことが期待できないことが、婚姻関係の破綻を基礎づける事情になると主張するべきでしょう。

② 性的不能の不告知

　婚姻生活における性関係の重要性、さらには、性交不能は子孫をもうけることができないという重要な結果に直結することからすれば、婚姻に際して相手方に対し自己が性的不能であることを告知しないということは、夫婦間の信頼関係を裏切るものといえます。したがって、婚姻前に性的不能を告知していなかったことは、婚姻への期待と夫婦間の信頼関係を裏切ったことになり、婚姻を継続し難い重大な事由に当たると主張すべきでしょう。

　ただし、婚姻に当たって性関係を重視しない当事者間の合意があるような場合には、例外的に、婚姻を継続し難い重大な事由となることを否定する事情があるといえるでしょう。ただし、この点は、性的不能による婚姻関係破綻を否定する側が主張・立証すべき事情となるでしょう。

証拠資料

◇**性的に不能であり性交渉がなかったことを立証する資料**

【例示】診断書、鑑定書、録音・録画データ、パソコン・携帯電話のメール、
LINEのトーク履歴、日記、陳述書等

◇**夫Yが妻Xと婚姻するに際し自己が性的に不能であることを秘
していたことを立証する資料**

【例示】陳述書、パソコン・携帯電話のメール、LINEのトーク履歴、日記、
録音・録画データ等

＜参考判例＞

○夫婦の性生活において、夫の態度が常態でなく、約1年半の同居期間中終
始変わらない状況にあり、また妻が、夫は睾丸を切除したけれど夫婦生
活には大して影響がないとの医師の言を信じて結婚したこと等の諸事情
があるときは、民法770条1項5号にいう婚姻を継続し難い重大な事由があ
るものと認められるとした事例（最判昭37・2・6民集16・2・206）

第9章　夫婦間の性的な問題　　189

〔32〕　妻が性交渉を拒否し続けることにより婚姻関係が破綻するに至ったとされた事例

（岡山地津山支判平3・3・29判時1410・100）

キーワード：性交渉拒否、暴言、暴力

主張のポイント

① 結婚初夜から別居に至るまで性交渉を拒否し続けたこと

② 性交渉を求めるたびに、雑言、暴言を発し、時折暴力にも及んだこと

事 案 の 概 要

○当事者等

　X：原告（夫）

　Y：被告（妻）

　　※夫X・妻Yは離婚済み

○事実経過

　離婚後一人で生活していた夫Xは、高校時代の友人の妹である妻Yが離婚し実家に帰っているのを知り、友人に妻Yを紹介してくれるよう頼んだ。友人の紹介で夫Xと妻Yは知り合い、交際を重ね、昭和62年9月結婚した。夫Xと妻Yとは結婚9か月で協議離婚した。夫Xは、離婚の原因は結婚初夜から夫Xとの性交渉を拒否し続けた妻Yに原因があるとして、妻Yに対し慰謝料等の支払いを求めた。

第9章　夫婦間の性的な問題

> ### 当事者の主張

◆原告の主張

　妻Yと夫Xとは、結婚初夜から後述別居に至るまで全く性交渉がなかった。妻Yが性交渉を拒否したのは、妻Yの体の異常が理由ではなく、精神的な問題に理由があった。

　妻Yは、夫Xが性交渉を求めるたびに、雑言、暴言を発し、時折暴力にも及んだ。妻Yは「こねんな男と一緒ならどこに住もうと一緒じゃ。」「方除でもして、少しは人間らしい気持になったらどうなら。」と夫Xを侮辱し、あるいは暴言を吐き、夫Xが実父と電話をした後、電話の内容が気にさわったのか夫Xを殴ったり背後から足蹴りしたりした。

　妻Yは性交渉拒否、暴言、暴力等により、一度として夫Xを夫として扱うことなく、夫Xを虐待し、婚姻関係を破綻させた。

◆被告の主張

　妻Yが何よりも決定的な打撃を受けたことは、結婚前、妻Yに対して、前妻について言っていた悪口、雑言とは裏腹に、夫Xが百枚近くの前妻の写真を大切にケースに保管しており、そのうえ、妻Yに対して、「僕は前の妻を今でも愛している。別れたくて別れたのではない。別れないと親が『勘当する。』と言ったから仕方がなかった。僕は最後まで帰って来て欲しかった。」等と言いだしたことである。新しいスタートに夢を抱きつつ、四国の新居へ嫁いだ妻Yは、その夢を先ず当初より決定的に打ちくだかれたのが、本件の婚姻関係破綻への発端であった。

　その後の夫Xの言動は、妻Yが生理の関係等々で性交渉に十分応じ

第9章　夫婦間の性的な問題　　191

ないことの不満、また、仕事の愚痴、前の別れた妻の話等々で日を追って異常性が激しくなった。

遂には、前の妻との性生活の話まで妻Yにする状況であった。

しかも、僅かの給料で生活がぎりぎりの妻Yは、前述の如き精神的打撃を受け、その気にもなれないため性生活を拒めば、夫Xは部屋中を大声で怒鳴ったり、物を叩き壊したり、食卓を傷付けたりするなど、妻Yも精神的におかしくなりそうであったが、折角の再婚ということもあり誰にも泣き言を話せないまま、一生懸命日常生活を送るべく努力した。

結局、夫Xの異常な言動が主要因となって二人の婚姻は決定的に破綻した。

裁 判 所 の 判 断

本判決は、夫X・妻Y間の婚姻は、結局、妻Yの男性との性交渉に耐えられない性質から来る夫Xとの性交渉拒否により両者の融和を欠いて破綻するに至ったものと認められると判示する。そして、そもそも婚姻は一般には子孫の育成を重要な目的としてなされるものであるから、夫婦間の性交渉も通常伴うべき婚姻の営みであり、当事者がこれに期待する感情を抱くのも極当たり前の自然の発露である。しかるに、妻Yは夫Xと婚姻しながら性交渉を全く拒否し続け、あまつさえ前述のような言動・行動に及ぶなどして婚姻を破綻せしめたのであるから、夫Xに対し、不法行為責任に基づき、慰謝料支払義務があると判断した。

ポイント解説

1 性交渉の継続的拒絶

夫婦の性生活は婚姻の基本となるべき重要事項であるとの考え方（最判昭37・2・6民集16・2・206）を前提とすると、性交渉の拒絶は、婚姻を継続し難い重大な事由を基礎付ける事情の一つとして主張し得るでしょう。

もっとも、性交渉を拒否するについて、病気、健康状態などの正当な理由が認められる場合もあることから、性交渉の拒絶が一度あったというのみで離婚が認められるわけではなく、常に性交渉を拒絶するからこそ夫婦間の信頼関係を裏切るものとして離婚原因になると考えられます。

したがって、性交渉の継続的拒絶が、婚姻関係の破綻を基礎づける事情になると主張するべきでしょう。

2 性交渉を求めた際の暴言、暴力等

夫婦喧嘩の際の一過性の軽微な暴言、暴力等があっただけでは、それ自体で婚姻を継続し難い重大な事由があると認められることはないと考えられます。他方、配偶者からの暴言、暴行の程度が重大である場合や、これらが日常的に行われている場合には、性交渉拒否と相まって婚姻を継続し難い重大な事由に該当すると判断されやすいでしょう。

したがって、性交渉拒否の際の暴言、暴行の程度が重大であること、これらの頻度が多いこと等を具体的に主張することが重要です。

第9章　夫婦間の性的な問題　　193

証拠資料

◇**性交渉拒否を立証する資料**

【例示】録音・録画データ、パソコン・携帯電話のメール、LINEのトーク履歴、日記、陳述書等

◇**性交渉に応ずるよう説得したことを立証する資料**

【例示】録音・録画データ、パソコン・携帯電話のメール、LINEのトーク履歴、日記、陳述書等

◇**暴言、暴力を立証する資料**

【例示】診断書、鑑定書、写真、録音・録画データ、パソコン・携帯電話のメール、LINEのトーク履歴、日記、陳述書等

＜参考判例＞

○ポルノ雑誌にばかり興味を示し夫婦生活に応じない夫の行為が婚姻を継続し難い重大な事由に該当するとされた事例（浦和地判昭60・9・10判タ614・104）

○婚姻に際し妻に自己の性的不能を告知せず、またその後も性的不能が続いている場合には、婚姻を継続し難い重大な事由があると判断された事例（京都地判昭62・5・12判時1259・92）（事例〔31〕）

○妻との性交渉を拒否しポルノビデオを見ながら自慰行為に耽るなどの夫の行為が婚姻を継続し難い重大な事由に該当するとされた事例（福岡高判平5・3・18判タ827・270）（事例〔33〕）

第9章　夫婦間の性的な問題

〔33〕　妻との性交渉を拒否しポルノビデオを見ながら自慰行為
　　　に耽るなどの夫の行為が婚姻を継続し難い重大な事由に該
　　　当するとされた事例

(福岡高判平5・3・18判タ827・270)

キーワード：性交渉拒否、暴言

主張のポイント

1　妻との性交渉を拒否し、ポルノビデオを見ながら自慰行為に
　耽り、一旦は改善を約しながら依然として改めなかったこと

2　性交渉拒否について不満を述べると、「女は子宮でしか物を
　考えられないのか。」と蔑んだこと

事案の概要

○当事者等
　X：被控訴人（一審原告）・妻
　Y：控訴人（一審被告）・夫

○事実経過
　妻Xと夫Yは、昭和58年ころから交際し、昭和63年9月20日婚姻の届
出をした夫婦で、両者の間には、長男（平成元年12月21日生）がいる。
妻Xと夫Yは、昭和60年ころから喫茶店を経営したり、カジュアル店
を経営したりしていたが、いずれも営業不振のため閉店し、平成元年
に洋服関係の店を始め、夫Yはそのころから不動産業を営むようにな
った。しかし、夫Yは、収入が多くなく、妻Xに十分な生活費を渡さ

第9章　夫婦間の性的な問題　　195

なかったため、妻Xは、実家から米、味噌、醤油などを送ってもらっていた。その反面、夫Yは、不動産の仕事の顧客開拓のため必要があるとして、外で飲食したり、ゴルフをしたりすることが多く、妻Xはこの点に不満を募らせていた。妻Xと夫Yとは、入籍後はほとんど性交渉はなく、妻Xが平成元年2月に懐妊するまでの間の2、3回程度を除き、それ以降、全く性的関係はない。そして、妻Xがそのことについて不満を述べると、夫Yは「女は子宮でしか物を考えられないのか。」と蔑んだ。一方、夫Yは、深夜にポルノビデオを見て自慰行為をし、妻Xが目撃して、それを指摘すると開き直る態度を示した。妻Xは、平成元年12月21日長男を出産したが、夫Yが育児に協力的でなく、外出するなどしたため、夫Yに対する愛情が薄れていった。妻Xと夫Yは、平成2年6月、ゴルフの件が発端となって口論となり、妻Xは、実家に帰ったが、このときは、夫Yが金銭面及び夫婦関係について改めると約束したので、妻Xは夫Yの下に戻ったが、約束は守られなかった。妻Xと夫Yは、平成3年4月、夫Yの実家で夫Yの母親と同居することになったものの、妻Xと夫Yの母親とは生活習慣などが異なることから、妻Xには同居生活が苦痛であり、妻Xは、同年6月、長男を連れて妻Xの実家に戻り、以後夫Yとは別居状態となっている。

$$\boxed{\text{当 事 者 の 主 張}}$$

◆被控訴人（一審原告）の主張（破綻主張）

　夫Yは、婚姻当初から妻Xとの性交渉を嫌い、特に平成2年ころからは全く性交渉を拒否するようになり、深夜、ほとんど毎晩ポルノビデオを見ながら自慰行為を行っていたこと、一担は改善を約しながら依然として改めなかったこと、性交渉拒否について不満を述べると、「女は子宮でしか物を考えられないのか。」と蔑んだことなどが婚姻を継

続し難い重大な事由に該当する。

◆控訴人（一審被告）の主張

妻Ⅹは、夫Ｙとの生活が安定せず、性交渉が途絶えがちであったことに不満を抱いて、本訴を提起しているにすぎない。夫Ｙは妻Ⅹとの婚姻生活の継続を強く望んでおり、妻Ⅹの態度如何によっては婚姻の継続は可能であるから、妻Ⅹと夫Ｙとの婚姻生活は未だ破綻しているとはいえない。

裁判所の判断

本判決は、妻Ⅹと夫Ｙの婚姻関係は既に破綻していると認めた。

すなわち、妻Ⅹと夫Ｙの婚姻生活は、夫Ｙが自営業であって収入に不安定な面があるため、当初からその生計に不安定要因を抱えていたものであるが、妻Ⅹは、夫Ｙが十分な説明をしないまま、生活費に事欠く状態であるのに、交際と称して出歩くことから夫Ｙの態度に思いやりのなさを感じたものであり、夫Ｙは、家庭を顧みて妻Ⅹの不満を解消する努力が十分でなかったといえる。また、妻Ⅹと夫Ｙとの性交渉は入籍後約5か月内に2、3回程度と極端に少なく、平成2年2月以降は全く性交渉がない状態であるのに、反面、夫Ｙ自身はポルノビデオを見て自慰行為をしているのであって、性生活に関する夫Ｙの態度は、正常な夫婦の性生活からすると異常というほかはなく、これらの点を指摘する妻Ⅹに対して、夫Ｙは、一旦は改善を約しながら依然として改めていないこと、妻Ⅹは、夫Ｙへの愛情を喪失し、婚姻生活を継続する意思が全くないこと等の事情から、妻Ⅹと夫Ｙとの間には「婚姻を継続し難い重大な事由」があると判示した。

第9章 夫婦間の性的な問題　197

$$\boxed{\text{ポイント解説}}$$

① 性交渉の継続的拒絶等

　男女間の精神的・肉体的な結合を重要な要素とする婚姻共同生活において、その正常な結合を妨げる事情（性交渉拒否など）が夫婦の一方にあれば、「婚姻を継続し難い重大な事由」として離婚原因になり得るといえます。判例も、「夫婦の性生活が婚姻の基本となるべき重要事項である」と指摘しており（最判昭37・2・6民集16・2・206）、婚姻共同生活における性関係の重要性に鑑みれば、病気、老齢などの理由により性関係を重視しない当事者間の合意があるなど特段の事情のない限り、夫婦間の「継続的な」性交渉拒否は婚姻を継続し難い重大な事由に当たると主張し得るでしょう。したがって、一過性でない性交渉拒否の事実を具体的に主張する必要があります。

　また、本判決でも指摘されているように、性交渉拒絶後、一旦は改善を約しながら依然として改めていないといった事情があれば、そのような事情からも、もはや破壊された信頼関係の修復は不可能であり婚姻関係が破綻していると主張すべきでしょう。

② 性交渉を求めた際の暴言

　本件事案では、妻Xが夫Yの性交渉拒絶について不満を述べると、夫Yは「女は子宮でしか物を考えられないのか。」との暴言をしています。

　配偶者からの暴言が「婚姻を継続し難い重大な事由」に当たるか否かについては、暴言の内容、回数、期間、それに至る経緯等を総合的に考慮して判断されるものと思われます。夫婦喧嘩の際の一過性の軽微な暴言があっただけでは、それ自体で婚姻を継続し難い重大な事由があると認められない場合が多いでしょう。他方、配偶者からの暴言の程度が相手方の人格を否定するような重大なものであり、そのよう

な暴言に至る経緯、事情、頻度をも考慮して、そのような暴言が婚姻を継続し難い重大な事由に該当するかどうか判断されることになります。

本件の事案では、夫Yが自ら、夫婦の信頼関係を破壊するような行為をしておきながら、これを指摘した妻Xに対して、「女は子宮でしか物を考えられないのか。」と妻Xの人格を否定するような暴言をしたことは、暴言の程度が重大であり、その頻度も多かったこと等を具体的に主張すれば、婚姻関係の破綻をより強くアピールできると考えられます。

証拠資料

◇夫Yの性交渉拒否を立証する資料

【例示】陳述書、日記、録音・録画データ、パソコン・携帯電話のメール、LINEのトーク履歴等

◇性交渉に応ずるよう説得したことを立証する資料

【例示】陳述書、日記、録音・録画データ、パソコン・携帯電話のメール、LINEのトーク履歴等

◇性交渉を求めた際の暴言を立証する資料

【例示】陳述書、日記、録音・録画データ等

＜参考判例＞

○ポルノ雑誌にばかり興味を示し夫婦生活に応じない夫の行為が婚姻を継続し難い重大な事由に該当するとされた事例（浦和地判昭60・9・10判タ614・104）

第10章　疾病・身体障害　　199

第10章　疾病・身体障害

〔34〕　妻が植物状態に陥り、夫が将来の治療費等を支払うこと
　　　　を妻の母と合意していることから婚姻関係が破綻している
　　　　と認められた事例

　　　　　　　　　　　（横浜地横須賀支判平5・12・21家月47・1・140）

キーワード：心神喪失、植物状態

```
┌─────────────────────┐
│      主張のポイント      │
└─────────────────────┘
```

　①　植物状態に陥り、回復の見込みがないこと

　②　長年、妻の面倒を見てきており、離婚後は、妻の世話をする
　　　母親と金銭的給付を行うことを合意するなどしたこと

```
┌─────────────────┐
│   事 案 の 概 要   │
└─────────────────┘
```

○当事者等

　X：原告（夫）

　Y：被告（妻Aの後見監督人（Aの実母））

　A：Xの妻

○事実経過

　夫Xと妻Aは、昭和51年に婚姻し、長男及び次男をもうけた夫婦で
ある。

　妻Aは、昭和56年ころに患った脳腫瘍のため、神経症状が現れ、昭
和63年ころからは、自立した生活が困難となった。妻Aは、自身の両

親のもとで療養生活を送り始め、治療を継続したものの症状の改善はなく、平成2年ころには植物状態となり、平成3年1月には第一級障害認定を受けた。同年5月に身体障害者療養施設に入所し、その後は同所での生活を送っている。なお、長男及び次男については夫Xが養育をしている。

夫Xは、妻Aと婚姻後、平和な家庭生活を送っていた。妻Aの発病後はAに対して各種治療を試み、看護や見舞い等できる限りのことをしてきたが、回復の見込みがないため、平成2年後半ころから、妻Aとの婚姻関係を維持することに疑問を持ち始めた。

夫Xは、妻Aの治療費を全額負担し、第一級障害認定を受けた後は、医療費はほぼ全額免除となったが、毎月5万円程度、妻Aの実家への仕送りを続けている。夫Xは、平成3年に妻Aの実母Yに対し、妻Aとの離婚につき話をするようになり、夫XとYとの間では、離婚後は夫XがYに一時金として300万円を給付するほか、妻A生存中は毎月5万円の定期金の給付をすることで合意している。

妻Aは、平成5年2月に、禁治産宣告の審判を受け、夫Xが後見人に選任された。同年4月には、夫Xの申立てにより、妻Aの実母Yが後見監督人に選任された。夫Xが妻Aに対して離婚を求めて提訴し、実母Yが妻Aの後見監督人として被告となった。

当事者の主張

◆原告の主張

夫Xと妻Aの実母Yとは、妻Aへの財産分与として、一時金300万円、終生にわたる月5万円の定期給付をすることに合意している（これについては被告も同様の主張をしている。）。

第10章　疾病・身体障害　　　201

◆被告の主張
　妻Aは、健康な女性であったが、病魔におかされ長い闘病生活のすえ変わり果てた。妻Aの実母Yとしては、離婚も止むをえないことと思うが、それが妻A本人の本意かどうかは窺いしれない状態であるので、裁判所の判断を求めるものである。

裁判所の判断

　本判決は、妻Aが植物状態にあり回復の見込みがないことを認定した上で、夫Xが長年妻Aのために治療や見舞いなどに誠意を尽くし、治療費の清算も終えて妻側に不利となる問題はなく、将来の治療費の負担についても社会保障制度により相当程度の見込みを確保していること、妻Aが植物的な状態となってから約4年が経過したことなど婚姻関係の実体を取り戻す見込みがないこと、妻Aの離婚後の生活、療養費用については後見監督人である妻Aの実母Yとの間で合意に至り、妻Aの実母Yを苛酷な状態に置かない配慮を示していること、子どもたちの養育などについて年齢、意向などの諸点から見ても不都合なところはなく、妻Aのみに特段の不利益を課するといった事情もないことから、夫Xと妻Aとの婚姻関係の破綻を認め、民法770条1項5号（同項4号の趣旨をも斟酌して）に該当するとして夫Xの離婚請求を認めた。

ポイント解説

1　意思疎通が困難な病気に罹患し回復の見込みがないとき
　夫婦の一方が不治の精神病にかかった事例については、妻が強度の精神病にかかり、回復の見込みがないとされた状態での夫からの離婚

請求につき、「民法770条1項4号と同条2項は、単に夫婦の一方が不治の精神病にかかつた一事をもつて直ちに離婚の請求を理由ありとするものと解すべきでなく、たとえかかる場合においても、諸般の事情を考慮し、病者の今後の療養、生活等についてできるかぎりの具体的方途を講じ、ある程度において、前途に、その方途の見込みのついた上でなければ、ただちに婚姻関係を廃絶することは不相当と認めて、離婚の請求は許さない法意であると解すべき」とした最高裁の判例（最判昭45・11・24家月23・4・26）があります。

　本件では、妻Aは脳腫瘍が原因で植物状態となっており、「強度の精神病にかかり、回復の見込みがないとき」（民770①四）には当たりませんが、意思疎通が困難であり、一方配偶者が婚姻の本質である夫婦の分業を維持し継続していく能力が欠如しているという状況が同じであることから、同条項の趣旨を斟酌し、上記最高裁判例に沿った判断がなされています。

②　離婚後の環境整備

　この場合、婚姻関係の破綻を主張する側としては、具体的には以下の点を主張・立証していくことになります。

・他方配偶者の病気の治癒・回復に向けた努力を行ったこと
・離婚により、他方配偶者を経済的困窮状態に陥らせないこと
・他方配偶者の療養・生活についても具体的な方策がとられていること
・病気に罹患してからある程度の期間が経過していること

　なお、上記に加え、未成年の子がいる場合は、子の養育環境が整備されていることや、子の心情に配慮していることなどもポイントになるでしょう。

第10章　疾病・身体障害　　　　203

証拠資料

◇**病気が回復する見込みがないことを示す資料**

【例示】医師の診断書

◇**治療・回復に向けた努力を行ったことを示す資料**

【例示】日記、陳述書等

◇**離婚後の治療費や生活費についての手当を示す資料**

【例示】障害年金等の社会保障制度が受けられることを示す資料（受給証明書等）、他方配偶者の家族との合意書等

◇**離婚後の療養・生活の具体的方策を示す資料**

【例示】施設との契約書、陳述書等

＜参考判例＞

○妻が強度の精神病にかかり回復の見込みがない場合において夫からの離婚請求が認められた事例（最判昭45・11・24家月23・4・26）

〔35〕　妻の言動はうつ病の影響を受けたものである可能性があり、婚姻関係は破綻に瀕してはいるが、うつ病が治癒し、又は夫の理解が深まれば改善することも期待でき、現時点では破綻していないとされた事例

（名古屋高判平20・4・8家月61・2・240）

キーワード：うつ病、関係修復に向けた努力

主張のポイント

　妻のうつ病罹患の影響により、夫婦関係が円滑を欠き、別居するに至ったこと

事 案 の 概 要

○当事者等
　X：被控訴人（一審原告）・夫
　Y：控訴人（一審被告）・妻

○事実経過
　夫Xと妻Yは、平成14年に婚姻した夫婦であり、長男がいる。
　夫Xと妻Yは、夫Xの実家から徒歩15分ほどのアパートで暮らしていたが、妻Yと夫Xの母との折り合いが悪いことなどのため、平成16年ころから妻Yが実家に戻る形で別居しており、長男は妻Yが養育している。妻Yは、別居してすぐに、うつ病による抑うつ状態と診断され、原因は夫Xの母や夫Xとの関係にあるとの説明を受けた。
　夫Xは、別居当初は離婚を考えていなかったが、妻Yとの話合いの

第10章　疾病・身体障害　　205

中で、夫Xが提案した社宅への転居が拒否され、逆に妻Yからは夫X
が会社を退職して関東方面に転居するという夫Xにとっては非現実的
な提案がなされたため、次第に妻Yを信じる気持ちがなくなってしま
った。

　妻Yは、次第に病状が安定して回復に向かっており、平成17年には
長男を連れて自宅に戻り、逆に夫Xが実家に戻ったが、平成19年、妻
Yも長男と共に実家近くの居宅に転居した。

　夫Xと妻Yは、夫Xが平成16年に離婚調停の申立てをして以来、調
停や訴訟の機会を除くとほとんど話合いの場を持つことができていな
かった。

　原審は、夫Xと妻Yとの交流がほとんどないこと、妻Yには夫Xと
の関係修復への強い思いがあるものの、結局は夫Xの変化を期待する
にすぎないものであること、妻Yのうつ病の影響のため、夫Xはすっ
かり関係修復の意欲を失っていること等を理由に、婚姻関係の破綻を
認めた。そこで、妻Yが控訴を提起した。

当事者の主張

◆被控訴人（一審原告）の主張

　妻Yは、平成19年に自宅から長男と共に妻Yの実家近くの居宅に転
居しており、妻Y自身も夫Xとの関係を修復することが困難であると
考えるに至っている。

　婚姻後の同居期間が約2年4か月であるのに対し、別居期間は約3年3
か月余りに及んでおり、婚姻後の同居期間より別居期間の方が長い。

　平成16年に最初に離婚を言い出し別居をしたのは妻Yであり、妻Y
は、離婚話を切り出しただけでなく、弁護士に依頼して慰謝料請求を
するなどと言って夫Xを脅した。夫Xは当初、妻Yに対し、帰ってく

るよう求めて話合いを続けたが、妻Yは離婚を主張して同居にも応じず、大声で自殺するなどと口走り、夫Xを一方的に非難し続けた。

夫Xは、妻Yに対し、社宅に住むことの提案をしたが、妻Yは、これを拒否し、現在の仕事を辞め関東方面で仕事を探して生活できないか、夫Xの両親と全く縁を切った形で生活できないかなどと無理な要求をした。

このようなやり取りを経て夫Xは離婚を決意し、婚姻関係が破綻した。

◆控訴人（一審被告）の主張

夫婦は、互いに協力しなければならない義務を負っている。妻Yの精神状態や別居の原因は、夫Xが妻Yの言葉に聞く耳を持たず、妻Yの気持ちを受け入れず、理解しようとしないことにあるのであって、夫Xには夫婦間の協力義務に対する違反がある。

夫Xの婚姻関係修復への意欲喪失は、うつ病に対する無理解に由来しているのであり、夫Xが正しい理解を得れば、再び婚姻関係修復への意欲を持つことは十分に可能である。

民法770条1項4号との均衡を考えれば、うつ病に罹患した直後の妻Yの言動により夫Xが一旦婚姻関係修復の意欲を失ったことをもって、婚姻を継続し難い事由があるとはいえない。

> ## 裁 判 所 の 判 断

原審が婚姻関係の破綻を認めたのに対し、本判決は、婚姻関係の破綻を認めず、以下のとおり判示した。

妻Yは、婚姻関係の修復に強い意欲を有しており、この思いの強さは、夫Xが離婚調停を申し立てた後に妻Y自身の実家からあえて自宅

第10章　疾病・身体障害　　　　　207

に戻り、夫Ｘと婚姻関係修復の方向での話合いの機会を持とうとした
ことからも窺える。

　平成16年ころにおける妻Ｙの夫Ｘに対する感情的、攻撃的な言動は、
うつ病の影響を受けたものであったと考えられる。妻Ｙのうつ病が治
癒すれば、妻Ｙと夫Ｘの関係や妻Ｙと夫Ｘの親族との関係も改善し、
婚姻関係は円満に修復する可能性もある。

　夫Ｘは、妻Ｙからうつ病に罹患している旨を聞かされていながらそ
の治療に協力したりその治癒を待つことなく、平成16年に事実上の別
居状態が開始してから約4か月後に早くも離婚調停を申し立て、平成
17年に自宅に戻ってきた妻Ｙと正面から向き合わずに、同居や婚姻関
係の修復を拒絶して、15分の距離に居住する長男に会いに行くことも
していない。夫Ｘが離婚を考える原因となった妻Ｙの言動は、うつ病
の影響を受けたものである可能性があるから、その治療を待ち病気の
影響を除いた状態で、夫Ｘに、妻Ｙ及び長男との家族関係、婚姻関係
に向き合う機会を持たせることが相当である。

　以上からすると、夫Ｘと妻Ｙの婚姻関係は破綻に瀕しているとはい
えるが、妻Ｙは現在も婚姻関係を修復したいという真摯でそれなりの
理由のある気持ちを有していること、同居期間中は円満に婚姻生活を
営んでいたのであるから、妻Ｙのうつ病が治癒し、あるいは妻Ｙの病
状についての夫Ｘの理解が深まれば、婚姻関係が改善することも期待
できることからすると、婚姻関係はいまだ破綻しているとまではいえ
ない。

$$\boxed{\text{ポイント解説}}$$

(1)　精神的な病気の影響下での離婚意思

　精神症状を伴う病気に罹患した場合、攻撃性が高まったり、気分の

落ち込みが激しかったりと、これまでとは人が変わったかのような言動をとることがあります。

　一方配偶者がこのような病気に罹患した中で離婚を請求し始めた場合、それが真意に基づくものであるかの判断は非常に困難です。病気にかかる前の婚姻生活の状態は円満なものであったのか、病状に波がある場合は、病状が弱まったときの離婚意思はどうなのか、病気の原因がストレス等の外部的要因に基づくものである場合は、その外部的要因が家族以外のところにあるものなのか（家族の存在や婚姻の継続そのものがストレスとなっていないか）等を総合的に判断することになるでしょう。

(2)　病状への理解

　たとえば妻が病気の影響のために攻撃性が高まり、連日夫を責め立てるような言動を続けた場合、夫がやがて関係修復への意欲を失うことはやむを得ない面もあります。原審は、この点も重視し、婚姻関係の破綻を認めましたが、本判決は、心情としては理解できるとしながらも、婚姻関係の破綻を認めなかったのであり、ここは裁判所によっても判断が分かれるところです。

　妻の言動が明らかに病気の影響を受けたものである場合は、夫としては、妻の病状を理解し、治療に協力したり、治癒を待って話をしたりすることが必要となるでしょう。治療を続けていても改善がみられない場合や、治療自体を拒否し続ける場合などには、そのこと自体が、婚姻関係の破綻を基礎づける一要素となるものと考えられます。

(3)　婚姻関係の修復の意思とそれに向けた具体的な努力

　一方配偶者が婚姻関係の修復に対し強い意欲を有しており、具体的な方策を挙げて婚姻関係を修復することができるとの考えを主張している場合、破綻を主張する他方配偶者としては、その考えが客観性を欠くものであることを主張する必要があります。ただし、方策の内容

によっては、抽象的に指摘するだけでは足りず、相手の考えに沿うように実際に努力をしたけれども、やはりうまくいかなかったということを具体的に示す必要があるでしょう。

証拠資料

◇病状の理解、治療への協力を行ったことを示す資料

【例示】妻Yとのメール・LINE等のメッセージのやり取り、陳述書等

◇関係修復に向けた努力を行ったことを示す資料

【例示】妻Yとのメール・LINE等のメッセージのやり取り、陳述書等

◇病状や回復状況を示す資料

【例示】医師の診断書、カルテ、妻Yの言動が分かる資料（手紙、メール・LINE等のメッセージアプリ）等

＜参考判例＞
○本判決の原審（名古屋家岡崎支判平19・3・14家月61・2・251）

第10章　疾病・身体障害

〔36〕　婚姻関係の破綻は、痛風、アルコール依存症になるほどの大量飲酒や女性問題等に起因するところが大きく、夫から妻の不貞相手に対し、不貞行為を理由とする損害賠償請求をすることは信義則に反し、権利濫用であるとされた事例

（東京地判平26・9・29（平25（ワ）20169））

キーワード：不貞行為、大量飲酒、信義則違反、権利濫用

主張のポイント

1　夫の大量飲酒や女性問題等により夫婦関係が悪化し、別居に至ったこと

2　妻の不貞行為は夫の問題行動によって引き起こされたのであり、不貞行為は婚姻関係の破綻に直接影響していないこと

事 案 の 概 要

○当事者等

X：原告（夫）

Y：被告（妻Aの不貞相手の男性）

A：Xの妻

　※夫X・妻Aは離婚済み

○事実経過

　夫Xと妻Aは、平成18年12月に婚姻した夫婦である。

　夫Xは、婚姻前から酒量が多く、痛風と診断され投薬治療を受けた。夫Xは、妻Aに隠れて飲酒を続け、夫Xの飲酒を巡って夫婦で口論と

第10章　疾病・身体障害　　211

なることも多かった。

　また、妻Aが夫Xの前妻への慰謝料の支払いのために消費者金融から200万円を借りたこともあり、平成19年頃には、夫Xが妻Aに無断で前妻と会っていたことが発覚したが、妻Aは夫Xを宥恕したこともある。

　妻Aは、夫Xの飲酒問題等に深く悩み、平成20年11月頃、自殺を思い立ち、手紙を残して家出したこともあった。

　平成21年2月頃、夫Xの不貞行為が妻Aに発覚し、夫Xは二度と女性と連絡をとらないことを約束したが、平成23年8月頃にも再び不貞行為をしていることが発覚した。この頃、妻Aは体調を崩して救急車で病院に搬送され、ストレスが原因の可能性がある起立性調節障害と診断された。

　夫Xと妻Aは、平成23年10月19日、夫Xの飲酒を巡って口論となり、妻Aは、飲酒問題について改善の努力をしない夫Xとの婚姻関係に失望し、離婚を決意した。妻Aは、以後、外泊することが多くなり、同年11月以降夫Xとの別居を開始した。

　妻Aは、同年11月2日から翌12月にかけて、男性Yと複数回にわたり性的関係をもった。

　妻Aは、平成24年、夫Xに対し、慰謝料請求を含む離婚訴訟を提起し、夫Xも、妻Aに対し、妻Aと男性Yとの不貞関係を理由とする慰謝料請求を含む反訴を提起した。東京家庭裁判所は、平成25年5月、夫Xと妻Aの離婚を認め、夫X及び妻Aの慰謝料請求をいずれも棄却した。夫Xはこれに控訴したが、東京高等裁判所は、夫Xの控訴を棄却した。

　本件は、夫Xが男性Yに、男性Yが妻Aと不貞行為をしたとして慰謝料等の支払いを求めた裁判である。

当事者の主張

◆被告の主張

　夫Xと妻Aとの離婚訴訟では、夫Xと妻Aとの婚姻関係の破綻について夫Xにも過失があったことを理由に、夫Xの妻Aに対する男性Yとの不貞行為による慰謝料請求が棄却された。不貞行為の主たる責任は、第一次的には不貞行為をした配偶者にあり、不貞行為の相手方の責任は副次的なものというべきことからすれば、夫Xは、妻Aに対し、不貞の慰謝料を請求することができない以上、信義則上、男性Yに対して慰謝料の請求をすることもできないというべきである。

◆原告の主張

　夫Xと妻Aとの離婚訴訟においても、男性Yと妻Aの関係も、夫Xと妻Aの婚姻関係の悪化の大きな要因となったことが認定されており、男性Yが夫Xに対し共同不法行為責任を負うことは明らかである。

裁判所の判断

　本判決は、男性Yと妻Aが性的関係を持った当時、夫Xと妻Aの婚姻関係が既に破綻していたとは認められないとしたが、以下の理由から、夫Xの請求は信義則に反し権利を濫用するものであって許されないとし、請求を棄却した。

　夫Xは、妻Aとの婚姻中、借金問題のほか、特に女性問題及び過度の飲酒など、それだけで離婚原因となり得る問題をたびたび引き起こし、これに耐えかねた妻Aが、平成23年10月以降、外泊を繰り返すようになり、男性Yと性的関係を持つに至ったのであって、妻Aが男性Yと性的関係を持つに至った原因が、夫Xが引き起こした上記問題にあることは明らかである。しかも、夫X自身、妻Aとの婚姻中に少な

第10章　疾病・身体障害　　213

くとも2度不貞行為に及んでおり、それについては妻Aから宥恕を得
ており、妻Aが男性Yとの不貞行為をやむを得ないものと考えたとし
ても無理からぬものがあるというべきである。加えて男性Yと妻Aの
交際は、妻Aが男性Yを誘う形で始まっており、男性Yが不貞行為を
主導した等の事実も見当たらない。

　以上のとおり、夫Xと妻Aの婚姻関係の破綻は、夫Xが起こした飲
酒問題や女性問題等に起因するところが大きく、他方で、男性Yと妻
Aの不貞行為が婚姻関係の破綻に寄与した程度は相対的に低いのであ
って、かかる事情の下で、夫Xが男性Yに対し不貞行為を理由とする
本件損害賠償請求をすることは、信義則に反し、権利を濫用するもの
であって許されないと認めるのが相当である。

ポイント解説

1　別居と婚姻関係破綻

　婚姻関係が破綻したと認められるには、当事者の婚姻継続意思の喪
失の事実だけでは足りず、客観的に婚姻関係が修復不可能といえる状
況の存在が必要とされています。

　一般的に、夫婦間の別居が長期間に及んだ場合は、婚姻関係の破綻
が認められやすくなりますが、別居直後の場合は、たとえ夫婦の一方
が強く離婚を望み、別居を開始した場合であっても、その事実だけで
は客観的に婚姻関係の修復見込みがないとまではいえず、婚姻関係の
破綻が認定されるのは難しいでしょう。

　どの程度別居期間が経過すれば婚姻関係が破綻したと認められるか
については、一概にはいえず、同居期間との比較、同居期間中の夫婦
仲や、別居後の夫婦間の交流状況等を考慮して、総合的に判断するこ
とになります。

② 不貞行為の主張と信義則違反

　本判決は、男性Ｙと妻Ａが性的関係を持った時期につき、夫Ｘと妻Ａの婚姻関係が破綻する前であると認定しましたが、婚姻期間中における夫Ｘの金銭問題、女性問題、飲酒問題等を理由に、夫Ｘの男性Ｙに対する慰謝料請求は信義則に反し権利濫用であるとして認めませんでした。

　本判決は、信義則違反の理由付けとして、妻Ａが男性Ｙと性的関係を持つに至った原因が夫Ｘにあると認定し、また、夫Ｘ自身が婚姻期間中に2度の不貞行為に及び妻Ａから宥恕を得ており、妻Ａが男性Ｙとの不貞行為をやむを得ないものと考えたとしても無理からぬものがあるとしています。夫の問題行動があまりに酷く、妻がこれに耐えかねて他の男性に救いを求めて不貞行為をしたというような主張はしばしば見られるものですが、通常、夫婦間の問題を他者との性的関係に昇華する必要はないことから、このような主張は、一般的には容易には認められないでしょう。

　また、本判決は、婚姻関係の破綻は、夫Ｘの問題行動に起因するところが大きく、男性Ｙと妻Ａとの不貞行為が婚姻関係の破綻に寄与した程度が相対的に低いという理由も述べています。婚姻関係の破綻に対する寄与度が大きい配偶者（有責配偶者）からの離婚請求は信義則違反によって排斥しうるとする判例の流れからすると、有責配偶者からの第三者に対する慰謝料請求についても同様の理由で排斥するのは当然といえましょう。

　この場合、妻側としては、婚姻関係の破綻に繋がるような相手方配偶者の問題行為をできるだけ具体的・詳細に主張・立証すべきことになります。

第10章　疾病・身体障害　　　215

証拠資料

◇夫Xの問題行為を示す資料

【例示】不貞行為の証拠となる調査報告書やメール、飲酒行為の記録や飲酒
による治療にかかる領収書、借金を繰り返していたことの記録（消
費者金融の明細等）、暴力行為があったことの記録（写真、診断書等）、
問題行為についての相手方とのやりとりの記録（手紙、メール等）

◇夫Xの問題行為につき、妻Aが心労を抱えていたことを示す資料

【例示】日記や診断書等

第11章　犯罪行為

〔37〕　婚姻の前後にわたり、夫が詐欺罪を犯し実刑を受けており、婚姻関係が破綻していると認められた事例

(新潟地判昭42・8・30判時519・84)

キーワード：犯罪行為、実刑判決、無就労

主張のポイント

1　家族が窮状にありながら、勤労意欲がなく、怠惰な生活を送っていたこと

2　犯罪癖に改善見込みがないこと

事案の概要

○当事者等

X：原告（妻）

Y：被告（夫）

A：XとYの長女

B：Yの父親の養母

○事実経過

　妻Xと夫Yは、昭和39年秋頃に知り合い、同年12月6日に挙式をし、事実上の婚姻生活に入った。夫Yは、詐欺及び窃盗の前科が計三犯あり、昭和39年9月13日に最終の刑を終了したところ、妻Xは、この事実

第11章　犯罪行為　　217

を挙式後の12月16日に初めて夫Yから告白された。妻Xは大きな精神的打撃を受けたが、夫Yが当時まじめに勤務していたことから宥恕し、昭和40年3月24日に婚姻の届出をした。

　その後、夫Yが自身の父親の養母Bを扶養することになった。妻Xはこの頃妊娠しており、また養母Bの看病もあり同年7月頃勤務先を退職した。ところが、夫Yの勤労意欲がなくなり、欠勤が続くなど勤務態度が悪かったことから、勤務先の経営者から勧告を受けて退職した。

　一方、夫Yは養母B所有の家屋を売却し、弟妹と協議の上、その代金100万円のうち、40万円の分配を受けた。この頃から、妻Xの懇願にもかかわらず定職に就こうとせず、連日外出し無断で外泊するなど怠惰な生活を送っていた。分配金40万円についても、昭和40年9月頃には使い果たし、当時実家と嫁ぎ先とで半々で負担する慣習のあった出産費用も夫Y側では負担せず、食費や電気代も支払えずに、妻Xの実家に頼ったり、家主に立て替えてもらったりしていた。妻Xがこのことをなじると、夫Yは妻Xを殴打することもあった。

　さらに、夫Yは、昭和40年8月から翌年1月にかけて、12回にわたり電気製品を業者から詐取し、その後逮捕され、裁判所において詐欺罪により懲役2年に処せられ服役した。妻Xは離婚を求めて提訴した。

当 事 者 の 主 張

◆原告の主張

　夫Yは、挙式後に初めて自身の前科について打ち明けた。妻Xは大きな精神的打撃を受けたが、当時は夫Yがまじめに勤務していたことから結婚生活の継続を決意して婚姻の届出をした。

　養母Bを引き取ることになった頃から夫Yの勤労意欲がなくなり、

連日外出し、無断外泊もあった。その上、養母B所有の不動産の売却費用のうち夫Yが分配を受けた40万円についても、4か月後には使い果たし生活費に事欠くようになった。これが原因で夫婦げんかが絶えなくなり、夫Yが妻Xに暴力を振るうようになった。

夫Yは、昭和40年8月頃から翌年1月頃にかけて数回詐欺を行い、逮捕されて2年の懲役に処せられ服役した。その後、妻Xらは、困窮のあまり家賃を滞納し、借家から退去させられ、現在は、養母Bは病院に入院し、長女Aは乳児院に預けられ、妻Xは旅館に住み込みで働いている。

夫Yの家族を顧みない無責任な生活態度と犯罪癖は改善の見込みがなく、将来婚姻生活を続けることは耐えられない。これらの事情は、婚姻を継続し難い重大な事由に該当する。

◆被告の主張

夫Yが妻Xに前科を打ち明けたのは、挙式前である。妻Xはそれを知りながら婚姻生活に入っている。

夫Yが退職したのは、妻Xに原因があり、勤労意欲を失ったためではないし、再就職についても最善の努力をしたが、前科者であることが響いて失業状態が続いていた。

夫Yは過去を反省し、出所後更生する熱意に燃えており、妻子が心の糧として必要であるし、現在でも妻子に対する愛情を抱いているから、婚姻を継続し難い重大な事由などない。

裁判所の判断

本判決は、以下のとおり述べて、夫Yの責任による婚姻関係の破綻を認め、離婚を認容した。

第11章　犯罪行為　　　219

　すなわち、夫Yは夫として、一家の生計の支えとなるべき立場にありながら、また、長女出生という人生の転機を迎えながら、事実経過記載のような家族の窮状を知りつつ、いたずらに妻X及びその実家に負担を強いるのみで、勤労意欲がなく、無計画で怠惰な生活態度を変えようとしなかった。その上、夫Yは詐欺罪により、四度目の服役をすることとなり、残された妻X、長女A、養母Bは分散して生活せざるを得なくなったのである。

　これらの事情は、民法770条1項5号にいう婚姻を継続し難い重大な事由に該当する。

ポイント解説

1　一方配偶者の勤労意欲及び生活態度

　本件は、夫Yの犯罪行為も婚姻関係の破綻の一つの要因として認定されていますが、夫Yに勤労意欲がなくなったこと及び家族を顧みない態度が主な要因であると考えられているようです。

　本件では、夫Yが婚姻後、勤務先を退職したあたりから勤労意欲を失い、養母Bの家屋を売却して分配を受けた金銭もすぐに使い果たし、妻Xの懇願にもかかわらず再就職しようとしないどころか、連日外出して、無断外泊も多く、食費や光熱水費すらも支出できないほどに窮状にあった家族を顧みることなく、さらには、そのことについて諫めた妻Xに対し暴力を振るうなどの事情もあったところ、妻Xは、このことを詳細かつ具体的に主張しています。

　証拠資料についての詳細は不明ですが、以上のような詳細な事実を立証できたからこそ、婚姻関係の破綻の主張が認められたのでしょう。次項2の犯罪行為がなくとも、以上の事情だけで婚姻関係の破綻が認められていた事例かもしれません。

② 婚姻期間中の犯罪行為

(1) 妻Xと夫Yが挙式を挙げるまで、夫Yが自己の前科を妻Xに打ち明けることがなかったことから、妻Xが大きな精神的打撃を受けたことが認定されています。

　この点については、仮に、婚姻届を提出した後にこの事実を妻Xが知り、宥恕することがなかった場合には、婚姻関係の基礎となる夫婦間の信頼関係が大きく揺らぐことになり、婚姻関係の破綻の主要因になった可能性はあります。本件では、妻Xの宥恕により、前科の告白後に婚姻届を提出していますので婚姻前の前科については裁判所の判断にも特に取り上げられていません。

　本件は、上記のような事情があった上に、夫Yが再び詐欺に手を染め、逮捕されて懲役2年に服役したことから、婚姻関係の破綻が認められたものです。妻Xの主張としては、上記のとおり、犯罪行為だけでなく、それまでの夫Yの勤労意欲や生活態度について、詳細かつ具体的な主張を展開したことから、詐欺罪による服役が、夫Yの生活態度を再確認させる事情、あるいは付加的な事情として、婚姻関係の破綻が認定されたものと思われます。

(2) 犯罪行為による婚姻関係破綻を主張する場合には、犯罪行為の内容や軽重、配偶者や婚姻生活に与えた影響などの諸事情が総合的に考慮されることを念頭に置いた主張をする必要があります。

　犯罪行為により相手方配偶者の信頼と愛情が失われていること、服役等により家庭生活の破壊や生活困難がもたらされていること、勤労意欲の欠如や怠惰な生活態度などが犯罪行為に結び付いたことなどを合わせて主張することで、婚姻関係の破綻が認められる可能性は高くなると思われます。

第11章 犯罪行為 221

証拠資料

◇夫Yの欠勤が多く、勤務態度も悪かったことを示す資料

【例示】夫Yの勤務先の経営者の陳述書、出勤簿

◇夫Yに前科があること及び前科の時期を示す資料

【例示】夫Yの前科についての刑事確定記録

◇夫Yが婚姻期間中に詐欺を行ったことを示す資料

【例示】同事件の刑事確定記録

◇夫Yの退職の原因が妻Xにあるわけではないことを示す資料

【例示】妻Xの勤務先の経営者の陳述書

＜参考判例＞

○夫が窃盗罪で逮捕され実刑判決が下されたこと等により婚姻関係は破綻
　しており、婚姻を継続し難い重大な事由があるとして離婚請求が認容さ
　れた事例（福岡家判平28・1・29（平27（家ホ）148））（事例〔38〕）

○職場を転々とし、犯行を重ねる夫に対する妻からの離婚請求について、
　夫の生活態度、妻から夫への愛情喪失から、将来円満な夫婦関係に復帰
　できる見込みがないものと解されるとして、婚姻を継続し難い重大な事
　由に該当するとされた事例（水戸家土浦支審昭36・9・25家月13・12・58）

222　第11章　犯罪行為

〔38〕　夫が窃盗罪で逮捕され実刑判決が下されたこと等により
　　　婚姻関係は破綻しており、婚姻を継続し難い重大な事由が
　　　あるとして離婚請求が認容された事例

（福岡家判平28・1・29（平27（家ホ）148））

キーワード：犯罪行為、実刑判決、別居

主張のポイント

　婚姻後に一方配偶者が逮捕され、実刑判決を受けて服役したこと

事案の概要

○当事者等
　X：原告（妻）
　Y：被告（夫）

○事実経過
　妻Xと夫Yは、平成25年11月28日に婚姻の届出をした。
　夫Yは、平成26年2月18日、目薬や風邪薬等を万引きしたという窃盗の事実で逮捕され、また、同年8月25日、懲役3年程度の実刑判決が確定し、現在、刑務所で服役している。妻Xが離婚訴訟を提起した。

当事者の主張

◆原告の主張
　事実経過記載のとおり、夫Yは、窃盗の事実で逮捕され、懲役3年程

第11章　犯罪行為　　　223

度の実刑判決が確定し、服役している。

　妻Xは、夫Yが逮捕された時点で離婚したいと思うようになり、夫Yが刑務所に入ったときに離婚の意思を固めた。

　夫Yが犯罪を行った結果、服役するに至ったことにより夫婦の婚姻関係は破綻しており、婚姻を継続し難い重大な事由がある。

◆被告の主張

　夫Yは妻Xの主張を全面的に争った。

裁判所の判断

　本判決は、婚姻関係の破綻を認定し、妻Xの離婚請求を認容した。そして、①妻Xと夫Yは、婚姻の約3か月後には、夫Yの逮捕を契機として別居するに至ったこと、②夫Yが今後も服役することから、別居が相当期間継続することになること、③妻Xが、夫Yの犯罪行為による服役を受けて、離婚する意思を固めていることが認められ、これらの事情を総合すると、妻Xと夫Yとの婚姻関係は、完全に破綻に至っており、婚姻を継続し難い重大な事由（民770①五）があると判示した。

ポイント解説

(1)　配偶者が婚姻後に逮捕されて実刑判決を受けて服役したこと

　旧民法では、配偶者が破廉恥罪を犯し又は重罪による処分を受けたことが離婚理由の一つとされていましたが、現行法ではこのような規定はありませんから、犯罪行為を犯したり、受刑したという事実だけをもって、直ちに婚姻を継続し難い重大な事由に該当するとはいえないでしょう。

現行法下でも、配偶者に向けられた暴力等の犯罪行為やそれによる服役（内容・程度によりますが）が民法770条1項5号の事由に該当し得ることに争いはないと思いますが、そうではない犯罪行為や服役によっても、長期間にわたり婚姻共同生活が不可能になったり、他方配偶者の名誉に重大な影響を与える場合には、5号の事由に該当するといえるでしょう。

本件では、夫Yが万引きをしたという窃盗の被疑事実で逮捕され、その結果、懲役3年程度の実刑判決が確定して服役していますが、仮に、服役期間が短く、また、執行猶予になっていたとしたら、窃盗の被疑事実で逮捕され、有罪判決がなされたというだけでは婚姻関係の破綻が認められなかった可能性もあります。本件では、夫Yは、婚姻後約3か月後に3年間程度の実刑判決により服役しており、それにより、婚姻期間に比して長期の別居期間が生じること、そして、そのことにより妻Xが離婚の意思を固めていることが重要な要素として考慮されていることが判決文からもいえるでしょう。

(2)　配偶者が犯罪行為を行った場合の主張

以上に述べたように、配偶者が他方の配偶者（同居の家族も含まれると思いますが）以外に対して犯罪行為を行った場合に、犯罪行為そのものの主張はもちろん、実刑であれば服役中長期にわたり夫婦が別居状態となること（婚姻による同居期間と別居を強いられる期間の対比も重要でしょう。）、実刑でなくても、当該犯罪行為によって、他方の配偶者又は家族、親族の名誉に重大な影響を与えたことを主張する必要があるでしょう。

後者の例としては、父親の犯罪行為が噂で広まり、子どもが学校でいじめられた、あるいは、配偶者の犯罪行為により家庭が経済的にたちゆかなくなり、家庭生活が崩壊又は困難となった場合などが挙げられるでしょう。

第11章　犯罪行為　　225

　婚姻関係の破綻を主張するためには、配偶者の犯罪行為の内容自体も、もちろん問題となりますが、犯罪行為による婚姻生活に及ぼす具体的な影響が重要であり、この点を具体的に主張することが必要となるでしょう。

証拠資料

◇夫Ｙが逮捕され服役したことを示す資料

【例示】夫Ｙの刑事確定記録

◇妻Ｘに婚姻継続意思がないことを示す資料

【例示】妻Ｘの陳述書

＜参考判例＞

○婚姻の前後にわたり、夫が詐欺罪を犯し実刑を受けており、婚姻関係が破綻していると認められた事例（新潟地判昭42・8・30判時519・84）（事例〔37〕）

○夫が婚姻後詐欺罪で2回服役し、家族の生活に重大な支障を与えたことを認定し、2回目の服役中の夫に対する離婚請求が認容された事例（釧路地帯広支判昭27・11・7下民3・11・1580）

○夫の詐欺事件が莫大な金額にのぼる国際的事件であったため、新聞などに好奇的に取り扱われ、精神上及びその社会的地位の上から大きな痛手を被り、長年にわたり別居せざるを得なくなった妻からの離婚請求につき、婚姻を継続し難い重大な事由があるものというべきとして請求が認容された事例（東京地判昭31・12・20判時121・16）

第12章　性格の不一致・信頼喪失

〔39〕　夫婦の生活観・人生観の相違によって婚姻関係が破綻したと認められた事例

（東京高判昭54・6・21判時937・39）

キーワード：性格の不一致、有責行為と婚姻破綻の因果関係

主張のポイント

① 妻との生活観・人生観の隔絶が大きいこと

② 破綻について離婚請求当事者は有責ではなく、また未成熟の子の利益を著しく害することもないこと

事案の概要

○当事者等

　X：控訴人（一審原告）・夫

　Y：被控訴人（一審被告）・妻

○事実経過

　夫Xと妻Yとは、夫Xの学生時代に知り合い、交際するようになった。夫Xはもともと卑俗なものを嫌悪し、高い水準の知的生活を希望し、平凡な家庭生活には魅力を感じていなかった。妻Yは全く対照的に、平凡、平和な家庭生活に満足する傾向にあった。

　夫Xは、妻Yとの結婚に不安、躊躇を感じ、婚約解消を申し入れた

第12章　性格の不一致・信頼喪失

 こともあったが、夫Ⅹに再考を懇願し、憔悴した様子を見せる妻Ⅹに心を動かされて翻意し、夫Ⅹと妻Ⅹとは昭和33年10月に婚姻した。

　札幌での結婚生活が始まってから一週間後、結婚の挨拶廻りに妻Ⅹが着ていくコートのことで夫Ⅹと妻Ⅹの意見が対立し、口論になったとき、突然、妻Ⅹは失神し、その状態が約一時間続くという発作を起こした。病院で神経科の医師の診察を受けたところ、発作はヒステリーに基づくものと診断された。

　その後も昭和36年春までの札幌在住中、妻Ⅹは夫Ⅹとの口論などの際、約8回、失神状態に陥った。

　札幌在住中、夫Ⅹの勤務は極めて多忙であった上、平凡な家庭生活に反撥を感じる夫Ⅹは神経質かつ気難しい夫として振舞うことが多かったので、妻Ⅹは昭和35年12月に長男を生んでからは育児に熱中した。夫Ⅹが、このような妻Ⅹの家庭的な生活態度を批判して妻Ⅹと口論すると、妻Ⅹはヒステリー性発作を起こすほか、致死量には至らないが比較的多量の睡眠薬を飲むという事件もあったので、夫Ⅹは次第に妻Ⅹとの実のある対話を避けるようになった。妻Ⅹは、夫Ⅹが希望するような古典音楽の鑑賞や読書に余り興味を示さず、双方の教養を高めるような会話の相手となり得ず、結婚前に危惧したような生活観、人生観上の隔絶がますます明らかになっていき、妻Ⅹに対する夫Ⅹの不満は増大した。

　昭和36年春の横浜への転居後も、妻Ⅹは、夫Ⅹからみて低級と思われる趣味に甘んじ、内容のある会話の相手とはなり得ず、深刻な話になると発作を起こしがちで、不愉快なときに夫Ⅹに当たるかわりに長男につらく当たることもあり、夫Ⅹは、妻Ⅹとの結婚生活に絶望して離婚することを決意し、昭和38年7月より現在まで別居状態が続いている。

その間、昭和39年4月に夫Xが1回目の離婚調停を申し立てた（昭和42年9月不調により終了）。その直後、夫Xは会社を辞め、終生帰国しない決心で渡独した。しかし、昭和45年11月に帰国し、昭和48年に第2回目の離婚調停を申し立てるも不調となり、昭和48年11月に本訴（原審）を提起した。

昭和51年10月　夫Xの離婚請求を棄却する原審判決（東京地判昭51・10・22（昭48（タ）463））がされ、夫Xは本件控訴を提起した。

なお夫Xは、昭和50年に別の女性と知り合い、昭和52年1月以降、夫婦同様の生活を営んでいる。

当事者の主張

◆控訴人（一審原告）の主張（破綻主張）
① 妻Yは、井戸端会議など世俗的なものにしか興味を示さず、生活観、人生観上の隔絶が大きいため、共同生活は耐えがたいほどの苦痛であった。
② 別居生活は既に長期に及び、夫婦と呼べる実体はないばかりか、意思の疎通もなく、双方が相手を憎悪しているので、婚姻関係は既に破綻し、修復は全く不可能である。
③ 収入が少なく生活の苦しかった5年弱の中断を除き、婚費はきちんと支払ってきている。

◆被控訴人（一審被告）の主張（夫Xの有責性主張）
① 夫Xは気位が高く、神経質で、好き嫌いが激しいが、自分はやさしい思いやりで、一生懸命尽くし、夫の仕事上の不満や焦りについても、心から慰め、励ましてきた。喧嘩らしい喧嘩もせず、仲良く

第12章　性格の不一致・信頼喪失　　229

平和な共同生活を営んできた。

　婚姻破綻は夫Ｘのわがままな性格によるものである。

②　夫Ｘには不貞行為があり、仮に婚姻が破綻しているとしてもそれ
は専ら又は主として夫Ｘの有責行為に基づくものである

$$\boxed{\text{裁 判 所 の 判 断}}$$

　本判決は、以下のとおり説示して、夫Ｘからの離婚請求を棄却した
原判決を取り消し、夫Ｘの離婚請求を認容した。

(1)　婚姻関係の破綻について

　下記のような事情を総合すれば、夫Ｘ・妻Ｙ間の婚姻は、それが正
常なものに修復することを期待することが困難な程形骸化し、完全に
破綻している。

　①　結婚に際し、夫Ｘが妻Ｙとの生活観・人生観の隔絶に不安を抱
　　き、一度は婚約解消を申し入れたこと。

　②　新婚生活の当初から生活観・人生観の隔絶から口論になる度に
　　妻Ｙはヒステリー性発作を繰り返し、また夫Ｘは妻Ｙが双方の教
　　養を高めるような話し相手になり得ないことに不満を増大させて
　　いたこと。

　③　夫Ｘは結婚から約4年9か月後、別居を開始し、それ以来（約16
　　年間）別居を続けていること。

　④　上記別居期間の間、夫Ｘは2度の離婚調停申立と約3年間の国外
　　脱出を経て、本件訴えを提起していること。

　⑤　妻Ｙは、夫Ｘを今でも愛しているということを主たる理由とし
　　て離婚を拒否しているが、夫Ｘは離婚を決意して以来、その決意
　　をかえず、長い間離婚に応じない妻Ｙに対し、憎しみに近い感情
　　を抱いている旨告白していること。

⑥　夫Ｘは、上記国外脱出時を除き、婚費をずっと送金しており、今後も子の成長に応じてできるだけの経済的、精神的援助をなすことを決意し表明していること。

(2)　夫Ｘは有責配偶者かどうかについて

　夫Ｘは、昭和50年に某女性と知り合い、昭和52年1月以降、これと夫婦同様の生活を営んでいることが認められるが、これは、妻Ｙとの婚姻が完全に修復困難な程破綻した後である。

　妻Ｙが、夫Ｘとの共同生活において相当の緊張を余儀なくされ、また心労を重ねたであろうことは容易に想像される。それが妻Ｙのヒステリー性発作の誘因となり、ひいては夫婦間の対話の欠如の遠因となったことは否定し難い。また夫Ｘは妻Ｙとの共同生活中むしろ自己中心的で、自己の性格を抑制して妻Ｙに協調しようとさほど努めていなかったことが認められ、このような夫Ｘの生活態度が婚姻関係破綻の一原因となったこと、またこの点については夫Ｘに責任があることも否定し難い。

　しかし他方、知的水準の高い生活を望む男性を夫にもった妻は自己の知性を高めるためできるだけの努力をなすのが夫婦の相互協力義務に合致するところであるが、妻Ｙは夫Ｘとの共同生活中さほどこのような努力をしていないことが認められ、この妻Ｙの生活態度とあわせ考えると、上記夫Ｘの生活態度を婚姻関係破綻の主な原因とみることはできない。

　結局、破綻原因の最大のものは上記夫Ｘと妻Ｙの生活観、人生観上の隔絶（いわゆる性格の不一致）であったとしかいうよりほかはなく、このような隔絶の存在をもって妻Ｙは勿論、夫Ｘを非難することはできない。

　したがって、夫Ｘは有責配偶者であるとは認められない。

第12章　性格の不一致・信頼喪失　　　231

$$\boxed{\text{ポイント解説}}$$

1 性格の不一致と婚姻関係の破綻

　もともとは他人同士の男女が夫婦になるわけですから、夫婦それぞれ性格が異なり、趣味や嗜好も異なるのは当たり前のことといえます。

　例えば、夫婦の一方が古典音楽や純文学を愛好しているのに対し、相手方はそうしたものに全く興味がなく、いつも娯楽番組ばかりテレビで見ているというような夫婦は世の中にざらにあるでしょう。自分は文学の話をしたいのに、さっぱり相手方に通じないので、一緒に暮らしていてもちっとも面白くない。だから離婚したいといっても裁判所は認めないでしょう。

　本件でも、原審では、婚姻関係は既に破綻しており、修復は期待できない状態であると認定しつつも、その原因は夫Xの妻Yに対する過度に一方的な要求が原因であり、いわゆる性格の不一致が原因とは言えないとして夫Xからの離婚請求は棄却されています。

　ではなぜ本件の控訴審では、離婚が認められたのでしょうか。

　控訴審は、夫Xの自己中心的な生活態度にも破綻の一原因があることは否めないが、妻Yの側にも問題があるので、夫Xの生活態度のみを婚姻破綻の主原因とみることはできないとして、夫Xからの離婚請求は有責配偶者からの離婚請求には当たらないと判断しています。同じ事実を見て、原審と控訴審とで夫Xの有責性に関する評価が分かれたのは、原審の裁判官は、わがままな夫Xからの離婚請求を認めたら正義公平に反すると考え、控訴審の裁判官は、夫Xの一方的な意向とはいえ、別居が開始され、それが長期間（本件では16年間）継続していることや、その間夫Xが誠実に婚費の仕送りを続けたことを考慮し、このまま形骸化した夫婦関係を続けさせることは夫Xにとって酷であ

ると考えたのでしょう。

　裁判において破綻を主張して離婚を請求する側としては、婚姻関係が既に破綻していることを具体的に主張するほか、離婚の請求が単なるわがままではなく、やむにやまれぬものであり、婚姻関係の破綻について有責とは言えないことを積極的に主張・立証することになります。

② 婚姻破綻以外の事情の主張・立証

　なお過去の判例をみますと、裁判所は民法770条1項5号（婚姻を継続し難い重大な事由）による離婚請求を認容するかどうかに当たり、婚姻破綻以外の事情（例えば、離婚を求める側の有責性、離婚後の相手方の生活が苛酷なものにならないか、未成熟の子の利益）も考慮しています。

　そうすると、性格の不一致から離婚を求める場合は、自分に有責性はないこと（少なくとも、相手方にも責任があること）や、相手方や未成熟の子にとって苛酷な状況にはならないことを具体的に主張・立証すべきであるといえます。

　例えば、このケースでは、未成熟の子が別居開始時においてわずか2歳で、物心がついてから、父親である夫Ｘと暮らした経験はないので、両親が離婚しても、そのこと自体によって、子と夫Ｘとの精神的つながりが悪影響を受けるとは考えにくいこと、経済面においても、夫Ｘは養育費の送金を履行しており、今後もそれを継続することを表明しているので、両親が離婚しても、子が経済的に苛酷な状況に置かれることはないことが主張・立証されています。

第12章　性格の不一致・信頼喪失　　233

証拠資料

◇夫婦の性格の不一致が重大なものであったことを示す資料

【例示】当人や家族の陳述書（具体的な出来事）

◇養育費の支払状況や子との交流を示す資料

【例示】銀行振込などの送金記録、子との面会の日時・場所の記録

＜参考判例＞

○夫が、妻以外の女性と同棲し、夫婦同様の生活を送っている事実があるものの、これが妻との婚姻関係が完全に破綻した後に生じたものであるときは、事実をもって夫からの離婚請求を排斥すべき理由とすることはできないとして夫からの離婚請求を認容した事例（最判昭46・5・21家月24・1・36）

〔40〕　夫婦のいずれにも決定的な離婚原因はなかったが、6年余りにわたる別居と妻の強い離婚意思に基づき婚姻関係が破綻していると認められた事例

(横浜地判昭59・7・30判タ541・230)

キーワード：性格の不一致（不適合）、離婚意思

主張のポイント

　重大な性格の不一致により、夫婦生活は、名ばかりのもので、気持ちの通じ合わない男女が同居しているにすぎないものであり、また別居期間中の相手方による婚姻修復のための行為も自分の考えを押し付けるだけのものであったこと

事 案 の 概 要

○当事者等

　X：原告（妻）

　Y：被告（夫）

○事実経過

　妻Xと夫Yとは、昭和51年11月に婚姻した。

　妻Xと夫Yは、昭和52年1月頃には不和を生じ、同年2月頃からは妻Xが性交渉を拒否するようになり、同年10月、夫Y不在の間に妻Xが家を出て、以来、別居を継続している。夫Yは今でも婚姻生活への妻Xの復帰を求めているが、妻Xはこれを強く拒否し、6年余りが経過し、離婚訴訟を提起した。

第12章　性格の不一致・信頼喪失　　235

当事者の主張

◆原告の主張

　見合い結婚であるから結婚当初はやむを得ないとしても、結婚後時日が経過してもなお、夫婦の間には対話がなく、気持ちの通いあうところがまるで生まれてこなかった。したがって、妻Xからすれば他人と同居しているのとさして変わりないような毎日であった。

　妻Xが実家に戻り、別居を開始した後も、夫Yは、年中行事のように妻X宅を訪れたが、妻Xは夫Yと顔を合わせることを極度に嫌ってこれを避けており、やむなく会っても双方の間には殆んど会話らしいものはなかった。

　別居後今日に至るまで6年8か月を経過して婚姻生活は完全に破綻している。妻Xは再び夫Yとともに暮らす気持ちをまったく持っておらず、また客観的にも、約11か月の同居中でさえも気持ちの交流がなかったものを、別居後6年8か月が経過した現在これを期待するのは無理である。

◆被告の主張

　夫Yは、別居後もたびたび妻Xの実家を訪問して、妻Xとの交流を試みていたが、妻Xは夫Yに会うことを拒んだ。また、夫Yは妻Xに手紙を書き、何か不満の点があれば、具体的に言ってくれれば話し合って解決できるのではないか、と申し入れたが、妻Xからの返事は「自分が夫Yを嫌いなのは理屈ではない。単に嫌だから嫌なのだ」という趣旨のもので、2人の結婚生活について、まじめに話し合おうという意思は全く感じられず、そのまま今日にまで至ったのである。

　このような経緯からみれば、妻Xと夫Yの結婚生活は、破綻しているというよりはむしろまだ軌道にのっていないとみるべきであり、両者の喰い違いは、十分な話合いや意思疎通の時間がないことに起因し

ている。夫Yは妻Xのこのような非協力的な態度に対しても、理解ある態度で接し、一貫して妻Xとの結婚生活の継続を希望しているから、妻Xさえ婚姻生活の維持と建設に協力する姿勢を取れば、結婚生活は十分にうまく営める可能性がある。

仮に長期間の別居によって妻Xと夫Yの婚姻が破綻しているとしても、破綻は、妻Xの性交渉の拒否、家出、話合いの拒否などもっぱら妻Xの責に帰すべき事由によるから、有責配偶者である妻Xからの離婚請求は許されない。

裁判所の判断

本判決は、以下のとおり説示して、婚姻関係は、6年数か月にわたる別居、妻Xの強い離婚意思により、既にその実体を失い、破綻して修復し難い状況にあるとみるべきであると判断した。

婚姻生活が不自然な状態になったことについては各人の行動にとりたてて非難されるべきものがあったわけではなく、つまるところ夫婦間の精神的不協和がその重要な原因をなしている。

夫Yは、妻Xに対して同居中及び別居後も相互理解のための対話の申出をしたのに対し、妻Xは一切これに応ぜず、解決のための何らの努力をしなかったと妻Xを非難する。

円満な結婚生活を営むため、夫婦は、協力して、その相違や対立を克服するよう努力すべき義務があり、その方法として、夫婦の対話が重要であるが、それは真に相手方を理解しようとする姿勢に基づくものでなければならない。

妻Xが前記各行動をとったのは、夫Yとは対話をしても理解し合えないことの絶望感によるものであることが認められるところ、夫Yが妻Xのかかる心情を真に理解しようとして適切な対応をとった形跡は見当たらない。夫Yにおいても妻Xの話に耳を傾けようとする姿勢は

第12章　性格の不一致・信頼喪失　　　237

みられず、対話による関係修復の可能性はなかったのであるから、妻
Xの態度のみを非難するのは当たらない。

　結局、婚姻破綻の責任がもっぱらあるいは主として妻Xにあるとす
るのは相当でなく、妻Xをして夫Y指摘の行動をとらせるに至った夫
Yの生活ないし生活態度もその重要な要因として考慮すべきである。

　したがって、妻Xが有責配偶者であるとする夫Yの主張は採用でき
ない。

ポイント解説

　もともとは他人同士の男女が夫婦になるわけですから、夫婦それぞ
れ性格が異なり、意見も異なるのは当たり前のことといえます。

　したがって、性格の不一致は、それのみでは離婚原因にはなりにく
く、性格の不一致に起因する夫婦間の不和や共同生活への障害が具体
的に形となってあらわれ、それが積み重なることにより、「婚姻を継続
し難い重大な事由」(民770①五)があると認定され得ることになります。

　本件では、妻Xは婚姻生活時の夫婦のすれ違いに約11か月で見切り
をつけて家を出て、別居後にあっては復縁を求める夫Yの要望を一貫
して拒否し続けました。その状態が6年あまり継続した結果、婚姻関
係は既に破綻しているとの判断がなされることになりました。

　古い時代の感覚からは、夫Yに明確な離婚原因がなく、婚姻関係修
復の努力もしているのに対し、夫Yに会おうともしない妻Xはわがま
まが過ぎるのではないかと思われる可能性もあります。

　しかし、本判決は、夫Yにおいても妻Xの話に耳を傾けようとする
姿勢はみられず、いずれにせよ対話による関係修復の可能性はなかっ
たのであるから、妻Xのみを非難するのは当たらないとして、妻Xが
有責配偶者であり、その離婚請求は認められないとの夫Yの主張を退
けました。

相手方配偶者に決め手となるような客観的に明らかな離婚原因がない場合にあっては、性格の不一致が婚姻生活に重大な障害を及ぼしていること、別居中の相手方の婚姻修復のための行為がなかったこと（あったとしても一方的なもので意味をなさなかったこと）などを、具体的事実をもって主張・立証することが重要となります。

証拠資料

◇夫婦の性格の不一致が重大なものであったこと（夫Ｙの態度が一方的であったこと）を示す資料

【例示】当人や家族の陳述書（具体的な出来事）

◇別居中の夫Ｙとの関係を示す資料

【例示】当事者間に実質的な交流がなかったことを示す資料（当人から事情を聞いていた者の陳述書、日記、メール等、夫Ｙからの手紙）

＜参考判例＞

○夫婦のいずれにも一方的な責任があるとは認められない別居期間が4年10か月程度の夫婦について、婚姻関係が破綻していると認められた事例（東京高判平28・5・25判タ1432・97）（事例〔49〕）

○妻の性格や態度が夫婦の間を冷却させた一因をなしたとしても、これらの妻の行動は、夫が妻の長所と短所を率直に認めた上で妻の人間性を理解し、これを包容していく大らかさに欠けていたところに端を発したものと言えなくもないし、夫婦ともに将来互いに努力し合うことによりこれを克服することが考えられるので、夫婦間の婚姻が既に破綻したものと言うことができないとされた事例（札幌地判昭50・3・27判時798・77）

第12章　性格の不一致・信頼喪失　　239

〔41〕　会社人間的な生活をして定年退職した夫に対して妻が離
　　　婚を請求したが、夫には婚姻関係を破綻させるような事由
　　　がないとされた事例

（東京高判平13・1・18判タ1060・240）

キーワード：性格の不一致、熟年離婚

主張のポイント

1　夫の亭主関白的な態度は許容範囲を超えており、通常の夫婦
　のあり方と著しく異なっていること

2　自己の置かれている客観的な状況を良く理解した上でも離婚
　の意思は固く、婚姻関係は修復不可能であること

事 案 の 概 要

○当事者等
　X：控訴人兼被控訴人（一審原告）・妻
　Y：被控訴人兼控訴人（一審被告）・夫

○事実経過
　妻Xと夫Yは、昭和35年6月1日に婚姻した。
　妻Xと夫Yとの間には、2子がいる。
　夫Yは、昭和35年4月、大学卒業とともに某株式会社に入社した。
　夫Yは、入社後、仕事に精励し、激務の中、帰宅後、また、休日も
仕事に関する勉強をするといった会社人間的な生活をつづけた。夫Y
は、家庭内においては、家計の一切を妻Xに任せ、自らは仕事に全力
を尽くした結果、最終的には取締役に昇進した。

妻Xは、その間、専業主婦として、献身的に夫Yを支え続けていた。しかし、妻Xは病弱で、昭和37年には卵巣腫瘍の手術、昭和41年には椎間板ヘルニアに罹患、昭和61年に胃癌の手術を受け、昭和62年に妻Xは、前記の手術時の輸血が原因でC型肝炎に罹患した。

妻Xは体力が低下したこともあって、掃除等の家事を十分にしなくなった。夫Yは、それを、専業主婦であれば十分やりこなせるはずであるとして快く思わず、これを妻Xのだらしない性格によるものと受け取っていた。

さらに妻Xは、変形性股関節症に罹患し、平成6年、妻Xは、人工関節手術を含む大手術を受けた。平成8年8月からは妻Xは二階で、夫Yは一階で別れて生活するようになった。

妻Xは、平成9年10月、長女と共に自宅を出て、以後夫Yと別居を続けている。妻Xは離婚及び慰謝料・財産分与等請求訴訟を提起し、第一審は離婚及びその余の請求の一部を認容した。夫Y及び妻Xが、それぞれ、敗訴部分について控訴を提起した。

当 事 者 の 主 張

◆控訴人兼被控訴人（一審原告）の主張（破綻主張）

妻Xにとって夫Yとの結婚生活は、妻X自身の感情や望みは押し殺して、趣味を楽しむことも許されず、ひたすら夫Yの意を迎えることのみに心を砕く生活であり、妻Xは、子供が一人前になるまでは必死で我慢してきたが、夫Yの余りの思いやりのなさに耐えられず、婚姻生活を継続する意思を喪失した。

◆被控訴人兼控訴人（一審被告）の主張

原判決は、夫Yに離婚原因などないのに、夫Yの思いやりのない態度によって婚姻関係が破綻したとするが、事実の誤認である。確かに、

夫Yは、妻Xに対してねぎらいの言葉をかけたりしたことは多くなかったかもしれないが、夫Yは、そのようなことを口に出して表現することを照れくさいとされる時代に育っている。

　夫Yは、ギャンブルはせず、不貞行為をしたり、暴力を振るったりすることもない言わば学究肌の真面目な仕事人間である。本件離婚騒動は、むしろ妻Xのわがままな態度から生じたもので、夫Yにはなんら落ち度がない。夫婦の一方が、離婚を強く望めばそれで婚姻が破綻していると認められるというのであれば、民法が離婚原因を法定列挙している意味がない。

　妻Xに家計の一切を任せ、自らは毎日を必死で働き、いざ定年退職となった矢先、突然、「離婚」という凶器を突きつけられたようなものである。妻Xは、多額の財産分与を求めた上、夫Yに、長年住み慣れた家を出て行くよう求めている。まさしく、権利の濫用というほかない。

裁判所の判断

　本判決は、以下のとおり説示して、妻Xからの離婚請求を認容した原判決を取り消し、夫婦の年齢や妻の健康状態を考慮した上で、妻Xからの離婚請求を棄却した。

　夫Yには、妻Xの立場を思いやるという心遣いに欠ける面があったことは否定できないものの、格別に婚姻関係を破綻させるような行為があったわけではない。妻Xと夫Yの関係が通常の夫婦と著しく異なっているわけでもない。

　他方、妻Xも、夫Yが仕事第一に精励し、家庭生活上も相応の配慮をしていたことを十分に認識せず、また、次々と疾病に見舞われる中で自らの置かれている立場や老後の生活について適切な判断ができていないふしがある。

夫Yは、妻Xと夫Yの年齢や妻Xの身体的条件等をも考慮すると、離婚という道は避けるべきであるとして、妻Xとの婚姻関係の継続を強く望んでいる。また長男も、妻Xと夫Yの婚姻関係の継続を望んでいる。そして、長女と夫Yとの間には確執があって、長女の意向が妻Xの意向に強く関わっていることが窺われるが、長女に今後自立した人生を歩ませるという観点からも現状は好ましいものではない。

このような諸事情を総合考慮すると、妻Xと夫Yが平成9年10月以降別居状態にあり、妻Xの離婚の意向が強いことを考慮しても、現段階で、妻Xと夫Yの婚姻関係が完全に破綻しているとまで認めるのは相当でないというべきである。

夫Yは相応の社会的経験を有し、社会の良識に従った対応が期待できるものと思われる。この訴訟の結果を受けて、今一度、長年にわたって形成されてきた婚姻関係につき再考し、改めるべき点は改め、長男らの協力を得ながら、和合のための努力が試みられるべきである。それでも、なお、関係の修復が図れず、いずれかが離婚を選択したいと考える場合は、その段階で、再度、離婚の当否について検討するという道筋を採るべきである。

ポイント解説

1 **結婚生活のあり方が、通常の夫婦と著しく異なっていること**

ひと昔前の日本では、女性は結婚したら仕事を辞めて専業主婦となり、夫が仕事に専心できるよう家事を引き受けて夫を支えるというのが、夫婦のありふれた姿でした。（夫婦のあり方が多様化した現代にあっても、これが夫婦のあり方のひとつであることには変わりはなく、筆者は、このこと自体について否定的な評価をしているわけではありません。）

このような夫が外で働き、妻が専業主婦である夫婦の場合、夫の仕

第12章　性格の不一致・信頼喪失　　243

事の状況（残業の多さやその職責の重さ、通勤に要する時間）に応じ
て、夫が家事に関与する時間が少なく、帰宅後や週末にも家で仕事を
すること、妻が夫の出勤時間や帰宅時間にあわせた生活をすることも
やむを得ない面があります。

　妻Xからの離婚請求を認容した原審（横浜地相模原支判平11・7・30判時
1708・142）も、結婚当初からの夫Yの会社中心的な生活態度を婚姻の
破綻原因と判断したわけではありません。「結婚後間もないころの状
況がそれほど重要なこととは解されない。それよりも、手術を重ねて
いき体力が衰えていく中での原告（筆者注：妻X）の心境、これに対
する被告（筆者注：夫Y）の理解、対応が問題である。」としています。

　そしてその控訴審である本判決でも、この夫婦の関係を「長年にわ
たる婚姻生活にかかる前記の事情を見ても、・・・・第一審原告（妻X）
と第一審被告（夫Y）の関係が通常の夫婦と著しく異なっているわけ
でもない。」としています。

　したがって、離婚を求める裁判においては、夫の亭主関白的な態度
を事細かに羅列してもさほどの意味はなく、それが常軌を逸して、暴
力や重大な侮辱、家庭の放置といったレベルに達していると客観的に
評価されるような主張・立証を行うべきです。

　夫の側に暴力や重大な侮辱、家庭の放置といった事実がない場合は、
それ以外の具体的な出来事を積み重ねて、どのような事により妻の心
が傷つけられ、夫との婚姻生活を継続していく意思を喪失していった
かを説得的に主張・立証していくことになります。

2　自己の置かれた客観的な状況を良く理解した上で、周囲の人
　　間の意向に関係なく、本人の離婚の意思は固く、婚姻関係は修
　　復不可能であること
　本判決は、妻Xの離婚の意思が強いことを考慮しても、現段階で、

妻Ｘと夫Ｙの婚姻関係が完全に破綻しているとまで認めるのは相当でないとする諸事情として、①妻Ｘは病気をかかえての離婚後の老後の生活について適切な判断ができていないふしがあること、②長女と夫Ｙとの間には確執があって、長女の意向が妻Ｘの意向に強く関わっていることが窺われることなどをあげています。

このことからすれば、特に高齢者の離婚訴訟においては、健康面や経済面で自分を取り巻く客観的な状況を良く理解していること、決して周囲の人間の意向に左右されているわけではなく、本人自身の離婚の意思が強いことを主張・立証していく必要があります。

証拠資料

◇夫Ｙの亭主関白的な態度が常識を逸脱するものであったことを示す資料

【例示】当人の日記や当人や家族の陳述書（相手方の異常さがわかるような具体的な出来事を記載する）

◇別居期間の開始時期を示す資料

【例示】当人、家族、第三者の証言・陳述書

◇妻Ｘの離婚の意思が固いことを示す資料

【例示】当人、家族、第三者の証言・陳述書

第12章　性格の不一致・信頼喪失　　245

＜参考判例＞

○会社人間的な生活をして定年退職した夫に対して妻が求めた離婚請求
を、別居期間の経過と共にもはや婚姻関係は完全に破綻しており、その
主たる原因が妻にあったとは言えないとして、認容した事例（東京高判平
17・2・23（平16（ネ）5308））（本事例〔41〕判決後、妻Xにより再度提起され
た訴訟の控訴審判決）

○熟年夫婦の離婚について、婚姻関係を継続することが困難な事情にある
としつつ、子供達が独立し、現在は老後を迎える転換期に来ており、被告
が反省すべき点を十分反省すれば、いまなお原告との婚姻生活の継続は
可能と考えられるとして、一切の事情を考慮して婚姻の継続を相当と認
め、妻からの離婚請求を棄却した事例（名古屋地岡崎支判平3・9・20判時1409・
97）

〔42〕 精神的な結びつきを目指して結婚した夫婦において、人生観、結婚観、生き方への評価が異なることは決定的な婚姻関係破綻原因となるとされた事例

(東京地判平16・12・27（平15（タ）509））

キーワード：結婚観・価値観の相違

主張のポイント

　婚姻当初に共有していた結婚観・価値観は明確であったが、現在、価値観の相違が大きくなり、婚姻を継続することが決定的に困難となったこと

事 案 の 概 要

○当事者等

　X：原告（夫）

　Y：被告（妻）

○事実経過

　夫Xと妻Yは、昭和60年4月9日、子供は持たない旨合意し、婚姻は、互いに人格的、知的に高めあうものとの価値観のもと婚姻した。妻Yは、夫Xの英国留学を機に退職し、昭和60年6月から夫Xと共に英国に留学した。夫Xと妻Yは、昭和62年6月帰国したが、その後、平成元年3月ワルシャワ支局、平成3年9月26日ワシントン支局に赴任した。平成元年以降、妻Yは働くのではなく、美術史の研究を行っていた。平

第12章　性格の不一致・信頼喪失　　247

成3年頃には、性交渉はなくなった。この頃から、夫Xには、妻Yが夫Xと人格を高め合うとの気持ちを失い始めたのではないかという疑問が生じてきた。夫Xは、平成8年6月、ロンドン支局に赴任し、妻Yも同行し、美術史の研究を継続した。夫Xは、妻Yの研究は中途半端なもので、妻Yが専業主婦にシフトしつつあると感じていた。夫Xは平成12年8月、モスクワ支局に赴任したが、妻Yが自立するため、妻Yがロンドンで研究を続けるのがよいと合意し、同年9月、妻Yは、ロンドンに移住することにした。以後、別居を続けている。

　夫Xは、平成13年4月、離婚を求めた。離婚を求める理由として、子供を持つ一般的な夫婦が人生の正道である、妻Yは夫X家の長男の嫁であるなどと、伝統的な考えも口に出した。妻Yは相互理解と婚姻継続を求めたが、夫Xは話合いに応じなかった。

　その後、2度の調停を経て、夫Xが離婚・慰謝料請求訴訟を提起し（本訴）、これに対して、妻Yも反訴を提起して離婚・慰謝料を求めた。夫Xは、離婚事由として、主位的に妻Yの不貞を、予備的に婚姻を継続し難い重大な事由を主張し、妻Yは夫Xの不貞主張や本訴提起によって婚姻関係が破綻したと主張した。なお財産分与も争点であるが、省略する。

$$\boxed{\text{当 事 者 の 主 張}}$$

◆原告の主張（破綻主張）

　妻Yの知人男性との不貞によって、婚姻関係が破綻した。

　また、夫婦間には平成4年頃から性交渉もなく、子供もおらず、夫婦関係は冷え切り、妻Yは家事もせず、夫Xを支えなかった（当初、共有していた価値観の相違も大きくなった(判決文から推測した主張)）。

◆被告の主張（破綻主張）

　夫Xは、事実無根の主張を行って妻Yを誹謗中傷し、本訴を提起したことによって婚姻関係は破綻した。

> ## 裁 判 所 の 判 断

　本判決は、夫Xの不貞主張を排斥し、双方とも離婚を求めているために、婚姻を継続し難い重大な事由があるとして、破綻を認めた。

　破綻の原因に対する評価について、双方の主張を排斥し、以下のとおり説示した。

　夫Xが妻Yへの愛情を失い、婚姻継続の意思がなくなった原因は、「子供を持たないで、互いに人格的、知的に高め合う」ということで一致していた価値観が、結婚後年月を経るにつれ、夫Xが、妻Yがその価値観を掲げながら、現実にはそれを実現せず、その原因を夫Xに求めていると感じる一方、夫X自身もその価値観への信頼が揺らぎ、妻Yに伝統的な嫁、母としての役割を求める心情も生じたのに、妻Yは夫Xの現実的な期待にも応えないことへの不満にある。

　そして、人生観及び結婚観並びにそれを踏まえた上での夫Xの妻Yの生き方への評価が最終的に夫婦間で異なる結果となったことは、いずれかに責任があるとする筋合いのことではない。

　精神的な部分で結び合うことを目指して結婚した夫婦においては、人生観及び結婚観並びに夫婦相互間で生き方への評価が異なることは決定的なことである。したがって、それを根拠として、同居を拒むことを違法であるとか、不法行為であるとか解することは困難である。

第12章　性格の不一致・信頼喪失　　249

ポイント解説

　婚姻に際し、夫婦間で、「暖かい家庭を築こう」「笑顔の絶えない家庭を築こう」という、平凡で抽象的な価値観を共有しているのが一般的かと思われます。「結婚」という言葉自体に、そういう価値観がすでに含まれていると言ってもいいでしょう。

　しかし、そのような一般的観念と異なる意味を夫婦間で共有し、それを意図して婚姻することはあり得ることです。

　「子供を持たないで、互いに人格的、知的に高め合う価値観」のうち、子供を持たないことは一般的なものとも言えますが、夫婦は、互いに人格的、知的に高め合わなければならないという価値観は一般的なものではありません。そういう特別な結びつきによって婚姻した夫婦である場合、人生観及び結婚観並びに互いの生き方への評価が異なることが破綻の理由となり得ます。この場合、まず、どのような意図を共有し、婚姻に至ったのかという主張が重要となります。

　その上で、価値観の相違が婚姻関係にとって決定的であることを示すことができれば、破綻に積極的な事情として働くものと考えられます。もっとも、本件では、双方が離婚を求めたため、破綻事由そのものの判断には立ち入らず、慰謝料請求の関係で、お互いの責任について判断したものです。

　この点、本判決は、夫婦の結婚に関する価値観が変遷することがあり得ることを前提に、他方の努力によってよりよい結果もあり得たとして、価値観の変化それ自体については、専ら一方の責任であるとはしませんでした。破綻の責任原因については、一般的でないという程度を越え、異常な程度に至らない限りは、価値観の相違によって責任の有無を論じることはできないとするものでしょう。

第12章　性格の不一致・信頼喪失

証拠資料

◇従前の合意を示す資料

【例示】手紙、SNS、婚前契約書、陳述書

◇価値観が変遷し、調整することが不可能であることを示す資料

【例示】陳述書、手紙、SNS等

＜参考判例＞

○夫にも妻にも互いの意向や希望を尊重しない態度はみられるが、そのことによって夫婦関係が維持できなくなるほどに婚姻関係が破綻したとはいえないとされた事例（東京地判平17・3・14（平15（タ）827））（事例〔43〕）

第12章　性格の不一致・信頼喪失　　251

〔43〕　　一方配偶者の言動に変化があり、そのため、他方配偶者
　　　　が夫婦関係を継続することに否定的となったとしても、破
　　　　綻に至っていないとされた事例

(東京地判平17・3・14（平15（タ）827))

キーワード：意見の不一致、互いの尊重

主張のポイント

　他方配偶者の価値観や態度に変化が生じたことによって、対話
や交渉の可能性がなくなってしまい、婚姻関係を継続することが
決定的に困難になったこと

事 案 の 概 要

○当事者等
　　X：原告（夫）
　　Y：被告（妻）

○事実経過
　夫Xと妻Yは、研修医時代に知り合い、交際を開始した。夫Xは、
婚姻前から、大学院進学希望を持ち、妻Yは、そのころは、大学院進
学を希望していなかった。また、妻Yは、出産後は、子供が小さい間
は、子育てに専念するのも良いと考えていた。
　夫Xと妻Yは、平成13年3月10日に婚姻したが、妻Yは、同年秋ころ
から、大学院進学希望を持つに至った。夫Xは、平成14年6月の大学院
入学試験に合格し、平成15年4月から同大学院に入学することになっ

た。妻Yも、受験を希望していたが、夫Xは、夫婦二人が同時期に大学院に進学することに反対しており、夫Xの同意が得られず、妻Yは6月の受験を諦めた。

夫Xは、妻Yが、家庭よりも仕事を優先する考えに変わったものと考えた。夫Xは、同年11月末ころには、妻Yの大学院進学について、「（妻Yが）大学院に行くなら離婚する。」と言い出し、口論を繰り返すようになった。

妻Yは、同年12月の大学院入試に合格した。妻Yは、同月14日から翌15日にかけて、職場の忘年会旅行に出かけたが、妻Yが帰宅した同15日夕刻、夫Xとの間で夫婦関係について口論となり、取っ組み合いの喧嘩となった。

その後、夫Xは平成15年1月に別居を開始したところ、妻Yは、同年2月下旬、大学院進学辞退について医局長に相談するなどした。しかし、夫Xは、同年3月離婚調停を申立て、これが不調となると、本件離婚訴訟を提起した。

当 事 者 の 主 張

◆原告の主張

妻Yが子育て中は仕事をやめて子育てをするという仕事より家庭を優先する考えであったために婚姻した。家族観、子育て観の相違は承知していたが、話合いで解決できると考えていた。

しかし、子供の養育方法についても、妻Yは頑として譲らず、大学院進学問題が発生し、妻Yは、子育て優先の考え方を一変させ、仕事優先の希望を述べ始めた。妻Yは、夫Xの胸中を察することなく、離婚という重大な問題に対して、真剣に話し合う機会を持とうとしなかった。夫Xと妻Yの婚姻関係についての考え方の根本的相違点を話合

第12章　性格の不一致・信頼喪失　　253

いによって解決する道は完全に閉ざされてしまっているから、夫Xと
妻Yの婚姻関係は完全に破綻している。

◆被告の主張

　現在、夫Xと話合いをして夫婦関係を改善し、夫婦の会計について
夫Xの意向に従うことはもとより、同居するのであれば大学院を退学
してでも夫Xとの関係の修復をしたい。

裁判所の判断

　本判決は、以下のとおり説示して、夫婦双方の意見が一致しない場
合、直ちに婚姻関係が破綻したとはいえないとして、婚姻関係破綻を
否定した。

　妻Yがその意見の正当性を主張して、夫Xの意向を容れる態度を示
さなかった点は窺えるとしても、妻Yが夫Xの意見を全く無視して、
自身の意見を押し通そうとしたとまでは認められない。かえって、夫
Xの方が、妻Yが夫Xの意向や希望に素直に従わないことをもって、
直ちに、妻Yが自身の意見に固執し、押し通そうとする性格であるも
のとみなしている。

　また、夫婦の間に、夫婦観や生活観の相違が生じたとしても、それ
によって、直ちに婚姻関係が破綻したとはいえないし、婚姻後に妻Y
の考えが変化したとしても、それをもって責めることはできない。

　妻Yは、大学院進学等の点について、夫Xの意見に沿う意向をも示
しているから、これらの点について歩み寄りの余地は残されているこ
とはもちろん、夫婦関係全般についても、本件を契機にして見直すよ
うになることも期待できる。

　そして、前記認定のとおり、妻Yが、夫Xとの話合いをして夫婦関

係を改善し、夫婦の会計についても夫Xの意向に従うことはもとより、夫Xが妻Yと同居するのであれば大学院を退学してでも夫Xとの関係の修復をしたいとの意向を持っていることに照らすと、現時点においては、夫Xが妻Yとの夫婦関係を改善し、維持していく意欲を失っているとしても、今後、妻Yの働きかけにより、夫Xが妻Yとの間の夫婦関係の改善の意思を取り戻す可能性が全くないとまではいえない。

ポイント解説

　自分の価値観に、相手方が素直に従わないとしても、そのことから、直ちに、相手方が自分を尊重しなくなったとはいえません。

　夫婦の間で、自己の考えが絶対に「正しい」として、他方配偶者にこれに従うことを要求することは、相手方の人格尊重という面から、問題になることがあり得ます。これが余り行き過ぎるとモラルハラスメントの程度にまでに至り、婚姻関係の継続に有害な要素とされ、これによって婚姻が破綻した場合、有責配偶者とみられる場合すらあります。

　本件における夫Xの主張も、独善的な側面は否定できません。他方配偶者の価値観が変わることは、当然あり得ることであり、その変化自体に責任はありません。

　そのため、かつての価値観を維持しなかったと主張するだけで、破綻が認定されることは難しいと考えられます。破綻を説得的に主張するためには、相手方の考え方が変化したことだけではなく、これが婚姻関係を継続するに当たって決定的に重要な変化であり、そのために、相手方の自分に対する態度が変化し、自己の努力だけでは婚姻を継続することが困難となった具体的な事実関係、そして、対話の可能性が全く残されていないことを主張していく必要があります。

第12章　性格の不一致・信頼喪失　　255

証拠資料

◇かつての価値観やこれが変化したことを立証する資料

【例示】陳述書、手紙、SNS等

◇婚姻関係の継続が困難となった具体的な事実関係を示す資料

【例示】陳述書、手紙、SNS等

＜参考判例＞

○夫と妻の結婚観、価値観が異なることから夫婦共同生活の継続が困難となり婚姻関係が破綻したと認められた事例（東京地判平16・12・27（平15（タ）509））（事例〔42〕）

256 　第12章　性格の不一致・信頼喪失

〔44〕　別居は性格や価値観の相違が大きな要因となっているが
　　　婚姻関係が深刻に破綻し修復の見込みがないとまでは認め
　　　られないとされた事例

（東京高判平25・4・25（平25（ネ）754））

キーワード：性格の不一致、価値観の相違、別居

主張のポイント

　性格や価値観の相違があり、夫婦関係を改善するべく双方が相応の努力を重ねたにもかかわらず、問題が解消されず、別居に至ったこと

事 案 の 概 要

○当事者等
　X：控訴人（一審原告）・妻
　Y：被控訴人（一審被告）・夫

○事実経過
　妻Xと夫Yは、平成2年ころ、知り合い、約8年の交際期間を経て、平成10年10月5日に婚姻した。
　妻Xと夫Yの間に子はなく、共働きであり、休日には一緒に買物や図書館に行ったり、平成19年ころから平成22年10月ころにかけてはボウリングに行くなど共に時間を過ごし、旅行に行くこともあった。平成20年9月27日には、結婚10周年を記念して横浜港からクルーズに出かけた。また、正月には双方の実家を訪れるなど、客観的には格別の

第12章　性格の不一致・信頼喪失　　257

問題なく穏やかな婚姻生活が継続していた。

　夫Yは、平成23年2月4日、糖尿病等の治療のため入院し、同月17日、退院するため妻Xを待っていると、妻Xは妻Xの父と現れ、実家に戻る旨を告げた。

　妻Xは、夫Yに対し、同年3月5日、「離婚の意志は1〜2週間で決めたことではありません。平成12年の女性関係に始まり生活費、家事、病院の件と10年苦しんで出した私の結論が変わることはありません。時間がかかれば私の苦しみの時間が長くなり、また年をとって「あの時別れておけば」とまた後悔するだけです。」と記載したメールを送信した。

　妻Xは、夫Yに促され、同月16日に一旦自宅に戻ったが、同月19日には、再び実家に戻り、以後、別居状態が続いている。婚姻後の同居期間は約12年5か月、本件口頭弁論終結日までの別居期間は約2年である。

　同居期間中、妻Xが夫Yに対し、離婚したいとか、離婚を考えるほど不満があるということを伝えたり、話合いを求めたことはなかった。

　妻Xは離婚訴訟を提起したが、原審はこれを棄却したので、本件控訴を提起した。

当事者の主張

◆控訴人（一審原告）の主張（破綻主張）

　夫婦間で性格や価値観の相違があり、夫婦関係を改善するべく双方が相応の努力を重ねたにもかかわらず、問題が改善されず、夫Yの不貞行為、親族等に対する暴行、度重なる転職による将来への不安及び妻Xの経済的負担により、妻Xは、夫Yとの間でこれ以上信頼を築き、維持していくことができないとの結論に至り、平成23年2月17日、夫Y

に対し、離婚の意思を伝え実家に戻った。以降、別居状態が続いており、妻Xと夫Yの婚姻生活は破綻しており、婚姻関係を継続し難い重大な事由に該当する。

◆被控訴人（一審被告）の主張

　夫Yは、現在も、妻Xとの婚姻関係の継続・修復を強く望んでいる。また、妻Xと夫Yの別居期間は2年未満に過ぎない。妻Xは、精神的不安定等何らかの理由によって、突発的に強い離婚衝動に駆られて、無我夢中で離婚請求しているにすぎない。妻Xの離婚請求の動機、背景には、精神的な不安定さがあり、そのような背景が未解明である以上、婚姻関係の修復可能性が全くないとまではいえない。また、妻Xの離婚意思の強固さという主観的要素を重視するのは不当である。したがって、婚姻関係は破綻していない。

裁判所の判断

　本判決は、以下のとおり説示して、原審の判断を肯定し、妻Xの離婚請求を棄却すべきものと判断した。

　女性問題や暴行等、夫Yに問題がなかったとはいえないが、別居については、性格や価値観の相違が大きな要因となっているというべきであり、妻Xにおいて離婚を求めるのが当然であるとか、およそ修復が期待し得ないような重大な問題、衝突があったとはいえない。

　加えて、妻Xからの別居の申出は、唐突なものであって、夫婦関係を改善するべく双方が相応の努力を重ねたにもかかわらず、問題が解消されず、客観的に婚姻関係に深刻な亀裂が生じた状態となり、別居に至った等の経緯もない。

　一方、夫Yは、婚姻関係の継続を強く望んでおり、本件訴訟を通じ

第12章　性格の不一致・信頼喪失　　259

て明らかになった問題点の改善を誓っている。

　上記の事情に照らせば、別居後約2年を経過していること、妻Xが離婚訴訟を提起し、強く離婚を望んでいることを考慮しても、婚姻関係が深刻に破綻し、およそ修復の見込みがないとまで認めるのは困難である。

　したがって、妻Xと夫Yとの婚姻関係が破綻しているとはいえず、婚姻を継続し難い重大な事由があると認めることはできない。

> ## ポイント解説

(1)　性格の不一致の程度等

　性格の不一致や価値観の相違は、たとえ夫婦であっても、別の人格である以上、あって当然のものであり、その内容や程度も様々です。そのため、単に性格の不一致があると主張するのではなく、性格の不一致や価値観の相違が大きく、これが原因となって夫婦関係が悪化し、一緒にいると精神的に抑圧されるなどの状態に至って、愛情を喪失し、婚姻関係を正常なものに修復することを期待することが困難な程に形骸化し、婚姻関係が完全に破綻している、お互いの努力や妥協などによっても修復不可能であり、円満な婚姻生活を維持することが到底期待できない状態にある等、性格の不一致から生ずる影響の大きさを示す事情を具体的に主張することが必要でしょう。

(2)　別居に至る経緯

　本判決も判示するとおり、夫婦関係を改善するべく双方が相応の努力を重ねたにもかかわらず、問題が解消されず、客観的に婚姻関係に深刻な亀裂が生じた状態となり、別居に至った等の経緯がなく、別居の申出が唐突なものであるときは、婚姻関係が深刻に破綻し、およそ修復の見込みがないとまで認めるのは困難であるとして、婚姻を継続

し難い重大な事由が認められない場合があります。そのため、別居前に「離婚をしたい」と思った原因・理由（性格の不一致や考え方の相違）について話し合い、それにも関わらず、その問題点が解消されず、夫婦間に深刻な亀裂が客観的に生じたこと、そのため、離婚の意思を固め、別居に至ったが、その事情を相手方にも伝えたこと等の別居に至る事情を具体的に主張すべきでしょう。また、これらの事情を裏付ける日記等の記録があれば、より説得力が増すでしょう。

証拠資料

◇性格の不一致を立証する資料

【例示】夫婦喧嘩の状況を記録した録音・録画データ、パソコン・携帯電話のメール、LINEのトーク履歴、日記、陳述書等

◇夫婦関係の修復に向けて努力したことを立証する資料

【例示】録音・録画データ、パソコン・携帯電話のメール、LINEのトーク履歴、日記、陳述書等

＜参考判例＞

○妻側の強い離婚意思等により双方の精神的不調和、性格の不適合を来し婚姻が破綻したとし、夫側の有責配偶者からの離婚請求であるとの抗弁を排斥して、妻側の離婚請求が認容された事例（横浜地判昭59・7・30判タ541・230）（事例〔40〕）

第13章　訴訟提起・刑事告訴　　261

第13章　訴訟提起・刑事告訴

〔45〕　無断で離婚届を提出した妻を、有印私文書偽造・同行使
　　　罪等で告訴した夫に対する妻からの離婚請求について、婚
　　　姻を継続し難い重大な事由があるとして請求が認容された
　　　事例

（東京高判平4・11・26（平4（ネ）2477））

キーワード：告訴、離婚届の無断提出、有責配偶者からの離婚請求

主張のポイント

　妻が離婚届を無断提出したことについて、離婚は無効となり、
妻は慰謝料を支払って民事上の責任を果たしたにもかかわらず、
これについて刑事告訴したこと

事　案　の　概　要

○当事者等

　X：被控訴人（一審原告）・妻

　Y：控訴人（一審被告）・夫

　A：長男

　B：二男

○事実経過

　妻Xと夫Yは、昭和54年6月9日に婚姻し、長男A及び二男Bをもう
けた。夫Yは、昭和61年10月にくも膜下出血により倒れ、その後、夫

Yの両親のもとでリハビリを受け社会復帰に向けて訓練していた。

　昭和62年2月20日、妻Xは夫Yに無断で離婚届を提出した。これに対して、夫Yは離婚無効確認等請求訴訟を提起し、同事件は妻Xが敗訴という結果で平成2年に確定し、妻Xは慰謝料379万余円を夫Yに対して支払った。

　その後、夫Yが、離婚届の偽造について、妻Xを有印私文書偽造・同行使罪で刑事告訴したが、不起訴処分となった。夫Yは、さらに、検察審査会に審査申立てを行ったが、そこでも不起訴相当の処分となった。さらに、夫Yは、妻Xを保護責任者遺棄罪で告訴した。

　妻Xは離婚請求訴訟を提起し、原審はこれを認容した。これに対して、夫Yが控訴を提起した。

$$\boxed{\text{当 事 者 の 主 張}}$$

◆被控訴人（一審原告）の主張（破綻主張）

　夫Yは、離婚無効事件で妻Xから慰謝料及びその遅延損害金の支払いを受けながら、その直後に妻Xを有印私文書偽造・同行使罪で刑事告訴し、さらには、保護責任者遺棄罪で再度の刑事告訴をするという仕打ちは、将来共同生活をしていこうとする妻Xに対するものではなく、憎悪に満ちた敵対者に対するものである。

　以上より、妻Xと夫Yの間の婚姻関係はすでに破綻して修復の望みもない状態にある。

◆控訴人（一審被告）の主張

　夫Yが妻Xを刑事告訴したのは、離婚無効事件確定後も妻Xと将来について話合いができなかったために、その機会を持とうとしてやむを得ずとった手段である。夫Yの真意は、妻Xや子どもたちとの家

第13章　訴訟提起・刑事告訴　　　263

庭の修復を願ってのものであって、妻Xと夫Yの間の婚姻関係は修復不能なほど破綻していない。

　くも膜下出血後のリハビリから社会復帰するためにも妻Xと子どもとの共同生活を必要としている。

　仮に婚姻関係が破綻していたとしても、それは、妻Xが離婚届を偽造して提出したり、夫Yに移転先を知らせないなどして居場所を明らかにしないからであり、これらの行為は夫Yに対する悪意の遺棄に当たるから、破綻の原因は妻Xにある。

　夫婦は互いに協力扶助義務があり、その義務を放棄して闘病中の夫Yを捨て、別居により婚姻関係が破綻したと主張することは、公正と正義に反し許されない。

裁判所の判断

　本判決は、原審の判断を是認し、控訴を棄却した。そして、以下のとおり判示した。すなわち、夫Yがくも膜下出血により倒れるまでは、夫婦関係はほぼ正常であったのであり、夫Yが一命をとりとめてリハビリテーションを行っていたのであるから、妻Xとしてはこれに協力するのが夫婦としての愛情であり、その治療中に無断で離婚届を出して別居した妻Xの行為は正当化することはできないから、妻Xが婚姻関係破綻の当初の原因を作ったといえる。しかし、離婚無効の判決が確定し、慰謝料も支払われているにもかかわらず、妻Xを告訴することは、妻Xとの間で婚姻関係を正常化しようとする者としては著しく妥当を欠くものであり、夫Yの一連の行為が最終的に両者の愛情を断ち切ったという面も否定できない。婚姻関係が破綻するに至った原因は妻Xのみにあるということはできず、その責任は両者にあるというのが相当であり、婚姻関係は破綻しているので、妻Xの請求は理由がある。

264　　第13章　訴訟提起・刑事告訴

【参考：原審判決】

　原審は、夫Yによる妻Xの告訴について、以下のように述べ、有責な行為をとった配偶者に対して、他方配偶者がその刑事処罰を求める行為をとった以上は、婚姻を継続し難い重大な事由が認められると判断した。

　妻Xは民事責任を果たしているのであるから、夫Yが、妻Xらと一緒の生活を真摯に修復したいのであれば、まず、妻Xの過去の行為をすべて宥恕することから始めるべきである。それにもかかわらず、それとはまったく逆の方向に妻Xを追いやることとなる刑事告訴という手段に訴えてしまったことは、いかなる弁解をもってしても、配偶者に対する行為としては理解できない不可解な行為である。

　妻Xを刑事告訴しながら、他方で婚姻関係を維持するということは、常軌を逸したことであり、理由の如何を問わず、婚姻を継続し難い重大な事由があるとして、告訴された妻Xからの離婚請求については、特別の事情のない限り、有責の有無に関係なく離婚を認めるのが相当である（特別の事情はないとして、妻Xの請求を認容した）。

$$\boxed{\text{ポ イ ン ト 解 説}}$$

(1)　刑事告訴したことが婚姻関係を破綻させたこと

　高裁判決が述べているように、妻Xが夫Yから刑事告訴されたのは、夫Yがくも膜下出血により倒れ、社会復帰を目指してリハビリテーションを行っているときに、離婚届を無断で提出したからであり、そのことについては、妻Xが婚姻関係破綻の当初の原因を作っているといえます。原審でも言及されていましたが、夫Yとしては、妻Xに対する刑事告訴をするのであれば、妻Xと離婚したあとにすべきだったのでしょう。夫Yが、妻Xとの婚姻関係を継続することを望んでいたの

第13章　訴訟提起・刑事告訴　　　265

であれば、このような行為をすべきではなかったということになります。

　夫Yとしては、妻Xが別居状態を解消せず、婚姻関係継続に向けた話合いに応じなかったことから、刑事告訴という手段を選択したものと思われますが、婚姻関係を継続したかったのであれば、夫婦関係円満調停等の手段を採るべきだったと思われます。

　本件のように、妻Xが無断で離婚届を出したことについて、離婚の無効が確定し、妻Xが慰謝料も支払っている場合には、後の離婚訴訟において、妻Xが、夫Yが刑事告訴したことを主張立証すれば、婚姻関係の破綻自体は認められると考えられます。高裁判決が述べるように、破綻の原因は双方が作出したということになりますので、妻X側の立場としては、婚姻関係継続の話合いに応じていたなどという事情があるのであれば、そのことを主張して、妻X側としてできることは尽くしたが、夫Y側が刑事告訴をしたことで婚姻関係が破綻したと主張すべきでしょう。逆に、夫Y側の立場としては、妻X側が話合いに応じず、夫婦関係円満調停を申し立てても応じないこと、また、後遺症で体が不自由なことも離婚請求の障害事由として主張することが考えられますが、本件のように刑事告訴までしたのであれば、離婚請求を妨げるのは難しいでしょう（(2)の記載参照）。

(2)　配偶者からの刑事告訴の位置付け

　婚姻関係は、夫婦相互の信頼関係があって成り立つものですから、実際に犯罪行為を行っていたとしても、配偶者から刑事告訴されるようなことがあれば、その信頼関係は崩れ去ってしまうでしょう。

　実際に犯罪行為を行っていた場合には、その犯罪行為によっても夫婦の信頼関係は損なわれていたかもしれませんが、少なくとも、婚姻関係の継続を望んでいるのであれば、配偶者に刑事手続を受けさせ、刑事罰を求めるような刑事告訴は、逆効果でしかないでしょう。

266 第13章 訴訟提起・刑事告訴

証拠資料

◇妻Ⅹが慰謝料の支払いをしたことを示す資料

【例示】離婚無効事件の判決正本、妻Ⅹの通帳、振込送金履歴等妻Ⅹの支払いを証する資料

◇夫Ｙが告訴した事実、不起訴となった事実を示す資料

【例示】不起訴記録
＊なお、検察審査会の議決資料は非公開のため、閲覧できません。また、検察審査会の議決の要旨についても被疑者には通知されませんので、被疑者側での入手はできません。

<参考判例>

○夫の暴力をきっかけに妻に先天性の視力障害があることが判明し、夫が無断で離婚届を作成、提出したため、妻が刑事告訴をする旨の意向を示したことに対し、夫が離婚請求をし、妻も離婚請求及び慰謝料請求の反訴を提起し、本訴が棄却、反訴が認容された事例（大阪地判昭32・11・11家月10・3・45）

○無断で離婚届を作成、提出した妻に対し、夫が離婚無効確認及び慰謝料請求と刑事告訴をしたため、妻が反訴で離婚請求をしたが、夫の請求がいずれも認容され、妻の反訴が棄却された事例（東京地判平17・5・26（平16（タ）165・平16（タ）315））

第13章　訴訟提起・刑事告訴　　　267

〔46〕　　夫の設立した会社における娘及び娘婿の処遇を巡り、互
　　　いに譲らず、妻による離婚訴訟の提起や夫の前妻の子を告
　　　訴したことによって、互いに悪感情がエスカレートし、婚
　　　姻関係が破綻したとされた事例

　　　　　　　　　　　　（東京地判平23・11・30（平21（ワ）43043））

キーワード：離婚訴訟の提起、前妻の子らに対する告訴

主張のポイント

　前妻の子らに対する刑事告訴や、他方配偶者に離婚の意思がな
いことを認識しつつ、離婚訴訟を提起したこと

事 案 の 概 要

○当事者等

　Ｘ：原告（妻）

　Ｙ1：被告（夫）

　Ｙ2：被告（夫Ｙ1と前妻の間の長女）

　Ｙ3：被告（夫Ｙ1と前妻の間の二男）

　Ｙ4：被告（夫Ｙ1と前妻の間の二女）

　Ａ：妻Ｘと夫Ｙ1の長女

　Ｂ：夫Ｙ1が設立した株式会社

　Ｃ：Ａの配偶者

○事実経過

　夫Ｙ1は、昭和42年に前妻と死別し、昭和43年に妻Ｘと再婚し、昭和

44年、長女Aが誕生した。その後、夫Y1はB社の代表取締役として不動産業を開始した。

　平成6年、長女AはCと婚姻し、Cは、平成9年4月頃、B社での勤務を始めた。これを機に、B社は、不動産仲介業を行う新店舗を開設し、Cに店長を任せた。

　しかし、新店舗の収支は、平成9年度以降、多額の赤字を出した。夫Y1は、平成17年10月頃、Cに対し、退職して欲しい旨申し入れたが、妻XやCの反対により実現しなかった。夫Y1は、自己の意思が通らないことから、平成20年9月、代表取締役を退くことを決意した。

　その後、妻Xが足を骨折し、約1か月間入院していた。この間、夫Y1は、妻Xが入院中の同年11月14日ころ、代表取締役にY2を就任させた。

　夫Y1は、妻Xが退院後、激しい抗議をすることを恐れて、Y2の代表取締役就任の件について妻Xの理解が得られるまでの間、Y4の自宅に住むこととした。

　妻Xは、帰宅後、長女Aを介して、夫Y1の本件別居の理由を認識した。

　Y2は、B社の代表取締役に就任後、Cに任せた店舗の業績改善がみられなかったことから、平成21年4月2日、Cに対し、同店舗の閉鎖を告げた。妻Xは、平成21年5月11日、離婚調停を申し立てたが、不成立となり、同年7月27日、離婚訴訟を提起した。

　妻Xは、同年9月28日、B社及びY2らに対し、B社取締役の職務執行停止及び職務代行者選任の仮処分を申し立てた上、同年11月27日、夫Y1及び前妻の子らを相手方として共同不法行為に基づく損害賠償を求める本件訴訟を提起した。また、同年12月9日、Y2及びY4を被告訴人として、警察署に対し、有印私文書偽造・同行使、公正証書原本不実記載を告訴事実とする告訴状を提出した。

第13章　訴訟提起・刑事告訴　　269

　夫Y1は、妻Xが上記訴訟提起及び告訴に及ぶに至り、婚姻関係を維持することはできないものと考え、平成22年1月21日、離婚事件につき、妻Xの請求を認諾し、同人らの間において離婚が成立した。本件訴訟継続中に、別件離婚訴訟において、既に夫Y1の請求認諾により離婚が成立しており、破綻の時期及びその責任が争点となった事案である。

当事者の主張

◆被告らの主張（妻Xの法的措置による破綻主張）

　夫Y1が別居を決意したのは、Y2をB社の代表取締役に就任させたことから、妻Xから感情的な激しい抗議を受けるものと予想し、かかる事態を避け、問題が解決するまでの間、Y4の自宅に身を寄せるためである。したがって、上記別居時に夫Y1に離婚の意思はなかった。

　離婚の原因は、Y2がCに対し、独立を促したことにつき、妻Xが過剰な反応を示し、夫Y1に対し、離婚を求め、本件訴訟を提起するなど複数の法的手続を講じて夫Y1と全面的に争う姿勢を示したためである。

◆原告の主張（夫Y1の別居時における破綻主張）

　Y3らは、共謀の上、妻Xが骨折で入院中に、夫Y1に対し、「このまま自宅にいたら、退院してくる妻X並びに長女A及びCに夫Y1の財産を全部盗られてしまう。」などと吹き込み、妻Xが退院する前日に夫Y1を自宅から連れ出し、妻Xと夫Y1とを仲違いさせ、長期間別居させることによって、妻Xと夫Y1との婚姻関係を破壊することを画策した。これら一連の行為は、婚姻関係を積極的に破壊する行為であり、妻Xに対する不法行為を構成する。慰謝料額は3,000万円である。

第13章　訴訟提起・刑事告訴

裁判所の判断

　本件判決は、別居時点における破綻を認めず、B社におけるCの処遇を巡り、双方が互いに譲らず、妻Xの訴訟の提起や警察への告訴によって互いの悪感情がエスカレートしたころに破綻したものと判断した。

　すなわち、本判決は、夫Y1が「離婚するためではなく、B社におけるCの処遇を巡る対立を避けるため」という別居の理由を伝えていた事実、別居期間中も連絡を取り合い、生活費を送金していた事実から、別居時における破綻を認めなかった。そして、夫Y1の説明を知った上で、妻Xが離婚訴訟提起その他の法的手続を採った事実により、婚姻関係が破綻したものと認定した。

ポイント解説

　本件は、婚姻関係が破綻したことに争いはなく、それがいつ、いかなる原因によってなのかについて、原・被告のストーリーが対立した訴訟です。

　このような紛争類型では、客観的な事実関係（動かしがたい事実）と双方のストーリーの合理性から判断されます。

　本件でも、別居後の生活費送金や手紙のやりとり、夫Y1からそれなりに理解できる別居の動機及び離婚意思がないことが代理人を介して妻Xに伝えられていた事実が動かしがたい事実として存在し、それを知った上で、妻Xが本件訴訟を提起しただけでなく、さらにY2らを刑事告訴するに至り、Y1が離婚を認諾するに至ったという点も動かしがたい事実として存在します。

第13章　訴訟提起・刑事告訴　　271

　これらの動かしがたい事実からすると、妻Xのストーリーは、合理性を欠くものとして排斥され、これら動かしがたい事実に沿うY1らの主張が受けいれられたものと考えられます。

　これを踏まえると、破綻に至るストーリーを構築するに当たっては、客観的証拠に支えられた動かしがたい事実をしっかりと主張・立証することがもっとも重要だと思われます。

証拠資料

◇相手方の矛盾挙動、当方の合理的一貫性を示す資料

【例示】当事者間の手紙、メール、SNS、代理人間の書面、陳述書等当該訴訟
　　　　の主張書面（これらの例示の資料すらも間接事実になり得ることに
　　　　留意）

＜参考判例＞

〇離婚請求訴訟の被告が当該訴状に記載された事実が名誉毀損に当たるとして当該訴訟の原告ほかの関係者に対し損害賠償を請求する訴訟の提起・追行を受任した弁護士が、訴訟の方針をめぐり依頼者と意見が対立し辞任したことは、不法行為を構成しないとした事例（東京地判平27・5・29判時2273・83）

第14章　別　居

〔47〕　別居期間が長期に及んでおり、夫婦関係は形骸化し、婚姻関係は深刻に破綻しているとされ、有責配偶者からの離婚請求が認容された事例

（福岡高那覇支判平15・7・31判タ1162・245）

キーワード：別居期間、一事不再理、有責配偶者

主張のポイント

① 別居の期間が長期にわたり、その期間の経過とその間の離婚を巡る夫婦間の紛争がさらに信頼関係を悪化させたこと

② 未成熟の子が離婚によって苛酷な状態におかれることはないこと

事案の概要

○当事者等

　X：控訴人（一審被告）・妻

　Y：被控訴人（一審原告）・夫

　A：夫Yの不貞相手の女性

　B：夫Yの交際相手の女性

　C：夫Yと女性Bの子

○事実経過

　夫Yと妻Xは、平成2年5月に婚姻届出をした夫婦である。両名の間

には、2人の未成熟子がいる。

　平成5年7月ころ、夫Ｙが女性Ａと性関係を有したことが妻Ｘの知るところとなり、これを契機に夫Ｙと妻Ｘとの婚姻関係は悪化した。

　平成6年7月、夫Ｙと妻Ｘは確定的に別居するに至った。夫Ｙは、別居後の平成9年7月ころ、女性Ａと離別し、女性Ｂと交際を始め、同年10月ころから同人と同居を開始した。

　夫Ｙは、平成10年10月、那覇地方裁判所に対し離婚請求の訴えを提起した（前訴第一審）。

　妻Ｘ申立ての婚姻費用分担調停申立事件について、平成10年10月27日、夫Ｙは妻Ｘに対し、婚姻費用として年額480万円を支払うこと、子らの学資保険掛金を積み立てること、妻Ｘと子らが居住するマンションは子らが成人に達するまで無償にて使用させ、固定資産税を夫Ｙの負担とした上で他に処分しないこと等を内容とする調停が、那覇家庭裁判所において成立した。

　平成11年8月、夫Ｙと女性Ｂとの間の子であるＣが出生した。

　那覇地方裁判所は、上記訴えについて、平成12年2月14日、夫Ｙの請求を認容し、子らの親権者を妻Ｘとする判決を言い渡した。妻Ｘはこれに控訴した。

　夫Ｙは、平成12年7月9日、女性Ｂ及びＣとともに郷里に戻り、実父母と同じ敷地内に生活し、実父が営む眼科医院で働くようになった。

　福岡高等裁判所那覇支部は、平成12年7月18日、原判決を取り消し、夫Ｙの請求を棄却する旨の判決を言い渡した（口頭弁論終結は、平成12年5月9日）。

　平成12年10月、夫Ｙは女性Ｂとの間の子であるＣを認知した。

　前訴控訴審判決は、平成12年11月28日、最高裁判所による上告不受理決定により確定した。

　夫Ｙは、平成13年8月13日、那覇地方裁判所沖縄支部に対して、再度、

離婚訴訟を提起した（本件原審）。

　本件原審は、平成15年1月31日、前訴の口頭弁論終結後に事情の変化があったとして、再度提起された離婚請求を認容した。そこで、妻Xは本件控訴を提起した。

当 事 者 の 主 張

◆被控訴人（一審原告）の主張（有責配偶者であっても、離婚事由があることを主張）

1　慰謝料については、前訴の第一審では、妻Xが離婚しないの一点張りで、審理の対象が具体的な離婚条件にまでは及ばず、控訴審においても、慰謝料について何らの求釈明がなかったため、夫Yにおいて慰謝料について具体的な提案をする余裕がなかったものである。

2　夫Yは扶養義務を尽くしている。現在では、夫Yより、妻Xと子らの方が生活水準が高い。沖縄県の県民所得の平均は約217万円であるがこれとの対比でも、夫Yの送金額は年額420万円であり、これは平均以上の生活を保障するものである。

3　離婚請求が認容されても、戸籍上、実質的な父子関係が断たれるものではない。夫Yは、経済的負担をし、面接交渉にも誠実に対応している。逆に、離婚請求を棄却して、形骸化した夫婦関係を維持しようとすると、子を親の争いの中に巻き込むことになり、かえって、子の福祉に反する結果となる。

◆控訴人（一審被告）の主張

1　前訴と前訴終結後、短期間のうちに提訴された本訴の訴訟物に変化があったわけではなく、両訴の訴訟物は同一であるから、本訴請

第14章　別　居　　275

求は一事不再理の法理に反する。夫Yが本訴において、前訴第二審
の口頭弁論終結時以後に発生した事実として主張するものは、①養
育費・慰謝料の支払いの提示、②夫Yが郷里の父母の許に帰り、父
の眼科医院で父を助けて診療に当たり、新たな生活関係を開始した
こと、③Cも夫Yの子であり、物心のつく前に嫡出子の身分を取得
させる必要があること、④夫Yが、妻Xや子らのための経済的負担
を続け、父母に対する孝養を尽くすための協力を惜しまず、家庭を
守ってくれる女性Bに対する責任も全うしなければならないことで
あるが、いずれも前訴において主張可能な事実であるから、これら
の事実は確定判決の失権効によって遮断される。

2　妻Xは、元の楽しい一家を築くことを熱望しており、離婚が認容
された場合、妻Xと2人の子の精神的打撃は測り知れないものであ
り、精神的に苛酷な状況に置かれる。また、離婚が認容されると、
妻Xと2人の子は母子家庭となり、社会的にも苛酷な状況に置かれ
ることになる。

3　2人の子と夫Yの間の戸籍上の父子関係を残しておくことこそが2
人の子のこれからの心の成長にぜひとも必要であり、今後の実質的
な父子関係を良好に維持して行くために必要なことである。

裁判所の判断

本判決は、以下のとおり説示して、夫Yの主張を認め、離婚請求を
認容した。

1　夫Yが父母の許に帰り、父の眼科医院で父を助けて診療に当たり、
新たな生活関係を築きながら、婚姻費用の分担を続けており、Cに
物心のつく前に嫡出子の身分を取得させる必要があり、女性Bに対
する責任も全うしなければならないとの事情は、いずれも前訴第二

審口頭弁論終結時後に生じた事実であって、前訴において主張することができなかったものであることは明らかである。

2　夫Yと妻Xの別居は、年数上も、両者の夫婦関係にもたらす意味合いにおいても、長期に及んでいると言うことができ、夫婦関係の破綻の度合いは極めて深刻な状況にあり、夫婦とはいっても、もはや形式だけのものであって、既に形骸化しているものと認められる。

3　夫Yの送金額は、経済的には、一般的な沖縄県における平均以上の生活を営むに足りるものである。加えて妻子らがマンションに無償で居住することを認めていることなどを総合すると、離婚請求を認容しても、妻Xを経済的に苛酷な状況におくことはないと認められる。

　次に、妻子らが母子家庭となることについても、今日、離婚率の上昇により、母子家庭も必ずしも少なくなく、妻Xは破綻の原因については全く無責であり、生活の経済面の支援さえ確立していれば、社会的評価の面で辛苦を舐めさせられることもないところ、経済的な支援が十分であるから、社会的に苛酷な状況に置くことになるとも認められない。

　そして、離婚によって、妻子らに精神的苦痛を与えることは確かであるが、それは慰謝料によってカバーすることが可能なのであって、離婚による精神的苦痛が発生することで直ちに精神的に苛酷な状況に置かれるわけではない。

4　離婚請求が認容されたからといって、戸籍上の父子関係が断たれるわけではなく、ましてや、実質的な父子関係が断たれるものでもない。逆に、離婚請求を棄却したところで、夫Yが、2人の子とともに暮らせることになるわけではなく、形式だけの夫婦関係を維持したところで、かえって、夫婦間の葛藤、緊張が子の福祉に悪影響を及ぼす危険があって、弊害の方が大きい。離婚請求を認容しても、

第14章　別　居　　277

それが子に与える精神的打撃については対処可能であり、子の福祉
が害されるとはいえない。

$$\boxed{\text{ポイント解説}}$$

1 別居期間の長さと信頼関係悪化

　本件は、離婚を求める側に婚姻関係の破綻について責任がある、い
わゆる有責配偶者からの離婚請求で、夫婦の間に未成熟の子がいるケ
ースです。破綻自体については、実質的には争いがなかったといえま
す。

　有責配偶者からの離婚請求が認められるための重要なファクターの
ひとつとして、別居期間の長さがあげられます。

　本件では、夫Yと妻Xの婚姻期間が13年であるのに対して、別居期
間が9年1か月に及んでいること、その間の離婚を巡る紛争に子供まで
が巻き込まれている状況などを考慮して、裁判所は、夫婦関係の破綻
の度合いは極めて深刻な状況にあり、形骸化していると認めました。

　離婚裁判にあっては、単に形式的に婚姻期間と対比した別居期間を
主張するのではなく、その質的な面からも夫婦関係が形骸化している
ことを主張していく必要があります。

2 離婚による相手方配偶者や子への影響

　有責配偶者からの離婚請求が認められるためのもうひとつの重要な
ファクターとして、離婚による相手方配偶者や子への影響が考慮され
ます。離婚により、相手方配偶者や子が精神的、社会的、経済的に極
めて苛酷な状況に置かれることになり、離婚請求を認容することが著
しく社会正義に反することになる場合は、離婚は認められません。

　未成熟の子がいる場合は、判例は、離婚を認めた場合に、子の監護・

教育・福祉の状況に悪影響を及ぼさないかどうかを重要視します。「未成熟の子」とは、未成年の子とイコールではなく、両親による監護を必要とする子で、年齢的には通常は20歳よりいくぶん低めになると考えられています。例えば、未成年であっても親元を離れて暮らしている子や既に職を得て働いている子は「未成熟の子」ではないと判断される可能性があるでしょう。

　そうすると、離婚を求める側としては、経済面においては、これまでも、そしてこれからも、養育費の支払いをしていくこと、精神面においては、(子がまだ小さい場合は)今後も親子の関係に変わりはなく、子を精神的に支えていくこととか、(子がある程度大きい場合は)もうすぐ就職や進学で親元を離れるといった事情や、幼いときから別居が開始されて、相手方配偶者のもとで育っているといった事情を主張・立証していくことになります。

証拠資料

◇婚費や養育費を誠実に支払っていることを立証する資料

【例示】送金記録

◇子について両親による監護を必要とする程度に関する資料

【例示】子の年齢、進学や就職の状況を示す客観的な資料

◇子らとの交流の実施状況を示す資料

【例示】写真、電子メール、当事者や家族の陳述書

第14章 別 居

＜参考判例＞

○有責配偶者からされた離婚請求で、その間に未成熟の子がいる場合でも、ただその一事をもって請求を排斥すべきものではなく、諸事情を総合的に考慮して請求が信義誠実の原則に反するとはいえないときには、請求を認容することができると解するのが相当であるとして、未成熟子がいる有責配偶者からの離婚請求が認容された事例（最判平6・2・8家月46・9・59）

○離婚請求が有責配偶者からされた場合において、当該請求が許されるものであるかどうかを判断するに当たっては、有責配偶者の責任の態様・程度を考慮すべきであるが、相手方配偶者の婚姻継続についての意思及び請求者に対する感情、離婚を認めた場合における相手方配偶者の精神的・社会的・経済的状態及び夫婦間の子、殊に未成熟の子の監護・教育・福祉の状況、別居後に形成された生活関係（たとえば夫婦の一方又は双方が既に内縁関係を形成している場合にはその相手方や子らの状況等）、更には、時の経過がこれらの諸事情に与える影響も考慮されなければならないとされた事例（最大判昭62・9・2民集41・6・1423）

280　　　　　第14章　別　居

〔48〕　　別居期間が25年に及ぶ夫婦について、婚姻関係が全く形
　　　　骸化しており、一方が離婚を強く望む以上、破綻事由があ
　　　　るとされた事例

（福井家審平21・10・7家月62・4・105）

キーワード：別居期間、生活費、養育費

主張のポイント

1　別居期間中、夫から妻に対して生活費や養育費等の支援がな
　されたことはなく、また夫と妻の間に交流は一切なかったこと

2　相手方との離婚を強く望んでいること

事　案　の　概　要

○当事者等

　X：申立人（妻）

　Y：相手方（夫）

　A：妻Xと前夫の長男

　B：妻Xと夫Yの長女

○事実経過

　妻Xと夫Yは、昭和51年ころから同居して生活を始め、妻Xは、昭
和52年に長女Bを出産し、昭和54年、妻Xと夫Yは婚姻した。

　妻Xは、昭和59年ころ、長女Bを連れて夫Yと別居し、以後、夫Y
との行き来はなく、夫Yから妻Xに対して生活費や長女Bの養育費が
渡されることもなかった。

第14章　別　居　　281

　妻Xは、平成21年に実父が死亡したことが契機となって、自分の死
亡の折には両親が埋葬されている墓地に両親と一緒に埋葬してもら
い、長男A（前夫との子）に自分の葬祭を行ってほしいと思うように
なった。しかし、慣習上異姓の者を同一の墓地に埋葬することができ
ないとされているため、妻Xは、この際、長年別居して夫婦の実体が
なくなって久しい夫Yと離婚して旧姓に復そうと考え、2度夫Y宅を
訪れ、夫Yに対し、もう離婚してほしい旨依頼したが、夫Yは怒った
ような口調で、「何で離婚せんといかんのや」、「この家で一緒に住めば
いい」などと言って、離婚することに同意しなかった。

　そのため妻Xは、同年6月、夫Yとの離婚を求める本件調停を申し立
てたが、夫Yが不出頭を繰り返し、不調となったが、裁判所は、家事
審判法24条（当時）により、調停に代わる審判をした。

当事者の主張

◆申立人の主張

　（別居に至る経緯に関し、夫Yの有責性は特に主張されていない）
　昭和59年ころ、長女Bを連れて夫Yと別居し、以後、夫Yとの行き
来はなく、夫Yから妻Xに対して生活費や長女Bの養育費が渡される
こともなかった。

　夫Yは、妻Xの母親が存命中には1年か2年に1度程度、妻X宅を訪問
し、玄関先等で、妻Xの母親としばらく話していくことはあったが、
その母親も5年程前に亡くなり、以来全く訪問はない。

　妻Xは、自分が死亡した場合は、自分の両親が埋葬されている実家
の墓地に両親と一緒に埋葬してもらい、長男A（前夫との子）に自分
の葬祭を行ってほしいと思うようになった。しかし、慣習上異姓の者
を同一の墓地に埋葬することができないとされているため、この際、
長年別居して夫婦の実体がなくなって久しい夫Yと離婚したい。

◆相手方の主張

本件調停には、夫Yは一度も出頭しなかったので、夫Yの言い分は不明であるが、本件調停申立て前において妻Xが夫Y宅を訪問した際の夫Yの言動（「何で離婚せんといかんのや」、「この家で一緒に住めばいい」）、本件調停が妻Xからの離婚を求めるものであることを承知しながら、正当な理由もなく調停期日への不出頭を繰り返す夫Yの態度等に照らすと、夫Yは、その理由は不明であるが、妻Xとの離婚に同意するつもりはないものと推認される。

裁判所の判断

本判決は、妻Xと夫Yとは、婚姻後の同居期間が約5年（婚姻前の同居期間を含めても8年程度）にすぎないのに比して、別居期間は既に約25年に及んでいること、妻Xと夫Yとの間には1子があるものの、既に成人に達しており、扶養を要する状態にもないこと、上記別居期間について、夫Yから妻Xに対して生活費等の支援がなされたことはなく、夫婦としての協力扶助の関係がないまま経過したことが明らかであるから、妻Xと夫Yとの夫婦関係は20年以上もの長きにわたって全く形骸化し、夫婦としての実体が欠如する状態が継続して現在に至っているものと認めた。そして、妻Xが夫Yとの離婚を強く望んでいる以上、妻Xと夫Yの婚姻については、「婚姻を継続し難い重大な事由がある」（民770①五）と判断した。

その上で、夫Yが正当な理由もなく調停への不出頭を繰り返し、誠実に妻Xからの離婚の話合いに応じようとしないことも勘案すると、家事審判法24条（当時）の調停に代わる審判により、妻Xの申立ての趣旨に沿って、妻Xと夫Yを離婚させるのが、当事者双方間の衡平にも合致するものとした。

第14章　別　居　　283

$$\boxed{\text{ポ イ ン ト 解 説}}$$

1　別居期間中の協力扶助や交流の有無

別居の有無及びその長短は、「婚姻を継続し難い重大な事由」（民770①五）の有無を判断する重要な事情のひとつであり、別居期間が長いほど婚姻は破綻していると認められやすいといえます。

本件では別居期間が25年にも及び、期間の点では破綻を認定するに十分な長さといえます。

しかし、別居が長期にわたって継続していても、別居の原因が自分の側にある、別居期間中に当事者間に定期的な交流がある、生活費等の支援が行われている等夫婦としての協力扶助の関係がある場合や、離婚に反対する配偶者が修復に向けた具体的な行動をしているなどの事情があれば、これは婚姻関係の破綻の認定を妨げる方向に働きます。

したがって、別居期間が十分であると思われる場合においても、別居期間中の生活費や養育費などの支援の有無・程度や交流の有無・程度については、十分に主張・立証を尽くしておく必要があります。

2　相手方との離婚を強く望んでいること

本件では別居期間が25年も続き、その間、没交渉となっていたので、離婚を求めた妻Xはもとより、夫Yの側にも婚姻関係を修復する意思のないことは明白だったと思われるにもかかわらず、夫は調停に出頭せず、離婚に協力しませんでした。

このような場合、離婚を求める側としては、相手方が口では離婚に反対していても、関係修復のための努力を具体的に行っていないことなどを十分に主張・立証を尽くした上で、自分がなぜ離婚を望むのか、その具体的な理由をあげた上で、自分が離婚を望む気持ちが強いものであることを明確に主張しておく必要があります。

証拠資料

◇別居中の夫Yとの関係を示す資料

【例示】当事者間に交流がなかったことを示す資料（当人から事情を聞いていた第三者の陳述書、当人の日記、メール等）

◇別居中の経済状況を示す資料

【例示】婚姻費用分担金や養育費の支払を怠っていたことを示す資料（預金通帳等）

＜参考判例＞

○夫婦間の固有の紛争からではなく、同居する夫の姉との反目等により妻が別居した夫婦につき、妻は離婚は望まず、良好な婚姻関係を取り戻すために努力したいと決意しており、夫婦間の子（19歳と18歳の娘）も両親の離婚に反対している場合において、婚姻関係が完全に破綻したとはいえないとして、夫からの離婚請求が認められなかった事例（東京高判昭60・12・24判時1182・82）（事例〔18〕）

第14章　別　居　　285

〔49〕　夫婦のいずれにも一方的な責任があるとは認められない
　　別居期間が4年10か月程度の夫婦について、婚姻関係が破
　　綻していると認められた事例

（東京高判平28・5・25判タ1432・97）

キーワード：別居、モラハラ、不安障害、婚姻費用分担金（婚費）

主張のポイント

1　不安障害発症などの事情により別居が開始されたこと

2　婚姻関係において基本的な義務である婚姻費用分担金の支払
　いを、相手方が十分に行っていないこと

事 案 の 概 要

○当事者等

　X：控訴人（一審原告）・妻

　Y：被控訴人（一審被告）・夫

○事実経過

　妻Xと夫Yとは、平成14年に婚姻し、同年に長男が出生した後、平
成23年に別居した夫婦である。

　婚姻後同居生活を続けたものの、遅くとも平成18年頃からは言い争
うことが増え、妻Xは夫Yの帰宅時間が近づくと息苦しくなるように
なり、平成23年頃から神経科を受診し始めた。同年、長男が所在不明
となる出来事を契機に、その際の夫Yの対応に失望した妻Xは、同月
中に長男を連れて現住所に転居し、以後夫Yとは現在まで4年10か月

の間別居している。

　別居期間中、夫Ｙから定期的な生活費の支払いはされていなかった。

　妻Ｘが離婚訴訟を提起したが、原審はこれを棄却したので、妻Ｘが本件控訴を提起した。

当 事 者 の 主 張

◆控訴人（一審原告）の主張（破綻主張）

　夫Ｙは、婚姻当初から、思い通りにならないと妻Ｘや長男を無視し、暴言暴力に及んだ。夫Ｙは、長男が生まれてすぐに妻Ｘに働くことを強要し、自らは家事育児を手伝わないのに、掃除洗濯の方法などを事細かく指示し、妻Ｘのやり方が気に入らないと大声で怒鳴りつけるので、妻Ｘは、夫Ｙに話合いを求めたが無視された。

　妻Ｘは、精神的に不安定となり、平成20年頃には激しいめまいと吐き気で救急搬送されたが、夫Ｙが入院を断ったため帰宅を余儀なくされ、体調不良の中家事をさせられた。また、夫Ｙは、長男が所在不明になった時にも妻Ｘに押しつけて放置した。これら夫Ｙの行為（モラルハラスメント）により、妻Ｘは、しばしば動悸、めまい、頭痛や吐き気に襲われ、現在、全般性不安障害と診断されている。

　夫Ｙは、別件婚費分担審判にもかかわらず婚姻費用を支払わない。

　以上からすれば、妻Ｘと夫Ｙの婚姻関係は破綻している。

◆被控訴人（一審被告）の主張

　夫Ｙが物を叩いたり、妻Ｘと言い合いになったりしたことはあったが、言い過ぎた時などは謝っていたし、暴言や暴力はなく、むしろ妻Ｘから激しく怒鳴られたりした。仕事も妻Ｘが働きたがっていたので育児ストレスも解消できると賛成したにすぎず、家事の内容を事細か

に指示、注意したことも、妻Xの入院を断ったこともない。

　また、夫Yは、揉め事が多い夫婦関係に悩み疲弊していたときに、長男が所在不明になったと聞いて、どうしたら良いか分からなくなっただけで、家族を大切に思っている。

　婚姻費用については、別居時に預金300万円くらいを妻Xが持ち出してしまい、夫Yには自宅ローンなどの返済もあることから、支払いが遅れている。

　なお、妻Xが全般性不安障害に陥ったのは、夫Yとの関係からだけではない。夫Yは、従前、全般性不安障害についての理解が不足し、妻Xとの接し方を間違えてきたことを深く反省している。今後は、その理解に一層努め、専門家の意見も踏まえながら夫婦共に治療に努力し、子供のためにも、もう一度家族3人の生活を取り戻したい。

　本件別居は、夫Yが、妻Xの治療に少しでも役立てばと黙認しているにすぎず、妻Xと夫Yの婚姻関係は破綻していない。

裁判所の判断

　第一審判決は、妻Xが婚姻関係の破綻原因と主張する事実は、いずれも、性格・考え方の違いや感情・言葉の行き違いに端を発するもので、夫Yのみが責を負うというものではないこと、さらに、夫Yは、長男誕生時からその養育に関わり、現在も夫Yと長男の関係が良好に保たれているうえ、夫婦の同居期間が約10年であるのに対して別居期間は約3年5か月と短いことを指摘し、夫婦双方に至らない部分があったといえるから、双方が相互理解の努力を続け、長男を含めた家族の在り方を熟慮することにより修復の可能性がないとはいえないとして、妻Xの請求を棄却した。

これに対し、本判決（控訴審）は、別居について夫Yに一方的な責任があることを認めるに足りる的確な証拠はないとしつつも、以下のとおり説示し、婚姻関係は既に破綻し、修復の見込みがないと判断し、妻Xの離婚請求を認めた。

① 別居期間は4年10か月と長期に及んでおり、別居期間の長さは、それ自体として、婚姻関係の破綻を基礎づける事情といえる。

② また、妻Xの離婚意思は別居開始時から今日まで一貫して強固であるのに対し、夫Yは婚姻費用分担金の支払いを滞らせる等、修復に向けた具体的な働き掛けを試みた事実はうかがわれず、夫Yの修復意思は強いものであるとはいい難い。

ポイント解説

1 別居に至るまでの経緯と別居期間

「婚姻を継続し難い重大な事由があるとき」、すなわち婚姻関係が既に破綻しており修復の見込みがないといえるかどうかの認定判断は、夫と妻それぞれの内心に関わる問題であるだけに困難を伴います。夫と妻それぞれの供述が重要な資料になることはいうまでもありません。しかし、もう我慢できない、絶対に別れると何度も言いながら、いつまでたっても離婚しない夫婦もいますし、逆に絶対に離婚したくないと言いながらも、その実は財産分与の問題でそう言っているにすぎないケースなどもあり得ます。

したがって、裁判における婚姻破綻の認定においては、婚姻破綻を裏付ける客観的な事実が重要視されます。別居の有無及びその期間の長短は、この客観的な事実の一つです。

このケースでは別居期間は4年10か月でした。別居期間の長短につ

第14章　別　居　289

いては、判例上も一義的な評価基準があるわけではありません。しかし、本判決において、夫婦のいずれも有責配偶者とはいえない場合において、4年10か月という別居期間の長さは、それ自体として婚姻関係の破綻を基礎づける事情といえると判示されたことは、今後の参考になり得ると思われます。

　そうすると、婚姻関係の破綻を主張する側としては、別居の期間だけでなく、別居に至る経緯について、離婚を求める配偶者には有責性はなく（少なくとも一方的な有責性はなく）別居もやむを得なかったことについて、なるべく多くの客観的な証拠を用いて、入念に主張・立証していくことが必要となります。

② 当事者双方の修復意思

　別居がある程度の期間にわたって続いたとしても、その間に当事者間に一定の交流があり、離婚に反対する配偶者が修復に向けた具体的な行動等をしたり、婚姻費用分担金を誠実に支払い続けたりしたという事情があれば、これは婚姻関係の破綻の認定を妨げる方向に働き得ます（末尾の参考判例参照）。

　本件の夫Yは、関係修復の努力をすると供述をしていますが、別居後婚姻関係の修復に向けた具体的な行動や努力をした形跡はうかがわれず、別件婚費分担審判により命じられた婚姻費用分担金の支払いすら十分にしていません。このような事情から、夫Yが婚姻関係の修復に向けた意思は強くないと判断されており、具体的な事実関係に基づいて、相手方が婚姻関係の修復意思を実際には有していない、あるいは強いものではないことを主張するべきです。

証拠資料

◇妻Ｘの不安障害を立証する資料

【例示】診断書（発症日・発症原因等の記載があるもの）、診療記録、診療報酬明細書等

◇別居中の配偶者との関係を示す資料

【例示】当事者間に実質的な交流がなかったことを示す資料（当人から事情を聞いていた第三者の陳述書、当人の日記、メール等）

◇別居中の経済状況を示す資料

【例示】婚姻費用分担金支払義務を怠っていたことを示す資料（婚姻費用分担金に関する合意書、預金通帳、メール等）

＜参考判例＞

○婚姻破綻について専ら責任のある有責配偶者（夫）からの離婚請求について、婚姻関係の破綻を認定しつつも、別居後も相当期間、妻に対しスケジュール表を交付する、上京の折妻子と会食する、妻と共に夫婦として仲人を務める、妻子と共に家族旅行をするなどの関係を継続していたことや妻に対し愛人との関係を解消することを約する協定書に署名した事実などを考慮し、4年10か月の別居期間は、有責配偶者の離婚請求が信義則に違反しないといい得るほどの相当の長期間にわたるものとは認められないとして、夫からの離婚請求を棄却した事例（東京地判平14・6・27（平13（タ）471））

第15章 有責配偶者からの離婚請求

〔50〕 別居期間が約6年（同居期間約21年）であるが、子がいずれも成人しており、相手方配偶者に相当の収入があり離婚後も経済的に苛酷な状況に置かれるとはいえないこと、自宅建物を分与し残ローンも支払うことを約束していることから、離婚請求が認容された事例

（東京高判平14・6・26家月55・5・150）

キーワード：有責配偶者、別居期間、信義則

主張のポイント

1 別居前から夫婦仲が悪化しており、別居後も夫婦関係に改善がみられないこと

2 別居期間も長期に及んでいるところ、離婚後、相手方は語学という特殊技能を活かして就業中であり、その生活が苛酷な状況に陥ることはないこと

事案の概要

○当事者等

X：控訴人（一審原告）・夫

Y：被控訴人（一審被告）・妻

A：夫Xの不貞相手の女性

○事実経過

　夫Xと妻Yは、昭和49年に婚姻の届出をした夫婦であり、既に成人している2人の子がいる。

　夫Xと妻Yは、会話の少ない夫婦であった上、結婚当初から夫Xが帰宅しない日が多かったことなどから、必ずしも円満な夫婦関係ではなかった。

　妻Yは、昭和61年ころから、外国人相手の日本語学校の教師をするようになり、昭和63年かその翌年ころには、夫Xが会社を早退して自宅に帰っていると、突然妻Yが日本語学校の生徒である外国人男性を連れて帰ってきたことがあり、その後も妻Yがその男性と富士山に行って一緒に写っている写真を発見した。また、平成2年か3年ころ、その男性の妻から、夫Xに対し、妻Yが男性と頻繁にラブホテルに行っているので妻Yに指導・監督してほしいという話をしたが、夫Xは、妻Yに、当人同士の問題であるから妻Yが好きに決めたらよいという話をしただけであった。

　その後、夫Xと妻Yは、更に会話が少なくなり、必要不可欠なこと以外は口をきかないという状態になっていたが、その2、3年後くらいに妻Yは夫Xに外国人男性との件について謝罪した。

　夫Xは、妻Yと顔を合わせるのが嫌になるなど妻Yとの生活に苦痛を感じていたところ、料亭でアルバイトをしていた女性Aと知り合って親密な関係となり、平成8年3月ころ自宅を出て別にアパートを借りて別居するようになった。夫Xは、別居後も、子どものことが心配で、週に1回は自宅に帰宅していたが、平成9年3月ころからは、女性Aと同棲するようになり、週に1回の自宅への帰宅もしなくなった。

　妻Yは、英語教師として、平成12年ころには手取りで月額35万円くらいの収入を得ていた。夫Xの給与については、別居後の平成11年3

第15章　有責配偶者からの離婚請求　　293

月までは妻Ｙが管理していたが、その後は夫Ｘが管理するようになり、妻Ｙに毎月20万円を送付している。夫Ｘは離婚訴訟を提起したが、原審は、破綻を否定して、請求を棄却した。そこで、夫Ｘは本件控訴を提起した。夫Ｘは、離婚に伴う給付として、妻Ｙに対し自宅建物を分与し、残っている住宅ローンも完済まで支払い続けるとの意向を表明している。

当事者の主張

◆控訴人（一審原告）の主張（破綻主張）

昭和63年ころから平成3年ころまでの間の妻Ｙの外国人男性との不貞行為、その後の夫Ｘの女性Ａとの不倫関係により、夫Ｘと妻Ｙは平成8年3月ころから別居状態となって現在に至っており、既に婚姻関係は完全に破綻している。

婚姻関係破綻について夫Ｘに有責性が存するとしても、①別居期間が6年を超えていることなどから相当長期間に及んでいる、②未成熟子がいない、③妻Ｙには語学という特殊技能があり、これを活かして就業中であることなどから離婚請求を認めてもそれにより苛酷な状況に陥ることはないから、本件離婚請求は認められるべきである。

◆被控訴人（一審被告）の主張

妻Ｙは、夫Ｘ主張のような外国人男性との不貞行為はなく、夫婦関係は破綻しておらず、仮に夫婦関係が破綻しているとしても、これは夫Ｘの女性Ａとの不貞行為が原因となっているものであるから、夫Ｘの離婚請求は有責配偶者からの離婚請求であって許されない。

第15章　有責配偶者からの離婚請求

裁 判 所 の 判 断

　原審は、夫Xが平成9年までは毎週1度妻Y宅に帰宅していたこと、夫Xと女性Aとの間には子がないこと、夫Xが妻Yに対し、子らの学費、生活費等毎月20万円を支払っていること、妻Y及び子らは、夫Xの帰宅を待ち望んでいること、子らは成人したものの扶養を要する状況であることを理由に、婚姻関係の破綻を認めなかった。

　しかし、本判決は、夫Xと妻Yとは、もともと会話の少ない意思の疎通が不十分な夫婦であったところ、妻Yと外国人男性との不倫疑惑で夫婦の溝が大きく広がり、更に夫Xが女性Aと婚姻外の男女関係を続けた中で互いに夫婦としての愛情を喪失して別居に至ったもので、別居後既に6年を超えているところ、その間夫婦関係の改善は全くみられず、夫Xの離婚意思は極めて強固であることが明らかであるとして、夫Xと妻Yの婚姻関係は完全に破綻し、今後話合い等によってこれを修復していくことは期待できないものと認定した。

　なお、妻Yが外国人男性と不貞行為があったかについては、証拠からはこれを認めるに足りないが、上記認定の限りにおいても、夫Xが妻Yにおいて外国人男性と親密な関係にあるのではないかとの疑念を抱いたことは無理からぬことであり、妻Yの外国人男性との交遊は夫Xとの夫婦関係の悪化を促進させる要因となったものと認められるとした。

　有責配偶者からの離婚請求であるとの妻Yの主張については、夫Xは有責配偶者であると認められるが、別居期間は平成8年3月から既に6年以上経過しているところ、もともと会話の少ない意思の疎通が不十分な夫婦であって、別居前も妻Yと外国人男性との交遊に夫である夫Xの側からみて疑念を抱かせるものがあり、そのころから夫婦間の溝が大きく広がっていたこと、2子とも成人して大学を卒業している

第15章　有責配偶者からの離婚請求　　　295

など夫婦間に未成熟子がいないこと、妻Yは英語教師として相当の収入を得ているところ、夫Xは離婚に伴う給付として妻Yに現在同人が居住している自宅建物を分与し同建物について残っているローンも完済するまで支払い続けるとの意向を表明していることなどの事情に鑑みると、その請求が信義誠実の原則に反するとはいえないとし、妻Yの主張を排斥した。

ポイント解説

1　別居後の交流・別居期間と婚姻関係破綻

　本件では、原審では婚姻関係の破綻が認められなかったのに対し、控訴審では破綻が認められました。

　これは、別居期間や子らに関する事情に変化が生じたということもありますが、原審と控訴審とでは判断要素となる事実が異なっているということもその理由です。

　原審は、夫Xとその不貞相手の女性Aとの間に子がないことや、夫Xが妻Yに婚姻費用を支払っていることを破綻が認められない理由として挙げていましたが、原審で挙げられた理由は、その逆の事実は婚姻関係破綻を基礎付ける理由になり得る（不貞相手との間に子をもうけて家族同然の生活をしている、婚姻費用の支払いを含め一切の連絡をとっていないなど）ものの、不貞関係にあっても一般的には積極的に子をもうけようとはしないこと、法律上、婚姻費用の支払いは当然であることから、婚姻関係が破綻していない理由としてこれらを重視することは妥当とはいえません。

　これに対し、控訴審では、同居時の夫婦仲、別居期間、別居後の夫婦関係の改善の有無や当事者の離婚意思を理由に破綻を認めており、理由付けとしても簡明です。

破綻を主張する当事者としては、別居時にすでに夫婦仲が冷え切っていたことや、別居後に両当事者とも夫婦関係を改善する気持ちがなく、客観的にも何ら改善がなかったことを主張すると良いでしょう。

本判決では、同居期間が約21年間であるのに対し、約6年間の別居期間で離婚が認められています。

これを同居期間に比して別居期間が長期に及んでいるとまではいえないと評価することも可能であり、他のケースにまで一般化できるかは微妙です。本件では、夫Xと妻Yがもともと会話の少ない意思の疎通が不十分な夫婦であったことや、別居前も妻Yと外国人男性との交遊に夫Xの側からみて疑念を抱かせるものがあったことなど、同居時から夫婦関係が悪化していたことも理由として挙げられており、これは、別居期間の短さを補完する要素とも考えられます。

別居期間が長期間とまではいえないようなケースでは、同居時から夫婦関係が悪かったこと等を、別居期間の短さを補完する要素として主張すると良いでしょう。

②　離婚後の相手方の生活状況等

本判決は、夫Xを有責配偶者と認めましたが、上記の別居期間や別居前後の事情、未成熟子がいないことや、配偶者が経済的に苛酷な状況におかれないことなどの諸事情を考慮して、離婚請求を認めました。有責配偶者からの離婚請求が認められる余地のある事案においては、これらの諸事情を具体的に主張する必要があるでしょう。特に、配偶者の経済的状況については、離婚請求をする側が離婚に伴う金銭給付を十分に行うこと等によって、離婚認容にとって積極的な要素とされ得ることを認識して主張を行うと良いでしょう。

第15章　有責配偶者からの離婚請求　　　297

証拠資料

◇**同居期間中から夫婦仲が悪かったことを示す資料**

【例示】妻Yに不貞行為があったことを立証する調査報告書やメール等、夫
婦間の会話の様子が分かるメールや当事者の陳述書等

◇**妻Yが離婚により苛酷な経済状況におかれないことを示す資料**

【例示】相手方の就業状況を示す資料、婚姻費用を継続的に支払っているこ
と、離婚に伴う給付の申出をしたことを示す資料等

＜参考判例＞
○有責配偶者からの離婚請求を認めた先駆的判例（最大判昭62・9・2民集41・6・
1423）
○有責配偶者からの離婚請求につき、相手方にも少なからぬ責任があると
して離婚を認めた事例（最判平5・11・2家月46・9・40）

第15章　有責配偶者からの離婚請求

〔51〕　障害をもって生まれた子に対し、愛情を示してこなかっ
　　　　た有責配偶者からの離婚請求が排斥された事例

（東京高判平20・5・14家月61・5・44）

キーワード：有責配偶者、信義則、障害を有する子

主張のポイント

1　別居の原因は双方にあり、一方が専ら破綻について有責であ
　るものでないこと

2　離婚後の相手方の生活環境は、財産分与等によって現状から
　悪化しないし、障害を抱えた子も成人し自立していること

事　案　の　概　要

○当事者等

　X：被控訴人（一審原告）・夫

　Y：控訴人（一審被告）・妻

　A：長男

○事実経過

　夫Xと妻Yは、昭和53年に婚姻し、長女をもうけた。

　夫Xと妻Yとは、婚姻後、夫Xの実家で、夫Xの両親と同居して生
活を始めたが、夫Xの母は、妻Yに対し、事ある毎に、「家柄が違う。
妻Yは財産目当てで夫Xをたぶらかした。○○家の嫁として相応しく
ない。」などと言い、また、家事をすべて妻Yにさせた。そして、長女
出産後も、妻Yは、夫Xの母からの嫌がらせのため、ストレスで母乳

が止まるような状態になったため、同年中に長女を連れて実家に帰った。夫Xと夫Xの母とは、妻Yに対し謝罪したため、妻Yは、夫X方に戻った。

　その後、長男Aが生まれたが、口蓋破裂等の障害を持って生まれたため、夫Xの母は「○○家はそんな家系ではない。」などと露骨に嫌がり、妻Yを責めるとともに、夫Xも、長男Aを一切寄せ付けず、邪険に扱った。

　妻Yは、通院や度重なる手術等も含め苦労して長男Aを育てていたが、夫Xや夫Xの母は、二男が生まれると、健常者である二男だけをかわいがり、長男Aとあからさまに差別した扱いをするようになった。

　平成5年、妻Yは、夫Xらの態度に耐えかね、子らを連れて別居するため、離婚を求める調停を申し立てたが、夫Xは養育費の支払を拒否し、また、「自分の悪いところは直す。長男への態度も改める。」と謝罪したため、調停は不成立で終了したものの、結局、その後も夫Xの態度は変わらず、同年中に、妻Yは夫Xに対し、別居を申し出て、単身、近くにアパートを借りて、出て行った。妻Yは、当時まだ、中学3年、小学6年及び2年であった子らのために、夫X方に通う約束であったが、夫Xの母の拒否により、夫X方に出入りできなくなった。

　平成11年、長男Aは高校を中退し、その後万引き等を繰り返すようになり、その都度夫Xが警察へ迎えに行く等していたが、平成12年×月、長男Aは医療少年院に収容された。夫Xは、少年院に面会には行かず、手紙も出さなかった。

　平成14年×月、長男Aは少年院を退院することになったが、夫Xは、長男Aを引き取らなかったため、妻Yは、長男Aを引き取って一緒に暮らすことにした。しかし、妻Yは収入がなく生活が苦しくなり、夫Xに生活費を求めたが支払ってくれなかったため蓄えが底を突いた。長男Aは、平成16年に車上荒らしを犯して、警察に逮捕、勾留される

事件を起こし、その後、派遣社員として勤務していたが無断欠勤等の理由で解雇され、路上生活者として生活するなどし、新聞配達員や建設作業員として働くこともあったがいずれも長続きしなかった。妻Yは、長男Aに対して、合計26万円を送金するなどの金銭的援助を行うとともに、相談相手となるなどしていたが、長男Aは、同18年に所在不明となり、長期にわたって全く連絡がとれない状態であったところ、同20年になって、ようやく連絡がとれ、所在が確認された。

　妻Yは、従来から、更年期障害に加えて、腰痛を患っていたところ、夫Xとの間の紛争や長男Aの将来に対する心労から、不安焦燥、抑うつ気分、集中力減退、不眠等の症状を呈するに至り、精神科医師から「抑うつ症」の診断を受けている。夫Xは離婚訴訟を提起し、原審は離婚を認容したため、妻Yが本件控訴を提起した。

当事者の主張

◆被控訴人（一審原告）の主張（破綻主張）

　妻Yは、①夫Xの母から数々の嫌がらせを受け続けたが夫Xは放任し続けたこと、②夫Xの母が身体的障害を持って生まれてきた長男Aを極度に嫌い続け、夫Xもこれに同調して長男Aを嫌い、非情な扱いに終始したことを主張しているが、夫Xは、実家と離れたマンションを借りたり、実家を2世帯住宅に改造して夫Xの母とは独立した生活ができるように環境を変えていたこと、夫Xは3人の子供には差別することなく私立の幼稚園に入れ、同じ小学校、中学校に通わせ、長男Aについても小学校時代から地元の少年野球チームに入れ、頻繁に応援に行くなどしていたこと、日常生活においても振り込まれる給与賞与の管理は一切妻Yに任せていたのであり、別居の原因は双方にあるというべきである。

第15章　有責配偶者からの離婚請求　　301

別居後すでに12年以上が経過し、3人の子はいずれも成年に達している。妻Yの離婚による経済的な問題については、同人の附帯請求である財産分与等により解決されるべきであって、本件離婚請求について離婚を許すべきではない特別の事情は存在しない。

◆控訴人（一審被告）の主張
別居期間は13年ほどであるが、同居期間は約18年であり、別居期間が相当の長期間に及んでいるとはいえない。夫Xは、莫大な資産収入があるにもかかわらず、平成17年までの約11年間、全く経済的援助をしなかった。妻Yは、体調がすぐれず、働く意思はあっても思うように働くことができない状況にある。夫Xからの援助がなくなれば、今後毎月の生活費にもこと欠き、路頭に迷うことになり、抑うつ状態がさらに悪化する。他方、夫Xは多額の資産及び収入を有し、離婚後の両者の生活水準は雲泥の差がある。
このような事情を踏まえると、夫Xの離婚請求を認めてしまうと、妻Yが一層精神的・経済的に苛酷な状況に置かれる一方、有責配偶者である夫Xは婚姻費用の負担を免れるばかりか愛人と公然と交際できることになり、著しく正義に反し、信義誠実の原則に反する。

$$\boxed{\text{裁 判 所 の 判 断}}$$

原審、控訴審ともに、夫Xと妻Yとの婚姻関係破綻の原因は、主として、上記事実関係で認められる夫Xの妻Yや長男Aに対する姿勢にあったものであり、夫Xは有責配偶者であると認定している。
しかし、原審は、夫Xは有責配偶者であるものの、不貞行為・暴力があったわけでなく、夫Xの母からの言葉等による嫌がらせや夫Xの長男Aに対する冷たい姿勢等に妻Yが悩んで家を出たものであるこ

と、経済的な事情からとはいえ妻Ｙは長男Ａらを置いて家を出ていったこと、別居後の夫Ｘの監護態勢に問題点はあるものの、夫Ｘは3人の子を成人するまで監護養育しており、離婚が直接子らの福祉に影響するという問題もないとした。また、（財産分与が行われれば）必ずしも妻Ｙが苛酷な状況になるわけではないとして、有責配偶者である夫Ｘからの離婚請求を認めた。

　他方、本判決（控訴審判決）は、夫Ｘの離婚請求を棄却し、以下のとおり説示した。

　すなわち、夫Ｘは、十分な収入がありながら、平成17年の婚姻費用分担調停の成立まで11年間、妻Ｙに対して、婚姻費用として何らの金銭給付も行わず、妻Ｙは、現在、資産も、安定した住居もなく、夫Ｘから給付される月額14万円の婚姻費用分担金を唯一の収入として長女方に寄宿して生活している。妻Ｙは、高齢に加えて、更年期障害、腰痛及び抑うつ症の疾病を患い、就職は極めて困難であり、離婚が成立すれば、経済的な窮境に陥り、罹患する疾病に対する十分な治療を受けることすら危ぶまれる状況となることが容易に予想される。加えて、妻Ｙが、長男Ａには妻Ｙの後見的な配慮が必要と考えるのも、無理からぬ点がある。この点、夫Ｘは長男Ａの処遇に関する決意を述べるが、長男Ａに対する従来の態度が愛情を欠き、金銭的援助を一切拒絶していることに照らせば、離婚すれば、夫Ｘと長男Ａとの間で実質的な親子関係を修復することはほぼ不可能となることは、妻Ｙの危惧するとおりである。経済面、健康面において不安のある妻Ｙにおいて、独力で長男Ａの生活への援助を行わざるを得ないことになれば、妻Ｙを、経済的、精神的に更に窮状に追いやることになる。

　夫Ｘは、当審において、離婚に際して、1,204万8,000円（原判決の認容した1,004万円の2割増）の金員支払を提示しているが、この点を考慮しても、離婚を認容したときに妻Ｙが上記のような窮状に置かれるとの認定は左右されるものではない。

第15章　有責配偶者からの離婚請求　　303

ポイント解説

1　破綻の責任

　これについては、原審、控訴審ともに夫Xに責任があると認定されました。夫Xの立場で考えれば、妻Yが子供らをおいて単身別居した事情などを強調して、妻Yにも破綻に一定の責任があることを主張することになると思います。

2　離婚後の相手方や障害を抱えた子の生活状況

　本事案は、原審と控訴審で判断を分けたように、有責配偶者である夫Xからの離婚を認めるかどうかについて、かなり難しい事実関係を含むものといえます。子供たちがすべて成人し、別居期間も相当の長期に及んでいたのですから、妻Yの経済的苦境だけが問題だったとすれば、原審のように財産分与を重視して、離婚を認容することも十分合理性があるといえます。本件で特徴的なのは、障害を抱え、自立して生活することが難しい長男Aの存在があります。そして、原審判決後に、行方不明であった長男Aの所在が判明したという事情があり、これが判断を分けたポイントとなった可能性があります。

　控訴審は、障害を有し、自立して社会生活を送ることに不安があるという意味で、成人していたとしても未成熟の子がある場合に準ずるという判断をしたものでしょう。これに対して、夫Xは、長男Aの面倒をみるという決意を陳述書に記載しましたが、これまでの夫Xの振る舞いから、その信用性を否定されました。

　仮に、長男Aが生まれて以降、夫Xが、父親としての責任を果たす行動を示し続けていたとすれば、あるいは、妻Yとの紛争が生じた後であっても、離婚後も、長男Aへの支援をするという夫Xの言葉に説得力を持たせるような具体的な裏付けがあれば、裁判所の心証にも変化があったかもしれません。

304 第15章　有責配偶者からの離婚請求

証拠資料

◇従前から経済的支援をしてきた事実を示す資料

【例示】預金通帳等、財産分与契約書

◇将来の支援の意思を示す資料

【例示】陳述書、従前の支援の事実を示す証拠、具体的な財産の提供や支援を裏付ける契約書・覚書等

＜参考判例＞

○障害により24時間介護が必要な子の存在により、有責配偶者からの離婚請求が棄却された事例（高松高判平22・11・26判タ1370・199）（事例〔52〕）

第15章　有責配偶者からの離婚請求　　305

〔52〕　障害により24時間介護が必要な子の存在により、有責配
　　偶者からの離婚請求が棄却された事例

(高松高判平22・11・26判タ1370・199)

キーワード：有責配偶者、未成熟の子、障害を持つ子、信義則

主張のポイント

　離婚後の相手方の生活環境は、生活費の支払や住居の配慮など
により、現状から悪化しないから、相手方が精神的、社会的、経
済的に極めて過酷な状況には陥らないこと

事 案 の 概 要

○　当事者等

　X：被控訴人（一審原告）・夫

　Y：控訴人（一審被告）・妻

　A：XとYの長女（出生時から先天性心疾患、先天性両脛骨欠損、
　　　右多合指症等の障害があり、現在も常時介護が必要な状態）

　B：夫Xの交際相手の女性

○事実経過

　夫Xと妻Yは、昭和59年4月27日に婚姻し、昭和60年4月、長女Aが
出生した。長女Aは出生時から先天性心疾患、先天性両脛骨欠損、右
多合指症等の障害があり、現在も長女Aは言葉を発することができず、
突然泣きわめいて2、3時間泣き続けることもあるなど、常時介護が必
要な状態である。

夫Xは、医師であり、医療法人の経営者であるが、その経営する医療法人は、平成4年ころに病院を建て替えることになり、夫Xは、多額の借金を背負うことになり、経営に悩みを抱えるようになった。平成7年ころから夫Xは当直を兼ねて仮設のプレハブ建物で寝起きをし、診療行為を行うようになった。夫Xは、新しい病院が完成した平成9年5月からは、午後10時ころに病院から自宅に戻り、夕食を済ませた後に午前0時か1時ころまで仮眠を取り、その後病院に行って院長室で午前5時ころまで医療事務の残務をこなし、院長室のソファーで午前7時ころまで仮眠を取った後、自宅に戻って朝食を取り、再び病院に出勤するというような日常を送るようになった。夫婦間の会話は減少し、平成13年以降は夫婦関係もなくなった。

夫Xは、平成14年7月に網膜剥離の手術を受けたが、その際、看護師である女性Bと親しくなり、退院後、女性Bと結婚を前提とした同居を開始した。

夫Xと妻Yは、平成17年4月18日、以下の約定書を交わした。

「①　省略
②　夫Xと妻Yは、別居生活を維持し、法律上認められる夫婦間の義務をもって束縛しない。
③　長女Aの看護は従来どおり妻Yが行い、長女Aの治療については夫Xが最大限に配慮をなし、治療費用を負担する。
④　夫Xと妻Yは、今後も各々別途の生活を営むにあたり、現在の財産を夫Xにつき約2,898万円、妻Yにつき約2,730万円相当に区分して各自が受け取り、婚姻財産の清算をする。
⑤　夫Xは妻Yに対し、長女Aの看護に必要な自動車購入費用として200万円を支払い、妻Yはこれ以外に自動車購入費用の支払請求をしない。
⑥　夫Xは妻Yの生活費への補填として月額18万円の支払をすることを約束する。」

第15章　有責配偶者からの離婚請求　307

　その後、夫Ⅹは、妻Ｙとの離婚を求める調停が不成立となり、原審に対して、離婚訴訟を提起したところ、原審は、夫Ⅹの離婚請求が信義誠実の原則に反するとまではいえないとして、離婚を認めた。そこで、妻Ｙが本件控訴を提起した。

当事者の主張

◆被控訴人（一審原告）の主張（破綻主張）

　夫Ⅹは、妻Ｙとの離婚後も長女Ａ及びその介護をする妻Ｙに対し、現在婚姻費用として支払っている金額と同額の生活費を支払い、経済的劣化状態を生じさせないことを約束する。また、妻Ｙと長女Ａは、夫Ⅹが理事長を勤める医療法人の所有する建物に居住しているところ、長女Ａの介護にとって妻Ｙの存在は必要であるから、離婚後も妻Ｙに退去を求める考えはない。したがって、離婚によって妻Ｙや長女Ａが精神的、社会的かつ経済的に極めて過酷な状況に陥ることはあり得ず、夫Ⅹの本訴請求は信義則に反するものではない。

◆控訴人（一審被告）の主張

　同居期間が夫Ⅹの言い分を前提としても216か月であるのに対し、別居期間は訴え提起時まで67か月であり、別居期間は相当長期といえる状態ではない。また、長女Ａは成人しているものの、未成熟の子以上に療養、看護が必要な状態である。さらに、離婚が認められると、妻Ｙと長女Ａは医療面、住環境面、栄養面その他で精神的、社会的、経済的に極めて過酷な状況におかれることは明らかである。したがって、本件においては離婚を認めることが社会正義に反する特別な事情があるということができ、夫Ⅹの離婚請求は認められるべきではない。

308　　第15章　有責配偶者からの離婚請求

裁 判 所 の 判 断

　原審は、婚姻関係の破綻及び夫Xの有責性を認定し、別居期間が6年
7か月余りであり、同居期間（約19年）に比して相当の長期間に及んで
おらず、また、重篤な障害を抱える長女Aの存在があるとしつつ、生
活状況及び経済状況を変化させないという夫Xの供述に信用性を認め
（住居の提供に加え、月額43万円の支払）、妻Yが約2,730万円の財産
的清算金を受ける中で、ある程度心の整理を付けることも可能であっ
たこと、慣れ親しんだ生活環境、医療環境等もそのまま維持されるた
め、極めて過酷とまで認めることはできないとして、既に心のつなが
りという本質を失った婚姻関係に懲罰的につなぎ止めることも、厳格
に過ぎると判断し、夫Xの離婚請求を認めた。

　これに対し、本判決は、（従来の生活を保障するという夫Xの供述の
信用性を含め）事実関係はほぼすべて、原審の判断を踏襲しつつ、妻
Yが高齢になってきており、近い将来、これまでと同様に長女Aの介
護を行うことが困難になることが予想され、介護士等へ支払う介護費
用の増加が想定されること、また、夫Xの提案が信用できるものであ
るとしても、時の経過によって、環境の変化が生じ得るし、夫Xの提
案内容について永続的にその実現を保障する手だては講じられていな
いことからすると、離婚により、将来的に妻Yが経済的に過酷な状況
に置かれる可能性があること、また、妻Yの精神的な苦痛は甚大であ
る上、離婚後、夫Xは、女性Bと婚姻して新家庭を築くことを考えて
いることからすると、長女Aの介護についてこれまでと同様の負担を
求めることが事実上困難になることも考えられ、さらに、現在、妻Y
とともに長女Aの介護を行っている妻Yの母の協力が、近い将来に得
られなくなることが予想されること等の事情に鑑みれば、妻Yは、離
婚によって、長女Aの介護に関する実質的な負担を一人で抱え込むこ

第15章　有責配偶者からの離婚請求　　309

とになりかねず、離婚によって精神的に過酷な状況に置かれることも
想定されるとして、夫Xの離婚請求を棄却した。

ポイント解説

本件は、有責配偶者からの離婚請求の可否という問題の限界事例に
属するものと思われます。

特徴的であったのは、（成年に達しているが24時間介護が必要な）子
の介護が相当過酷であるという点と、有責配偶者である夫Xが医療法
人の経営者であり、住居の保証をし、財産関係の清算をした上、相当
高額な金員の支払を提案した点である。原審は、これを提案した夫X
の供述を信用して、離婚請求を認めました。

一方、本判決は、「将来」の不安定性を重視したといえます。

夫Xの医療法人所有の建物に妻Yを住まわせ続けること、経済的保
証を続けるという供述は信が措けるし、十分可能だという認定をする
一方で、永続性を担保する手立てがないことや夫Xが新たな家庭を持
つことから、これまで通りの負担を求め続けることが妻Yにとって事
実上難しくなり、妻Yが長女Aの介護の負担を実質的に抱え込む可能
性を排除できないとしています。

本判決を前提にすれば、有責配偶者からすると、相手方への十分な
生活保障に加え、本件のような過酷な介護環境がある場合には、その
永続性や支えていく仕組みがあることを主張していく必要がありま
す。

例えば、社会資源の活用を具体的に示す、ということも一つであっ
たであろうと思われます。

ただし、本件判決内容も、十分説得的とは言いがたく、過度のパタ
ーナリズムであるという批判もあり得ます。本件判決時である平成22

年からも、結婚観の変容は見られるのであり、有責配偶者による離婚請求を制限すべき根拠はどんどん希薄化しているともいえます。

そうすると、妻Yが婚姻制度にこだわる理由という点にスポットをあてて、それが離婚を制限すべき事由としては不十分であることを主張するということも、一つの主張のあり方かと思われます。

証拠資料

◇従前から経済的支援をしてきた事実を示す資料

【例示】預金通帳等、財産分与契約書

◇将来の支援の意思を示す資料

【例示】陳述書、従前の支援の事実を示す証拠

＜参考判例＞

○有責配偶者である夫からの離婚請求について、夫がこれまで身体障害者の息子に対して全く愛情を注がず、経済的援助も拒否してきたことから、息子が自立できないこと、妻も抑うつ症であること、夫には多額の収入や資産があるのに、十分な財産の提供の申出をしてこなかったことなどから、離婚請求が棄却された事例（東京高判平20・5・14家月61・5・44）（事例〔51〕）

第15章 有責配偶者からの離婚請求　　311

〔53〕　同居期間11年、別居期間3年弱の夫婦間で、未成熟子と同
　　　　居している破綻に有責な30代妻から50代夫への離婚請求が
　　　　信義則に反するとされた事例

（東京高判平25・1・16（平24（ネ）5294））

キーワード：別居、不貞行為、未成熟子、性格の不一致、別居後の生活関
　　　　　　係

主張のポイント

1　別居するまでに夫婦間の会話や夫婦関係がない家庭内別居状
　態が4年以上継続しており、別居も、夫が、離婚の準備として開
　始したものであって別居状態が2年9か月継続していること

2　離婚により、夫や未成熟子に与える影響が大きいとはいえな
　いこと

事 案 の 概 要

○当事者等

　X：被控訴人（一審原告）・妻

　Y：控訴人（一審被告）・夫

　A：Xの不貞相手の男性

○事実経過

　妻X（37歳）と夫Y（54歳）は、平成10年に婚姻し、平成14年に長
男、平成15年に二男、平成17年に長女をもうけたが、平成22年1月に夫
Yが妻Xの求めに応じて自宅を出て別居に至った夫婦である。

妻Xは、平成21年12月から男性Aと交際を始め、平成22年2月下旬までには同人と不貞関係を持つようになった。他方、平成21年12月頃、夫Yは、一家で外食に出た際に長男と口論になり、長男に対しおしぼりを投げつけ、これを咎めた妻Xの頭を他の客らもいる中で叩いたという諍いがあった。

平成22年3月、夫Yは妻Xの不貞も把握した上で復縁のため自宅に戻る連絡をしたが、妻Xは夫Yが戻る前に子らを連れて自宅を出た。

原審は、妻Xが夫Yによる復縁の呼びかけに応じない意思を明確にして別居を継続し、男性Aとの新生活を考えて夫Yとの連絡さえ拒んでいる状態から、夫Yの修復意思にかかわらず婚姻関係は破綻し、婚姻を継続し難い重大な事由があると認定した一方、両者間の性格の不一致や上記外食時の諍いを契機に妻Xが別居希望を強めた経緯から、妻Xの不貞行為が破綻の専らの又は主たる原因とまではいえないとして妻Xの有責性を否定し、離婚請求を認容した。これに対し、夫Yが控訴を提起した。

当事者の主張

◆被控訴人（一審原告）の主張（破綻主張）

夫Yの妻Xに対する度重なる暴力により夫婦関係は別居前から円満を欠き3回も離婚協議をしており、夫婦間の会話や夫婦関係がない家庭内別居状態が4年以上継続していた。別居に至ったのも、夫Yが離婚のための準備と自認して、妻Xが子らのための新しい父親を作れるようにするためであり、別居状態も2年9か月継続しているから、婚姻関係は破綻している。

第15章　有責配偶者からの離婚請求　　313

◆控訴人（一審被告）の主張

夫Ｙは仕事が多忙な中でも週末は可能な限り家族と出かけ、別居前の平成21年8月にも家族旅行に行くなど、円満な夫婦生活を送っていた。

婚姻関係破綻の主観的要素は当事者双方が婚姻を修復させる意図がないことをいい、妻Ｘの離婚意思が強いだけでは充足しない。妻Ｘとの別居も2年程度であり、破綻の客観的要素たる相当期間の別居ともいえないから、婚姻関係は破綻していない。

仮に婚姻関係が破綻しているとしても、その原因は妻Ｘが男性Ａと不貞関係を持ったことにあるから、妻Ｘは有責配偶者である。本件では、①妻Ｘの有責性は重い、②夫Ｙは関係修復に向けて寛容であり、③離婚は夫Ｙを過酷な精神状態に追い込むことになり、④3人の未成熟子の現在の監護・教育・福祉の状況も好ましくなく、⑤妻Ｘは妻帯者である男性Ａと不貞関係にあり、両名間の生活関係を尊重することは不正義で子らへの弊害になるといった事情から、妻Ｘの離婚請求は信義則に照らし許されない。さらに、別居期間も両当事者の年齢及び同居期間に比して相当な長期間に及んでいるともいえない。

$$\boxed{\text{裁 判 所 の 判 断}}$$

本判決は、以下のとおり説示して、妻Ｘからの離婚請求を棄却した（原判決を取り消し）。

平成21年12月の外食時の諍い後も夫Ｙは関係修復を試みているから、平成22年1月の別居前には婚姻関係は破綻していない。妻Ｘが同年2月までに男性Ａと不貞行為に及び、これを把握した夫Ｙが妻Ｘの行動監視を強めたことから妻Ｘの夫Ｙに対する不信感が強まり、夫Ｙが自宅での同居生活に戻ろうとすると先に子らを連れて自宅を引き払

い、同年4月には夫Yに子らと会わせる条件として離婚届への署名捺印を迫り、夫Yがこれに応じた（ただし不受理届を出した）等の事情から、同年4月には婚姻関係は破綻した。

また、妻Xが男性Aとの交際開始後に別居を求めるようになった経緯や、夫Yが妻Xの不貞行為を把握したために両者間の関係が悪化し、妻Xが夫Yとの同居生活に戻るのを拒んで子らを連れて自宅を出た経緯から、破綻は妻Xの不貞行為に起因しているから、妻Xは有責配偶者である。

有責配偶者からの離婚請求の許否判断の考慮要素としては、①有責配偶者の責任の程度・態様、②相手方配偶者の婚姻継続意思・請求者に対する感情、③離婚を認めた場合の相手方配偶者の精神的・社会的・経済的状態、④夫婦間の子、特に未成熟子の監護・教育・福祉の状況、⑤別居後に形成された生活関係、⑥時の経過がこれら諸事情に与える影響が挙げられるが、本件では、①不貞行為をしながら夫Yの関係修復希望を全く受け入れなかった妻Xの責任は軽視できないこと、②夫Yは従前の家族への言動を反省して婚姻継続を強く希望し、妻Xに対し寛容に接する意向であること、③夫Yは離婚により経済的・社会的には過酷な状況にはならずとも多大な精神的打撃を受け得ること、④3人の子らは11歳未満と未成熟であるところ、現状のまま離婚を認めると夫Yからの定期的給付の減額や父子関係の断絶状態継続により子らの監護・教育・福祉に悪影響が及び得ること、⑤妻Xの男性Aとの生活関係は男性Aが妻帯者であることからして直ちに法的保護に値するとはいえないこと、⑥別居期間も両当事者の年齢や同居期間に比して長期間とはいえないことを総合考慮すれば、現時点で妻Xからの離婚請求を認めることは信義則に反する。

第15章　有責配偶者からの離婚請求　　315

$$\boxed{\text{ポ イ ン ト 解 説}}$$

1　婚姻関係破綻の有無・時期及び責任

　本件では、別居前の破綻が否定され、別居後の妻Xの不貞行為や夫Yとの離婚交渉等の事情から、妻Xの責任による婚姻関係破綻が認められました。

　妻Xは父子交流に非協力的であり、父子面接の条件として離婚届への署名捺印を夫Yに迫るなど、父子関係の断絶を離婚交渉の道具にしようとしているのではないかと窺われる向きがありました。本判決は、夫Yは離婚によって経済的・社会的に過酷な状況に置かれることはないとしながらも、その受ける精神的打撃の大きさを重視しています。

　婚姻関係の破綻を主張して離婚を請求する側としては、破綻が自己の責任によるものでないことを具体的な事実関係に基づいて主張する必要があります。さらに、相手方配偶者の関係修復希望を受け入れる気持ちがないとしても、別居親と子らとの交流維持の意義は夫婦間の紛争とは別問題であるとの理解を示し、面会交流をめぐる協議に前向きに応じるなど、相手方配偶者が離婚により被る精神的打撃の緩和に努める姿勢を示すことも重要と考えられます。

2　離婚による相手方配偶者や未成熟子への影響

　本件では、上記のとおり、夫Yが被る精神的打撃の大きさも問題とされましたが、3人の子らが未成熟子であり、その養育・監護に与える影響も考慮されました。

　別居親である夫Yから同居親である妻Xに対し月額27万円もの婚姻費用が支払われていましたが、離婚が成立することにより夫Yからの定期的な給付が減額されることになるから、未成熟子らの養育・監護・福祉状況が悪化するとの主張が離婚を争う夫Yからなされ、本判決で

も採用されています。夫婦間でより経済力のある配偶者が婚姻継続を望む場合には、こうした影響について主張することも有効と考えられます。半面、破綻による離婚を主張する側としては、このような主張に対して、未成熟子の養育等に対する影響が大きくない事情を具体的に反論する必要があります。

証拠資料

◇婚姻関係破綻の専らの原因・主たる原因を立証する資料

【例示】当事者の陳述書や日記、夫婦間のメールや通信アプリ上のやり取り、当事者から事情を聞いた知人の陳述書等

◇別居期間の長さを立証する資料

【例示】当事者の陳述書や日記、夫婦間のメールや通信アプリ上のやり取り、自宅を出た側の賃貸借契約書や公共料金請求書等

◇別居後の生活の安定及び未成熟子らの監護状況や福祉状況が良好であることを立証する資料

【例示】当事者の陳述書や日記、当事者の生活状況を知る知人の陳述書等

◇離婚が夫Yにとって過酷とならない事情を立証する資料

【例示】夫Yの経済力を示す源泉徴収票や確定申告書控え、別居期間における夫Yと未成熟子らの交流実績を示す当事者の陳述書や日記、夫婦間又は別居親と未成熟子間のメールや通信アプリ上のやり取り等

◇婚姻費用や養育料の分担等を立証する資料

【例示】家計簿、通帳、当事者の陳述書等

第15章　有責配偶者からの離婚請求

＜参考判例＞

〇別居期間36年、未成熟子がおらず、有責配偶者たる夫と同棲相手の女性の間に2児が生まれ夫が認知している夫婦間で、相手方配偶者が離婚により精神的・社会的・経済的に極めて苛酷な状態になる等、離婚を認容することが著しく社会正義に反する特段事情の無い限り、有責な夫からの離婚請求も認容すべきとされた事例（最大判昭62・9・2民集41・6・1423）

〇妻が婚姻関係破綻前に別の男性と不貞関係をもったものの、妻はそれ以前から夫の育児・家事への協力不足に失望し別居希望を強めた経緯があるので、妻が専ら破綻の責任を負うとはいえないとし、有責配偶者からの離婚請求であるとの夫の主張を退けた事例（東京地判平15・8・27（平14（タ）770））

318　　第15章　有責配偶者からの離婚請求

〔54〕　50歳代の夫婦間で9年余の別居期間は18年余の同居期間
　　　　等と比べ相当長期間とはいえず、破綻に有責な夫からうつ
　　　　病の妻への離婚請求は信義則に反するとされた事例

（仙台高判平25・12・26判タ1409・267）

キーワード：別居、不貞行為、うつ病、性格の不一致、信義則

主張のポイント

　別居期間が9年4か月と相当長期に渡っていること、子らがいず
れも自立していること、妻はパートタイム勤務をしていることか
ら、離婚により精神的・社会的・経済的に極めて苛酷な状態にお
かれるわけではないこと（※本判決は否定）

事 案 の 概 要

○当事者等

　X：被控訴人（一審原告）・夫

　Y：控訴人（一審被告）・妻

　A：Xの不貞相手の女性

○事実経過

　夫X（51歳）と妻Y（52歳）は、昭和60年に婚姻し、長男（26歳）、
長女（24歳）、二男（21歳、私立大学生）をもうけたが、平成14年に夫
Xの女性Aとの不貞関係発覚により平成16年に夫Xが長男を連れて自
宅を出て別居に至った夫婦である。

　平成16年には夫Xが妻Yに対し婚姻費用月額10万円を支払う調停が

第15章　有責配偶者からの離婚請求　　319

成立した。その後、妻Ｙは3度に渡り婚姻費用の増額請求調停を申し立て、平成21年には月額13万円への増額が決定され（抗告審）、平成23年には段階的に月額14万円、同16万円とする増額が決定され（抗告審）、平成24年には月額28万円へ増額する審判がなされた。夫Ｘは平成24年以降婚姻費用の支払いを遅滞したが、妻Ｙは平成25年に夫Ｘの給与債権を差し押さえて未払金を取り立てた。なお、夫Ｘには1,400万円近い年収がある。

　他方、平成16年に夫Ｘが提起した離婚訴訟では有責配偶者からの離婚請求であり信義則に反するとして棄却された。夫Ｘは再度、本件離婚訴訟を提起したところ、原審は両者間の別居期間が長期に及び婚姻関係は完全に破綻しており、妻Ｙの婚姻継続意思や離婚による精神的・社会的苦痛を重視するのは相当ではなく、離婚による経済的不利益は財産分与ないし慰謝料により解決すべきとして離婚請求を認容した。そこで、妻Ｙが控訴を提起した。

当事者の主張

◆被控訴人（一審原告）の主張

　妻Ｙとは、生活態度や性格の不一致が原因で共同生活の継続が精神的限界に達し、別居に至った（なお、本判決では平成14年暮れ頃、夫Ｘの浮気を疑った妻Ｙが夫Ｘの作業着をはさみで切り裂いた、夫Ｘの吸っているタバコの火をその顔に押し付けた、包丁を持ち出したとの各事実が認定されている）。別居後9年余経過する間に婚姻関係修復の試みは全くなされておらず、妻Ｙが夫Ｘに連絡するのは金銭要求の場合に限られている。

　別居期間が相当長期に渡っていること、子らがいずれも自立していること、妻Ｙはパートタイム勤務をしており、離婚により精神的・社会的・経済的に極めて苛酷な状態におかれるわけではないから、離婚

請求は認容されるべきである。

◆控訴人（一審被告）の主張

　妻Ｙには離婚意思がなく、別居後も夫Ｘに2、3か月に1回手紙やメールを送り婚姻関係修復に向けた試みを続けており、婚姻関係は修復不能な程度に破綻していない。

　仮に破綻しているとしても、夫Ｘの不貞が原因であり、夫Ｘは有責配偶者である。

　①別居期間は同居期間や双方の年齢との対比において相当長期間に及んでいるとはいえず、②妻Ｙと同居する二男は大学生であり未成熟子である、③妻Ｙはうつ病でフルタイム勤務が困難で、夫Ｘからの婚姻費用に全面的に依存しているので、離婚により経済的に極めて苛酷な状態になることから、夫Ｘの離婚請求は信義則に反し許されない。

裁判所の判断

　本判決は、婚姻関係破綻の有無に関し、夫Ｘと妻Ｙは、平成16年から約9年4か月以上に渡り別居し、その間、夫Ｘから本件を含め2度の離婚訴訟が提起されていることなどに照らし、婚姻関係は修復される見込みがなく完全に破綻していると認定した。また、破綻の主原因は夫Ｘの不貞行為にあるから、夫Ｘは有責配偶者であるとした。

　その上で本判決は、有責配偶者からの離婚請求の許否については、①婚姻関係破綻における夫Ｘの有責性が高いこと、②妻Ｙは婚姻関係継続を望んでいること、③妻Ｙはうつ病で思うように稼働できないところ、債務を抱え、二男が社会人になるまで少なくとも1年以上残していること、④夫Ｘに離婚を早急に成立させるべき切迫事情がないこと、⑤両者間の別居期間9年4か月は同居期間18年6か月や両者の年齢に比して相当の長期間に及んでいるとは認められないこと、⑥夫Ｘに婚姻

第15章　有責配偶者からの離婚請求　　321

費用不払いがあった経緯から夫Xが本件で提示している金銭給付の将来的履行に不安が残るといった点を考慮し、離婚を認めた場合には妻Yにとって精神的・社会的・経済的に極めて苛酷な状況になるから、夫Xの離婚請求は信義則に照らし許されないと判断した。

$$\boxed{\text{ポイント解説}}$$

(1)　相手方配偶者が経済的に苛酷な状態にならないとの評価に関わる要素

　本件では、原審、控訴審共に婚姻関係の破綻を認定しましたが、原審判決が妻Yの婚姻継続意思や離婚による精神的・社会的苦痛を重視するのは相当ではなく、離婚による経済的不利益は財産分与ないし慰謝料により解決すべきとしたのに対し、本判決は、離婚によって妻Yが被る経済的不利益を重視して、高所得の有責配偶者である夫Xからの離婚請求を認めない結論を導きました。夫Xが主張した妻Yが離婚により苛酷な状態に置かれるわけではないとの主張は採用されませんでした。離婚給付に関し、夫Xは、原審で提示した400万円の一括払いから増額し、当審では合計1,000万円の給付を提示し、うち250万円は一括払いし、残り750万円を月額20万円ずつ支払うと申し出ましたが、本判決では、夫Xに婚姻費用不払いがあった経緯から将来的履行を不安視されてしまった点が結論に少なからぬ影響を及ぼしたと考えられます。

　経済力のある有責配偶者から経済力のない相手方配偶者に対する離婚請求が許容されるためには、いかに相手方配偶者が離婚により被る経済的不利益を緩和できるかが重要ですので、離婚を求める側はできる限り金銭給付について好条件を提示できるよう努める必要があるといえます。また、過去の婚姻費用分担義務を誠実に履行していた点をアピールし、将来的履行に安心感を持たせることも大切と考えられます。

(2)　離婚を早急に成立させるべき切迫した事情

　本件では、夫Ｘに離婚を早急に成立させるべき切迫した事情がない
ことも、有責配偶者からの離婚請求を否定する要素に挙げられていま
す。有責配偶者とはいえ、別居後に事実上形成した家庭生活があって、
その安定のために再婚を急ぎたいといった事情があるような場合に
は、その離婚請求の許容性判断において有利に評価されうるので、そ
うした事情は積極的に主張すべきでしょう（なお、不貞相手との生活
関係が直ちに法的保護に値するとはいえないとした事例〔53〕参照）。

証拠資料

◇婚姻関係破綻の専らの原因・主たる原因を立証する資料

【例示】当事者の陳述書や日記、夫婦間のメールや通信アプリ上のやり取り、
　　　当事者から事情を聞いた知人の陳述書等

◇妻Ｙが経済的に苛酷とならない事情を証明する資料

【例示】離婚請求側の相手方に対する金銭給付の申出について履行可能性を
　　　裏付ける資力を示すための源泉徴収票、確定申告控え等の収入資料、
　　　誠実さを裏付けるための過去の婚姻費用支払い実績を示す振込み利
　　　用明細、通帳等

◇婚姻関係修復の試みがなされていないことを立証する資料

【例示】当事者の陳述書や日記、夫婦間のメールや通信アプリ上のやり取り
　　　等

第15章　有責配偶者からの離婚請求　　　323

＜参考判例＞

○別居期間が15年6か月と相当長期間に及び、子が夫の同棲相手の女性に実子同然に育てられ19歳に達した夫婦間で、妻が離婚により被る不利益が離婚に必然的に伴う範囲を著しく超えないから、有責配偶者たる夫からの離婚請求を認めることが著しく社会正義に反する特段事情があるとはいえないとされた事例（最判平元・9・7裁判集民157・457）

○有責配偶者たる夫が不貞関係を清算し、妻子の生活費を負担し続け、財産関係の清算で相応の提案をし、子が成年に達し、妻が夫名義不動産に処分禁止の仮処分を執行した事実関係に照らし、約8年の別居期間が両当事者の年齢・同居期間の対比で相当長期に及んだと解する余地があるとされた事例（最判平2・11・8家月43・3・72）

324　　第15章　有責配偶者からの離婚請求

〔55〕　別居期間2年、未成熟子のいる夫婦間で、破綻に有責な妻
　　からの離婚請求が信義則に反しないとされた事例

(東京高判平26・6・12判時2237・47)

キーワード：別居、未成熟子、不貞行為、性格の不一致

主張のポイント

1　性格の不一致・夫による精神的虐待などがあり、婚姻関係は
別居前に既に破綻しており、夫は、別居後も、離婚を前提とし
た行動をとっていたこと

2　破綻に有責な事由があっても、相手方も破綻に大きな責任が
あり、その他経済的な状況等からも離婚によって過酷な状況に
陥らないこと

事案の概要

○当事者等

　X：控訴人（一審原告）・妻

　Y：被控訴人（一審被告）・夫

　A：Xの不貞相手の男性

　B：Xの不貞相手の男性

○事実経過

　妻X（フランス国籍）と夫Y（日本国籍）は、平成17年に日本にお
いて日本の方式により婚姻し、平成19年に長男、平成21年に長女が出
生した後、平成24年5月に妻Xが子らを連れて家を出て別居に至った

第15章　有責配偶者からの離婚請求　　325

夫婦である。

　妻Xは、平成23年10月から12月頃に男性Aと不貞行為に及び、また平成24年3月以降は男性Bと不貞関係にある。

　平成25年には夫Yが妻Xに対し婚姻費用として毎月10万円を支払うとの調停が成立した。妻Xが離婚訴訟を提起したところ、原審は、別居期間1年半余りにすぎず婚姻関係はいまだ破綻していない、仮に破綻しているとしても妻Xの離婚請求は有責配偶者からの離婚請求であり信義誠実の原則に反するとして棄却した。これに対し、妻Xが控訴を提起した。

当事者の主張

◆控訴人（一審原告）の主張

　妻Xと夫Yの間には、性格の不一致・夫Yが精神的に虐待する・双方家族と折り合いが悪い・夫Yが妻Xに対し生活費を渡さない・子供のパスポートを取り上げるなど婚姻を継続し難い重大な事由があり、平成21年8月頃には婚姻関係は破綻していた。仮にそうでないとしても、夫Yが妻Xに対し、携帯電話、クレジットカード、メールを使えなくしたり、「家から出て行け」と発言したことや、妻Xに要求して同居中の生活費の支払いを受けるようになったことから、婚姻関係は別居前には既に破綻していた。別居後の夫の態度も、妻Xに対し自宅鍵の返還を要求し、その残置物を廃棄すると通告するというものだった。

◆被控訴人（一審被告）の主張

　婚姻関係は別居前には破綻していない。

　妻Xは、訴外Aや訴外Bと不貞関係に及んだ有責配偶者であり、その離婚請求は信義則に反するので認められない。

裁判所の判断

　本判決は、原審と異なり、妻Xからの離婚請求を認容した。

　本判決は、婚姻関係破綻の有無に関し、平成23年5月に夫Yがフランスに帰省中の妻Xと子らに会いに行き、その際に夫婦2人で旅行に行っていたことなどから、別居前の破綻をいう妻Xの主張は斥けた。しかし、別居直後の平成24年6月に離婚調停を申し立てられた夫Yが、妻Xに対して自宅立ち入りを拒絶したり、同年9月に妻Xが男性Bの家から出てくるのを待ち構えて暴力沙汰となり、それ以降は夫婦関係修復のための具体的行動はとらず、むしろ離婚に備えて子らとの関係維持のためのフランスビザ取得方法を相談するなど破綻を前提とした行動をとっていた等の事実から、遅くとも平成24年9月には婚姻関係は決定的に破綻していたものと認定した。

　また、破綻の主な原因は妻Xの男性Aや男性Bとの不貞行為にあるとした上で、有責配偶者からの離婚請求の許否判断の考慮要素として、①有責配偶者の責任の態様・程度、②相手方配偶者の婚姻継続意思・請求者に対する感情、③離婚を認めた場合の相手方配偶者の精神的・社会的・経済的状態、④夫婦間の子、特に未成熟子の監護・教育・福祉の状況、⑤別居後に形成された生活関係等を挙げ、本件では、①破綻の直接原因は妻Xの不貞にあるが、夫Yが自分の言うことを聞かせようとして妻Xに対し携帯電話、メール、クレジットカードを使えなくするなど人格を否定するような行動をとったことにより、夫Yも婚姻関係破綻の責任の一端を負う、②もともとは夫Yから離婚を求めた経緯があった、③夫Yは約961万円の年収があり離婚を認めても精神的・社会的・経済的に著しく不利益な状況にならない、④妻Xは働きながら未成熟子を養育監護する覚悟があり、その養育監護状況にも問題がないとして、妻Xの離婚請求は夫婦としての信義則に反しないと判断した。

第15章　有責配偶者からの離婚請求　　327

ポイント解説

1　相手方配偶者による婚姻関係破綻を前提とした行動

　本件では、別居開始後に妻Xから離婚調停を申し立てられた夫Yが、妻Xに対し自宅立ち入りを拒絶し、鍵の返還を求めたことや、離婚に備えて子らとの関係継続のためフランスのビザの取得方法等を相談しに行っていたこと等が破綻を前提とする行動であると認定され、破綻を認める方向に積極的に評価されています。破綻を主張する側は、相手方配偶者が破綻を前提としている行動を具体的に挙げるとよいでしょう。

　また、本判決は、夫Yが離婚意思はないと供述していても、それは妻Xに対する愛情に基づくものではなく、子らをフランスに連れ帰られるのではと恐れてのことと見ており、破綻認定を妨げる要素として重視しませんでした。破綻を主張する側は、相手方配偶者の離婚意思否定が純粋に夫婦愛に基づかないと評価しうるような事情を主張するのも有効と考えられます。

2　有責配偶者からの離婚請求が信義則に反しないと評価しうる要素

　本件では、4歳と6歳という幼い未成熟子がおり、別居期間も2年と短かったにもかかわらず、有責配偶者からの離婚請求が認容されたのには、相手方配偶者の方が高所得を得て経済的に安定しており、離婚により精神的・社会的・経済的に著しく不利な状況にならないと評価されたことが大きかったと考えられます。他方、別居期間がより長くても相手方配偶者に経済力が乏しい場合には、有責配偶者からの離婚請求の許容性判断は、より厳しくなる傾向にあります（事例〔54〕参照）。

　また、相手方配偶者による信頼失墜行為などは主たる破綻事由とは認められなくても、有責配偶者からの離婚請求の許容性判断において

有利に評価されうるので、積極的に主張すべきでしょう。

証拠資料

◇婚姻関係破綻の専らの原因・主たる原因を立証する資料

【例示】当事者の陳述書や日記,夫婦間のメールや通信アプリ上のやり取り、当事者から事情を聞いた知人の陳述書等

◇別居後の生活の安定及び未成熟子らの監護状況や福祉状況が良好であることを立証する資料

【例示】当事者の陳述書や日記、当事者の生活状況を知る知人の陳述書等

◇夫Yの経済状況を立証する資料

【例示】源泉徴収票、確定申告控え、預金通帳、預金残高証明書、給与明細等

＜参考判例＞

○別居期間2年4か月、同居期間6年7か月、7歳の未成熟子がいる夫婦間で有責配偶者である夫からの子宮内膜症に罹患し就労困難な妻に対する離婚請求が信義則に反するとされた事例（最判平16・11・18家月57・5・40）

○別居期間約8年余、同居期間25、26年の高齢夫婦間において、有責配偶者である夫から妻に対する離婚請求が認められなかった事例（最判平元・3・28家月41・7・67）

○別居期間が22年の長期に及び、未成熟子のいない夫婦間では、相手方配偶者に離婚により精神的・社会的・経済的に極めて苛酷な状態になる等、離婚認容が著しく社会正義に反する特段事情がない限り、有責配偶者からの離婚請求であっても認容すべきとして、原審破棄、差し戻した事例（最判昭63・2・12家月40・5・113）

判例年次索引

月日	裁判所名	出典等	ページ
【昭和27年】			
2.26	東京高	下民13・2・288	4
11.7	釧路地帯広支	下民3・11・1580	225
【昭和30年】			
11.25	東京地	判時71・19	151
【昭和31年】			
8.27	福井地	昭30(タ)2	76
12.20	東京地	判時121・16	225
【昭和32年】			
11.11	大阪地	家月10・3・45	266
【昭和36年】			
9.25	水戸家土浦支	家月13・12・58	221
【昭和37年】			
2.6	最高裁	民集16・2・206	182,186 188,192 197

月日	裁判所名	出典等	ページ
【昭和38年】			
6.7	最高裁	家月15・8・55	91
【昭和39年】			
10.7	東京地	判時402・59	146
【昭和42年】			
8.30	新潟地	判時519・84	216,225
【昭和45年】			
11.24	最高裁	家月23・4・26	202,203
【昭和46年】			
5.21	最高裁	家月24・1・36	233
【昭和47年】			
2.29	名古屋地	判時670・77	179
【昭和48年】			
1.30	大阪地	判時722・84	76

判例年次索引

月日	裁判所名	出典等	ページ
【昭和50年】			
3.27	札 幌 地	判時798・77	238
【昭和51年】			
10.22	東 京 地	昭48(タ)463	228
【昭和52年】			
1.26	盛 岡 地 遠 野 支	家月29・7・67	116
【昭和54年】			
6.21	東 京 高	判時937・39	226
【昭和56年】			
2.23	東 京 高	判タ440・101	97
12.17	東 京 高	判時1036・78	116,123 139
【昭和59年】			
2.24	横 浜 地	判タ528・290	86
5.30	東 京 高	判タ532・249	151
7.30	横 浜 地	判タ541・230	234,260

月日	裁判所名	出典等	ページ
【昭和60年】			
9.10	浦 和 地	判タ614・104	193,198
12.24	東 京 高	判時1182・82	111,123 284
【昭和62年】			
5.12	京 都 地	判時1259・92	184,193
9. 2	最 高 裁	民集41・6・1423	11,16 17,18 133,279 297,317
【昭和63年】			
2.12	最 高 裁	家月40・5・113	328
【平成元年】			
3.28	最 高 裁	家月41・7・67	328
5.11	東 京 高	家月42・6・25	116,117 139
9. 7	最 高 裁	裁判集民157・457	323
【平成2年】			
4.25	東 京 高	判時1351・61	167
11. 8	最 高 裁	家月43・3・72	22,24 323

索引

判例年次索引

月日	裁判所名	出典等	ページ
【平成3年】			
3.29	岡山地 津山支	判時1410・100	183,189
9.20	名古屋地 岡崎支	判時1409・97	245
11.27	名古屋高	判タ789・219	167
12.17	岡山地	労判606・50	97
【平成4年】			
11.26	東京高	平4(ネ)2477	261
【平成5年】			
3.18	福岡高	判タ827・270	183,193 194
11. 2	最高裁	家月46・9・40	22,297
12.21	横浜地 横須賀支	家月47・1・140	199
【平成6年】			
2. 8	最高裁	家月46・9・59	279
【平成8年】			
3.26	最高裁	民集50・4・993	17,22,24 102

月日	裁判所名	出典等	ページ
【平成9年】			
6.24	東京地	判タ962・224	86
10.23	東京地	判タ995・234	163
【平成10年】			
1.30	東京地	判タ1015・232	129
【平成11年】			
7.30	横浜地 相模原支	判時1708・142	243
【平成12年】			
9.26	東京地	判タ1053・215	140
【平成13年】			
1.18	東京高	判タ1060・240	239
11. 5	神戸地	平12(タ)114	76,81 103
【平成14年】			
2.27	名古屋高 金沢支	平12(ネ)193	58,69
5.21	東京地	平10(タ)241	124
6.26	東京高	家月55・5・150	291
6.27	東京地	平13(タ)471	290

判例年次索引

月日	裁判所名	出典等	ページ
【平成15年】			
7.31	福岡高那覇支	判タ1162・245	272
8.27	東京地	平14(タ)770	317
12.25	東京地	平15(タ)696	151,156
【平成16年】			
9.29	東京地	平15(タ)390	52,57
10.20	東京地	平16(タ)10	151,162
11.18	最高裁	家月57・5・40	328
12.27	東京地	平15(タ)509	246,255
【平成17年】			
1.26	東京地	平15(タ)862	116,123 135
2.23	東京高	平16(ネ)5308	245
3.8	東京地	平16(タ)127 平16(タ)319	162
3.14	東京地	平15(タ)827	250,251
4.15	東京地	平14(タ)178 平14(タ)381 平15(タ)309 平15(タ)944	130
4.27	東京地	平16(タ)225	168,178
5.26	東京地	平16(タ)165 平16(タ)315	266
11.29	東京地	平16(タ)292	52,162
【平成19年】			
3.14	名古屋家岡崎支	家月61・2・251	209

月日	裁判所名	出典等	ページ
【平成20年】			
4.8	名古屋高	家月61・2・240	204
5.14	東京高	家月61・5・44	298,310
10.15	東京地	平19(ワ)22428	52
【平成21年】			
4.27	東京地	平20(ワ)18656	47
5.26	大阪高	家月62・4・85	82
10.7	福井家	家月62・4・105	280
【平成22年】			
3.11	東京地	平20(ワ)24681	63,64 110
11.26	高松高	判タ1370・199	304,305
【平成23年】			
4.12	東京地	平22(ワ)3131	13
4.26	東京家	平22(家ホ)761	103
6.30	東京地	平22(ワ)21506	19
11.30	東京地	平21(ワ)43043	267
【平成24年】			
1.19	東京地	平23(ワ)13984	87
8.29	東京高	平24(ネ)3197	70
8.29	東京地	平23(ワ)23439	110

判例年次索引

月日	裁判所名	出典等	ページ
【平成25年】			
1.16	東京高	平24(ネ)5294	311
4.19	東京地	平23(ワ)39342	25
4.25	東京高	平25(ネ)754	256
6. 5	東京地	平24(ワ)14477	110
9.10	東京地	平24(ワ)15536	92
12.26	仙台高	判タ1409・267	318
【平成26年】			
1.17	東京地	平24(ワ)22973	173,174
2.13	東京高	平25(ネ)6361	134,147
4.14	東京地	判タ1411・312	36,46
4.25	東京地	平25(ワ)6943	152
5.28	東京地	平24(ワ)31798	30
6.12	東京高	判時2237・47	324
9.11	東京地	平25(ワ)17651	98
9.29	東京地	平25(ワ)20169	210
12. 3	東京地	平26(ワ)9476	104
【平成27年】			
3.17	東京地	平25(ワ)33814	29
5.29	東京地	判時2273・83	271
7.27	東京地	平26(ワ)23492	31
10. 6	東京地	平27(ワ)7425	77
10.22	東京地	平27(ワ)935	37
【平成28年】			
1.27	東京地	平27(ワ)12775	157
1.29	福岡家	平27(家ホ)148	221,222

月日	裁判所名	出典等	ページ
2.23	東京地	平26(ワ)24111 平27(ワ)1784	53
3.28	東京地	平26(ワ)11367	42
3.31	東京地	平25(ワ)30262	57
5.25	東京高	判タ1432・97	238,285
【平成29年】			
9.26	東京地	平28(ワ)12877	29

事例解説
当事者の主張にみる
婚姻関係の破綻

平成31年3月5日　初版発行

編　著　赤　西　芳　文
発行者　新日本法規出版株式会社
代表者　服　部　昭　三

発 行 所　新 日 本 法 規 出 版 株 式 会 社
本　　社　（460-8455）　名 古 屋 市 中 区 栄 １ － 23 － 20
総轄本部　　　　　　　　電話　代表　052（211）1525
東京本社　（162-8407）　東京都新宿区市谷砂土原町２－６
　　　　　　　　　　　　電話　代表　03（3269）2220
支　　社　札幌・仙台・東京・関東・名古屋・大阪・広島
　　　　　　高松・福岡
ホームページ　http://www.sn-hoki.co.jp/

※本書の無断転載・複製は、著作権法上の例外を除き禁じられています。＊
※落丁・乱丁本はお取替えします。　　　　　ISBN978-4-7882-8517-0
5100055　　事例婚姻破綻　　　　　　Ⓒ赤西芳文 2019 Printed in Japan